中国城市空间的
文化基因

The Cultural Genes Of Chinese Urban Space

满姗　蔡永洁　著

U0367961

化学工业出版社

·北　京·

内容简介

在中国城市空间走向精细化治理的转型期，空间文化是一个备受关注的话题。本书尝试反思当前城市建设过分侧重建筑造型而忽略公共空间塑造的现状，寻找城市空间表象背后的文化源头。本书以类型学理论为工具，对传统、近代和现当代三个时期的六个典型城市空间构成单元展开详实而系统的分析，力求提炼其共性，对比其差异，从而探究中国城市空间的建构逻辑，系统论证中国城市空间的内向性文化基因。

本书可供建筑设计、城市设计、城市规划、城市管理等相关领域的研究者及实践者阅读参考。

图书在版编目（CIP）数据

中国城市空间的文化基因 / 满姗，蔡永洁著.
北京：化学工业出版社，2024．11．--ISBN 978-7-122-
46749-2

Ⅰ．C912.81

中国国家版本馆CIP数据核字第2024K5L416号

责任编辑：林 俐　　　　　　　　文字编辑：刘 璐
责任校对：李 爽　　　　　　　　装帧设计：对白设计

出版发行：化学工业出版社（北京市东城区青年湖南街13号　邮政编码100011）
印　　装：中煤（北京）印务有限公司
710mm×1000mm　1/16　印张15½　字数300千字　2025年3月北京第1版第1次印刷

购书咨询：010-64518888　　　　　　　售后服务：010-64518899
网　　址：http：//www.cip.com.cn
凡购买本书，如有缺损质量问题，本社销售中心负责调换。

定　　价：98.00元

前言
PREFACE

　　中国快速城市化取得了令人瞩目的成果，同时也带来了一些空间品质的问题。在城市建设走向精细化治理的转型期，中国城市空间形态的建构逻辑需要被进一步认知。研究发现，中国城市空间具有一种内向特质，以隐形的线索在多个历史阶段反复再现，这种空间营造的文化基因持续影响着中国城市空间的建构。

　　以罗西和克里尔兄弟为代表的西方类型学理论揭示了城市空间单元对于研究城市空间的重要意义，提供了从中微观层面分析城市空间的理论框架。城市空间单元作为城市空间基本的构成细胞，它的内部构造以及相互关系决定了城市空间的品质。在中国城市从传统走向现代化的过程中，产生了多种城市空间单元类型，这些看起来形态各异的类型，在空间特质上存在着某种共性。本书尝试从类型学的角度切入，从城市空间单元层面来剖析中国城市空间的建构特征，以期论证这种共性及其背后的文化根源。

　　本书采用实证性方法展开研究。首先，对各时期的城市空间单元进行类型梳理，按居住类与非居住类两条线索进行筛选，选择具备普遍性和典型性的六类城市空间单元作为分析样本；其次，用类型学方法对所选样本进行形态抽象，提取各自的标准空间图式，再借助形态学分析方法对城市空间单元的内部构造和外部关系进行系统解析；最后，将传统、近代、现当代三个时期的样本分析结果进行纵横向比较，提炼其共性与差异，从而总结出中国城市空间的建构逻辑。

本书基于研究得出以下结论：中国城市空间建构展现出贯穿传统、近代、现当代三个历史时期不变的文化基因。具体表现为四个方面的形态塑造倾向：①领域性，"墙"先于建筑来限定空间；②内向性，"院"代替城市空间成为营造重点；③等级性，序列化的建筑布局；④模糊性，建筑布局未能有效塑造城市空间。

本书的贡献在于，提出以空间单元为载体，以形态学理论、类型学理论为工具来认识城市空间的分析方法，为城市研究乃至城市设计实践提供一种新视角；全面梳理和提炼了中国城市空间的建构逻辑，系统论证了中国城市空间建构所展现出的内向特质。

满姗

2024 年 4 月

目 录
CONTENTS

第3章　文化基因转化：近代西方文化影响下"院"的变体

第 4 章　文化基因再现：现当代"院"的全新演绎

第 5 章　文化基因提取：不同时期城市空间建构特征比较

第6章　结论

1.1 研究缘起

（1）中国城市空间的困境

中国的城市化进程无疑是令人瞩目的，以极高的效率在短时间内解决了满足对功能的基本需求问题，但与此同时粗放型增长也带来了一些城市空间品质问题，如城市空间图底关系模糊、街道尺度失调等。在城市建设走向精细化治理的转型期，有必要深入讨论高速发展产生的城市空间形成逻辑问题。

从城市建设的效率出发，在城市规划中以划定的道路和地块为基础，以经济技术指标为目的来控制建筑体量和组织关系，形成了大量行列式、点式的空间类型。可以看出，在城市建设微观尺度的空间塑造上似乎缺少一些主动性。建筑优先满足自身形式，然后彰显自身，街块由大大小小的围墙划分（如单位大院、产业园区、居住小区等，见图1-1）。忽视建筑与城市之间的关联性，导致城市空间——街道、广场等要素在形态和尺度上缺少限定，街道的交通属性被突出，而城市公共生活则缺乏承载的空间。

城市化虽然基本实现，但相应的城市人文属性尚不突出。基于空间品质问题，笔者对当前城市空间的形态建构逻辑产生好奇。从形态上看，问题的根源集中在城市空间建构的中微观层面。因此，要解答这一疑惑，需要对中微观建构进行系统解析。

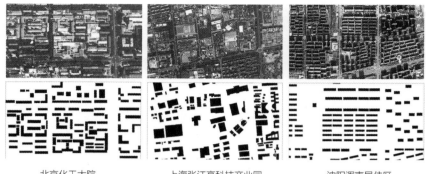

图1-1　当代中国几种典型的城市空间单元形态：关注建筑自身或者建筑组群的内部建构秩序而忽视城市空间

北京化工大院　　　　上海张江高科技产业园　　　　沈阳浑南居住区

（2）中国城市空间建构的独特性

纵观历史进程，中国城市空间在漫长演变史中是否具有不变的建构逻辑？中国城市形态与自身的文化有着怎样的关系？那些看似被西化了的中国城市，本质上是否也具有与西方城市相同的文化性格？

在空间轴上横向审视，西方文化像一面镜子映射出中国城市空间观的独特性。迪特·哈森普鲁格（Dieter Hassenpflug）审视中国城市，他认为：中国实际上一点也没有西方化❶，它只是将西方的产品引入、消化并转译，成为新的但适应于中国的空间类型。中国城市中那些看似从西方移植而来的空间产品如封闭社区、商务中心区、城市广场，都在以不同程度被中国传统空间观念同化。产生的原因与深深扎根于这片土地上的中国传统文化密不可分，文化惯性发挥着持久作用力。

在时间轴上纵向审视，中国几千年建设历程中城市形态发生了巨大改变，但在空间观念上存在一定的非自觉延续。基于对传统城市和当代城市的观察，一些共性很容易被发觉。当代城市缺乏对公共空间的塑造与传统城市的封闭性不无关系。从里坊制开始，城市实行封闭管理，百姓生活在坊墙内，坊间的街道只具有交通功能而不具备公共交往属性。城市建设以高效管理为主要出发点，这是基于特定的历史文化而产生的。这种文化至今都在潜移默化地影响城市空间的塑造。

既有研究在传统文化方面有诸多探讨，多集中于历史演变、社会结构以及文化溯源等角度的论述，而从空间建构层面的系统梳理还比较少见。我们身处于熟悉的建筑与城市环境中，却没有从更广阔的时间空间维度上去审视

---

❶ 迪特·哈森普鲁格.中国城市密码 [M].童明，赵冠宁，朱静宜，译.北京：清华大学出版社，2018.

其背后的动因与文化内涵。相近的建筑形式，其使用意图与形成机制可能完全不同，仅仅关注表面形式是无法得到答案的。例如同样是庭院空间，中国的合院营造了内向的小天地，是家庭活动的核心地带，而古罗马合院的中庭却是街道公共空间的延伸之地，任何人都可以不受约束地到达❶，同样的空间形式其公共属性与私密属性也大相径庭。只有对空间建构逻辑抽丝剥茧，才能更好地理解形式背后的机制，从而正确解读中国城市空间的独特性，帮助我们在多元文化的世界确立自己的位置，认识过去，定位现在，进而决定未来。

（3）探寻一种由内到外的中国城市空间分析方法

随着城市化进程逐渐放缓，城市发展的重点转向存量更新，聚焦如何把粗放发展转向精细化建设，提升城市建设的人文品质。问题的根源在于中微观层面的空间建构，而目前正缺少适宜的城市研究与城市设计工具。

西方的类型学理论为中国城市空间中微观层面的分析提供了新视角，提出城市空间是由不同类型的空间单元构成的，这些空间单元是城市空间的基本单位，城市空间单元的形态类型对于城市建构具有重要意义。城市空间单元的内部构造与外部关系建立了私人、邻里与公共层面之间的联系，其空间的建构机制能够从内而外反映出城市空间的建构特征。在西方的城市设计研究中，城市空间单元占有重要地位，并且其始终作为城市设计有效的操作工具，但它的价值在中国城市空间研究中显然还没有被深刻地认识与挖掘。

以往国内对传统空间的研究多集中于两个层面：一是宏观层面，聚焦总体的城市规划结构，以总图的形式体现，反映了城市的地理环境要素、城市轴线及城市中心之间的关系，还有纪念性建筑布局等；二是微观层面，聚焦传统建筑本身的研究，关注合院的形制、布局、组成要素等。前者的范围过于宏大，后者的范围过于受限，中观层面的肌理和组织方式很少被关注。此外，中国城市空间具有内向发展的特征，以城市空间单元为载体来分析中国城市空间正好与这一观念契合，更有利于揭示中国城市空间的特质，对文化传承进行推演式的系统思考。

1.2　既有研究

空间建构机制将可见的物质空间环境与不可见的社会文化背景有机地联

❶ 阮昕. 浮生・建筑[M]. 北京：商务印书馆，2020.

系起来，对它的研究涉及多个领域。本书着重从建筑学的角度切入，还涉及文化、哲学等领域，帮助论证形态的产生动因。对相关领域既有成果进行系统梳理，得到三条主要研究线索。

a.城市空间形态学、类型学领域的相关研究：形态学理论和类型学理论在揭示空间建构与文化内涵方面具有重要的作用，也是本书最主要的理论基础。既有研究主要聚焦于西方类型学理论，并讨论国内研究的发展现状。

b.中国城市空间相关研究：主要关注国内外对中国城市空间中微观层面建构机制的研究成果，重点聚焦对于中国城市空间文化的讨论观点。

c.中国空间文化相关研究：对中国传统的社会结构、政治经济、艺术美学等方面的研究文献进行梳理，为形态生成的动因解析提供支撑。

1.2.1　城市空间形态学、类型学方面的研究

"形态学（morphology）一词来源于希腊语morphe（形）和logos（逻辑），意指形式的构成逻辑。"[❶]形态学始于生物学研究，主要研究动物及微生物的结构、尺寸、形状和各组成部分之间的关系，后被广泛应用于历史学、人类学、社会学、地理学等其他学科领域。城市是人类文明的载体，城市空间的营造从多维度展现人类对空间的认知。城市形态研究始于19世纪末的欧洲，对城市空间进行系统反思的第一人是卡米诺·西特（Camillo Sitte），他发表于1889年的《城市建设艺术》对中世纪欧洲城市曲折多变的空间形态和宜人的空间尺度进行了系统研究，强调了人文关怀的价值与意义，同时对缺少人情味的现代城市提出了尖锐批判。西特的空间形态分析展现出一定的类型学特点，这一论著奠定了其在城市形态研究领域不可撼动的地位。

此后，传承了西特精神的新理性主义者在现当代欧洲城市理论界产生了重大影响。在20世纪的类型学和形态学研究中，穆拉托里（Muratori）以及卡尼吉亚（Caniggia）利用类型学方法研究现代城市建筑，指出建筑类型是城市形态的基本构成。通过对基本建筑类型、城市肌理类型以及类型变体过程的识别与分析，建立了从微观建筑元素到宏观城市空间的桥梁，使类型的概念成为分析各尺度形态特征的工具。

此学派的重要代表还有阿尔多·罗西（Aldo Rossi）以及乔治·格拉西（Giorgio Grassi）等学者，所讨论的内容均聚焦于城市空间单元的构成机制及

---

❶ 段进，邱国潮.国外城市形态学概论[M].南京：东南大学出版社，2009.

价值。其中罗西的《城市建筑学》奠定了当代类型学理论的基础，他试图用类型的概念在建筑与城市之间建立起科学联系。罗西指出：类型是不能再进行缩减的元素，它先于形式且构成形式的逻辑原则。类型是对所有建筑进行分类和描述的基础，可以把建筑复杂的形式抽象为本质要素。同时，特定的类型与某种形式和生活方式相联系，因而是集体记忆的展现，并集聚了大量文化因素。类型最接近建筑的思想与本质，对建筑形式进行必要的逻辑抽象是类型学分析的主要过程。罗西与格拉西于1966年共同完成的位于意大利蒙扎圣罗卡的住宅小区竞赛设计（Monza，San Rocco Housing Competition），展现了对类型学方法的应用，他们的方法就是对已有"院落建筑"类型的抽象与提取，经过变形和重组后应用于新设计。这充分说明类型学方法在中微观层面的城市设计中具有切实的可操作性。

　　德国学者在类型学方法的实践层面也颇有成果，在1987年柏林国际建筑展（IBA Berlin）中，主要策展人克莱胡斯（Josef Paul Kleihues）总结出"谨慎的更新"和"批判的重构"两个策略，主张城市街区的结构优先于建筑单体形式，揭示了城市空间单元对于城市建构的意义。从类型学的角度将建筑单体与城市街区联结起来，这种设计方法在整个柏林重建的过程中得到广泛应用。

　　其后，奥斯瓦尔德·M. 翁格斯（Oswald Mathias Ungers）于1995年在柏林雷尔特火车站（Lehrter Bahnhof）区域的城市设计竞赛中，选取街坊、独立体、滨水骑楼三种在德国城市中常见的城市空间单元类型，经过抽象与变形后，巧妙地将其置入设计区域之内。所产生的新类型既传承了空间文化，又有一定的创新，形成了多样统一的城市空间，并再现了德国传统城市空间特质（图1-2）。

图1-2　柏林雷尔特火车站区域城市设计

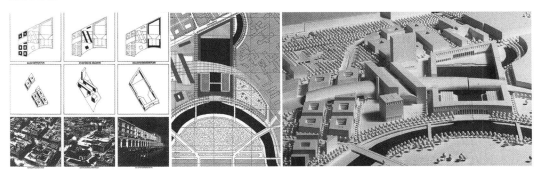

　　克里尔兄弟❶对欧洲传统城市的类型意义进行挖掘，主张传统城市主义的当代诠释。莱昂·克里尔在《社会建筑》中明确区分了城市空间单元的两种类型：一类是特殊的、作为设立体出现的纪念性建筑，即由一个单体建筑构成的城市空间单元，在空间造型中扮演"图"的角色；另一类是普通的一般建筑，以组群形式构成的城市空间单元，在空间造型中扮演"底"的角色。通过图底配合，它们精确地定义城市的街道和广场，并因其包容属性赋予城市空间多样性与复合性（图1-3）。

　　罗伯·克里尔在《城镇空间——传统城市主义的当代诠释》中展示的斯图加特市区重建方案，与克里斯托夫·科尔（Christoph Kohl）关于德国柯齐斯泰菲尔德（Kirchsteigfeld）城市新区的设计方案以及其他一系列城市设计实践，聚焦城市空间形态的塑造胜于建筑实体，通过挖掘传统城市空间类型的逻辑与价值，形成一种清晰的类型学城市设计方法（图1-4）。克里尔兄弟的研究充分揭示了城市空间单元对于城市空间建构的决定性作用。

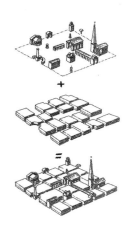

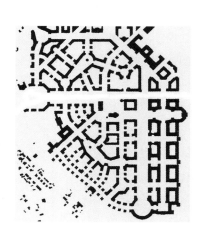

图1-3　莱昂·克里尔：两种单元构成的欧洲传统城市（左）

图1-4　柯齐斯泰菲尔德城市新区设计（右）

　　罗西和克里尔兄弟的研究分别侧重城市中的实体和虚体两个方面：罗西更关注城市中的建筑实体，聚焦类型所承载的集体记忆对于城市建筑的持久作用力；克里尔兄弟则更关注城市中的空间部分，侧重于用城市构成单元来形成和框定空间的过程。两者均强调了类型学在城市设计中的意义，以及城市空间单元对于城市建构的价值。

　　第二次世界大战后的欧洲产生了一系列关于城市空间形态与类型的研究论著，有效地推动了城市设计研究与实践的深化。法国建筑师与城市规划师

---

❶ 克里尔兄弟指的是莱昂·克里尔（Leon Krier）和罗伯·克里尔（Rob Krier）。

菲利普·巴内翰（Philippe Panerai）的《城市街区的解体：从奥斯曼到勒·柯布西耶》充分证明了城市街区与城市空间形态之间的紧密联系，论述了产权地块、建筑、规划与设计、空间实践与城市物质形式之间的关系。深刻揭示了20世纪欧洲城市空间不断走向解体的现代化转变，证明了街区作为构建城市的基本单元对于城市空间营造的重要价值。

德国城市设计研究者格哈德·库德斯（Gerhard Curdes）在其《城市结构与城市造型设计》一书中，将构成城市的元素归纳为街坊、内院、并联体、行列、独立体和组群六种类型，并通过对这些类型展开形态与结构分析来阐释城市空间组织逻辑。从宏观到微观层层递进，为剖析城市空间提供了一整套全面而系统的空间形态分析方法，这些也是本书研究方法的主要借鉴来源。

此外，托尔斯滕·别克林（Thorsten Bürklin）和迈克尔·彼得莱克（Michael Peterek）的《城市街区》将"街区"分类，并从形态、功能、朝向和连接方式等方面对每种类型展开分析。迪特·普林茨（Dieter Prinz）以及库德斯的弟子克里斯塔·莱谢尔（Christa Reichel）也对空间类型以及城市设计方法进行了细致探讨。

空间形态不仅包括物质形式，更是与城市社会生活密切相关，从社会文化层面来解读空间的相关文献能够为空间的生成提供解释。刘易斯·芒福德（Lewis Mumford）在其所著的《城市发展史——起源、演变和前景》中，将城市的宗教、经济、社会、政治等非物质要素与城市规模、形式、结构等物质要素的发展演变紧密结合起来进行研究。他以独特的视角论述了城市物质实体与非物质要素之间的相互关联，展现了一条从城市社会发展历程反观城市物质空间的研究线索。

此外，斯皮罗·科斯托夫（Spiro Kostof）在其所著的《城市的形成——历史进程中的城市模式和城市意义》一书中，同样将城市形态与人类历史文化发展密切联系在一起进行研究。科斯托夫论述了不同城市形态及其形成的意义，他的方法并非按照时间脉络，而是按照形态特征体系进行分类，并通过比较分析来探讨作为意义载体的形式本身以及形式的来源。他提出"*形式本身并不能充分说明其背后的意图。只有当我们熟悉了产生这种形式的文化时，才能正确地'解读'这种形式*"。[1] 他的分析方法将形态与背后的文化统一起来，为空间形态分析提供了重要的社会文化思考维度。

---

[1] 斯皮罗·科斯托夫. 城市的形成：历史进程中的城市模式和城市意义 [M]. 单皓，译. 北京：中国建筑工业出版社，2005.

　　国内系统的城市设计研究与实践始于改革开放以后，沈克宁的《建筑类型学与城市形态学》对西方理论进行引荐与讨论，将类型与形态放在同等地位进行观察，认为类型和形态的互补性通过城市形态与建筑类型建立起联系。其中对中国传统城市形态也有精准的评述：中国城市形态欠缺了中间环节——即城市组织的讨论，城市总图与四合院平面之间缺少过渡，它对城市形态的构成至关重要❶。

　　何依在《四维城市》中认为肌理形成的前提条件是城市形态内部存在一个重复性的要素，她将该重复性要素称为肌理单元（图1-5）。肌理单元是传统生活在城市空间中的投影，也是城市空间发展过程中所携带的文化基因❷。肌理单元的概念为类型学思维提供了一种样本的提取方式，也揭示了类型学具有承载文化信息的作用。

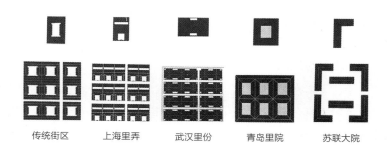

图1-5　中国历史街区肌理单元

传统街区　　　上海里弄　　　武汉里份　　　青岛里院　　　苏联大院

　　近年蔡永洁提出"城市细胞"的概念："与生物体的细胞相类似，城市空间是由相互关联的建筑物构成的：这些建筑物首先以紧密的组织方式构成一种介于建筑和城市之间的空间单元；然后，这些空间单元再通过具有结构性特征的组织方式被置入城市，从而营造出城市空间来。"❸他将这些构建城市的不同类型的城市空间单元称为"城市细胞"（Urban Cell），并探讨了它的意义和对于地域性城市设计的类型学价值。

　　此外，对空间建构机制的分析需要借助几何学、拓扑学相关理论方法。主要代表人物有芦原义信、程大锦等。芦原义信主要关注设计手法、空间要素以及其对人所产生的视觉感受研究，他在《外部空间设计》一书中提出了"空间秩序""P和N空间""加法空间和减法空间"等表述空间属性的新概

❶ 沈克宁.建筑类型学与城市形态学[M].北京：中国建筑工业出版社，2010.

❷ 何依.四维城市[M].北京：中国建筑工业出版社，2016.

❸ 蔡永洁，许凯，张溱，等.新城改造中的城市细胞修补术——陆家嘴再城市化的教学实验[J].城市设计，2018（1）：64-73.

念，利用这些概念准确而生动地描绘了不同空间类型的形态特征，带来了现代空间分析的新方法。程大锦（Francis D.K.Ching）的著作《建筑：形式、空间和秩序》探讨了构成空间最基本的几何元素之间的组合逻辑，分析了建筑整体秩序原理，为系统地进行空间分析提供借鉴。

　　总体上看，国外城市空间研究在类型学与形态学方面的既有理论体系较为完整，为本研究提供了基本理论框架，国内从类型学视角对城市空间进行研究的成果尚不完善。更重要的是，上述研究文献肯定了城市空间单元对城市空间建构的重要意义，促使本书以城市空间单元作为载体展开对城市空间建构的解析。

1.2.2　中国城市空间相关研究

　　针对中国城市空间的研究成果众多，纵向贯穿传统至当代各个时期，横向覆盖了各地域、各类型的空间研究。探寻中国城市空间文化基因必然从传统出发。关于这一话题国内学者的相关研究成果比较丰富。例如，从整体空间特质角度出发的著述以缪朴的《传统的本质——中国传统建筑的十三个特点》为代表，文章从传统环境给人的空间感受出发，提炼出中国传统空间的十三个特点。其中"分隔""按人分区""微型宇宙"❶等几个特点非常准确地描绘出传统庭院所展现的内向、与世隔绝的空间特质。其研究更多停留在感性层面，未进行深入系统的论证（图1-6）。

分隔　　　　　　　　　　按人分区　　　　　　　　　微型宇宙

图1-6　中国传统建筑空间的几个主要特点

　　朱文一的《空间·符号·城市：一种城市设计理论》一书探讨了中国城市形态的本质特征，对中西方城市符号空间"原型"进行比较，提出了中国城市以"院"作为构成空间最小单元的"边界原型"❷所体现出的内向性，与西方城市以"大街"为符号的"地标原型"所展现出的外向性之间，存在着

❶ 缪朴.传统的本质——中国传统建筑的十三个特点（上）[J].建筑师，1989（36）：56-67.

❷ 朱文一.空间·符号·城市：一种城市设计理论[M].2版.北京：中国建筑工业出版社，2010.

空间文化的本质差异，得出了中国传统城市空间具有内向特征这一论断
（图1-7）。

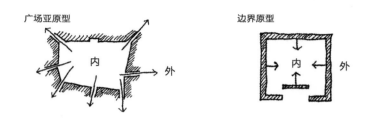

广场亚原型   边界原型

图1-7 中西城市符
号空间"亚原型"
比较

对传统空间文化的探索离不开合院这一核心要素，合院作为无可争辩的
中国传统建筑的代表类型，经过了学界长期的论证。刘敦桢先生曾提出：中
国建筑体系以庭院为单元，组成各种形式的组群❶。李允鉌先生也有同样的观
点，他在《华夏意匠：中国古典建筑设计原理分析》一书中提出**"在建筑群
的组成观念中，'院'被称为一个基本的组织单位。"**❷此外，以封闭的坊作为
基本单元来构建城市的观念至今尚存，中国城市有意识的组织"负体形"存
在于建筑群内部，而非城市层面。两位先生均提出了合院单元对中国城市空
间建构的重要意义。

随后对"合院"空间建构机制的分析成果逐渐系统化，傅熹年的著作
《中国古代城市规划、建筑群布局及建筑设计方法研究》重点关注中国古代
城市、建筑群和单体建筑的设计原则、方法和规律，归纳总结古代建筑模数
网格体系，为古代建筑的稳定性和延续性找到依据。他的另一部著作《社会
人文因素对中国古代建筑形成和发展的影响》，从古代哲学思想、伦理观念、
礼法制度、文化传统等社会和人文诸方面对传统建筑体系的形成与发展做进
一步探讨，指出严格的礼制限制是产生封闭内向院落布局的主要原因。傅熹
年的研究将传统建筑的几何学特征提炼出来，用数理几何关系论证了传统建
筑的"择中"布局理念，阐释了中心对于中国城市空间的重要意义。

吴良镛在《北京旧城与菊儿胡同》一书中，从城市规划、街坊制度、合
院建筑三个层面寻找中国传统城市空间构建机制，总结了北京旧城空间结构
要素层级、结构共性，以及"新四合院"实践的空间逻辑"原型"。在北京
菊儿胡同的改造试验中，从中国城市方格体系和街坊合院系统所构成的城市

❶ 刘敦桢.中国古代建筑史[M].2版.北京：中国建筑工业出版社，1984.
❷ 李允鉌.华夏意匠：中国古典建筑设计原理分析[M].天津：天津大学出版社，2014.

肌理中提出"里巷－院落体系"的城市空间类型和"四合院建筑体系"❶的空间单元类型，创造了一种新的都市邻里关系，更符合当代城市居民的生活方式。李菁的文章《乾隆京城全图》对合院建筑与胡同街坊空间的探究以乾隆京城全图为主要研究材料，剖析合院建筑的组织方式以及合院建筑构成街坊乃至城市的方式。通过史料证明，在明清北京的新建城区中，合院进深影响街坊的深度，体现出合院的主动性和街坊的被动性。

对当代中国城市的空间现象解读也反映了一定的文化面貌，王维仁的《消失的街廓——中国当代城市设计的范型》与缪朴的《城市生活的癌症——封闭式小区的问题及对策》对当代中国城市最大量的"小区"这一产品进行了城市层面的空间解读。徐苗的《从门禁社区看中国"围"城史：传承与嬗变》将当代的门禁社区与传统空间文化联系起来。童明的《当代中国城市设计读本》中收录的乔永学的《北京"单位大院"的历史变迁及其对北京城市空间的影响》是为数不多的对中国当代城市空间单元的分析论述。中观层面的讨论以沙永杰等人的 *Shanghai Urbanism at the Medium Scale* 为代表，以 1km×1km 为案例范围对上海的城市空间进行了图示分析，再现了历史沿革、城市肌理和使用现状，反映了上海不同历史时期的城市化特征。

西方学者对中国城市的研究也有丰富的成果。阿尔弗雷德·申茨的《幻方——中国古代的城市》一书，以西方人的视角呈现了中国城镇建设发展历史，提出以九宫格为基础的"神奇方形"是古代理想的城市模型，城镇的基本布局模式特征可归结为：中心化，等级秩序以及仪式性❷。这为本书对传统城市宏观层面的结构性把握提供了帮助。

哈森普鲁格在 *The Urban Code of China* 一书中从西方视角对中国城市建设进行了社会学评价，他认为表面上走向现代化的中国城市，其内核仍然是中国的，空间的形成是传统文化惯性使然。中国城市空间中的内向性（introverted）在现代城市的外衣包裹下依旧很明显❸。西方文化这面镜子帮助我们对中国现象进行重新观察。

卢端芳（Duanfang Lu）在 *Remaking Chinese Urban Form: Modernity, Scarcity and Space, 1949—2005* 中梳理了单位大院和小区的传入与发展，呈现了现代性在特定的国家和社会背景下所产生的独特结果。已出版论著关注社

❶ 吴良镛. 北京旧城与菊儿胡同 [M]. 北京：中国建筑工业出版社，1994.
❷ 阿尔弗雷德·申茨. 幻方——中国古代的城市 [M]. 梅青，译. 北京：中国建筑工业出版社，2009.
❸ Dieter Hassenpflug. The Urban Code of China [M]. Basel：Birkhäuser GmbH，2010.

会与经济、历史演变的动因探讨，对空间形态建构的解读较少。类似的研究还有薄大伟（David Bray）的*Social Space and Governance in Urban China*，用谱系学方法论证中国单位大院的产生是集体性意识形态、权力结构、社会经济因素、传统文化等共同作用的结果。

中西方学者对中国城市空间特征的关注点各有侧重，中国学者聚焦于具象的空间形态及文化特质，而西方学者多从社会学的角度予以讨论。既有研究对传统内向特质有一定的论断，如内向、封闭、墙的意义等，但仍然停留在感性层面，未进行系统的论证；对中国城市空间的探讨多集中于宏观和微观，对中观层面的研究较少；对传统与当代之间的形态传承关系也缺乏系统论述。

1.2.3 中国空间文化相关研究

深刻探讨中国空间形态的形成动因，对文化的认知必不可少。空间文化的探索相对比较抽象，是涉及多个领域的跨学科研究，从社会学、人类学的角度对空间动因的解读为本书提供了广阔的视野和启发。

阿摩斯·拉普卜特（Amos Rapoport）从人类学的视角对空间形式予以解析，其著作《宅形与文化》揭示了生活模式与生存空间的紧密关联性，他指出：行为与形式间具有双向互动意义❶。建筑形式与生活方式之间互相作用最终达到平衡。该书以不同文化背景下所产生的各种住宅形态为基础，致力于探究不同建筑形式产生的动因，通过比较，揭示了不同观念和社会体系对人们建造空间过程所起到的深刻影响（图1-8）。

图1-8 三种不同文化中不同入口位置与公共私密的关系

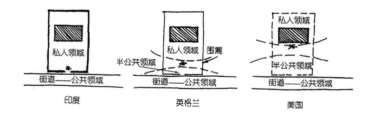

法国著名社会学家皮埃尔·布尔迪厄（Pierre Bourdieu）从社会学的视角审视空间，在他对卡比尔人的住宅研究中，从简单的矩形空间中看到了背后的文化意义。住宅中物品的摆放、光线所到位置、干湿分区、门的朝向等均体现出非凡的象征性。"住宅由一连串相似的对立关系构成"——白天与黑

❶ 阿摩斯·拉普卜特. 宅形与文化 [M]. 常青，徐菁，李颖春，等译. 北京：中国建筑工业出版社，2007.

夜、内部与外部、男性空间与女性空间、阴暗与光明（图1-9）。"住宅内部就是整个世界的缩影"❶，也是家里和外界关系的组织原则。该研究揭示了其空间形式的产生动因——神话仪式体系和社会规范。

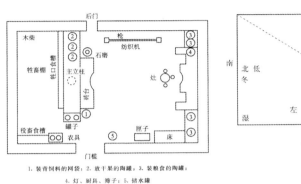 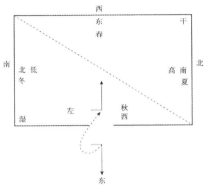

图1-9 卡比尔人房屋结构及其对应的象征关系

国内对空间与文化的研究也有多种讨论。李晓东、杨茳善在《中国空间》中分析了中国哲学中的时空概念以及其对空间建构的深刻影响，提出"中心至上"的思想在空间观中的重要地位（图1-10），并进一步审视中国的建筑、艺术、汉语等文化物质表现，以哲学的眼光提取共性，从不同层面解读中国空间观念。

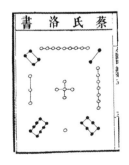 

图1-10 中国早期哲学中的空间观——展现出中心至上理念

张杰的《中国古代空间文化溯源》针对中国古代的空间现象，如九五之数、背山面水等传统意象，通过古文典籍中的线索对其溯源来解释原因。对古代城市与建筑空间的秩序准则、文化源头以及内在组织逻辑进行了深入的

❶ 详见：皮埃尔·布尔迪厄. 实践理论大纲 [M]. 高振华，李思宇，译. 北京：中国人民大学出版社，2017. 其中第二章"翻转的房屋或者翻转的世界"对卡比尔人住宅形态的人类学视角解析。

思考。研究聚焦根植于古代空间内恒久稳定的文化基因。从古代天文、考古、礼教、艺术、堪舆等多角度、多层面，揭示了微观建筑到宏观城市中恒定空间布局规律的由来，采用量化归纳的方法，系统地讨论了中国古代空间文化的概念与内涵。

此外，侯幼彬的《中国建筑之道》以传统文化哲学为切入点，从建筑空间、建筑艺术、建筑建造等方面来分析"有、无"辩证观的具体物质呈现；王贵祥的《东西方的建筑空间——传统中国与中世纪西方建筑的文化阐释》，戴俭、邢耀匀的《中西方传统建筑外部空间构成比较研究》以及汪德华的《中国城市设计文化思想》等均是对空间文化进行探讨的重要文献。

空间的建构包含了形式以及与其相对应的生活方式，不仅要关注空间本身，也需要追溯中国的哲学、社会与文化，有助于更好地理解和把握空间形式动因。

因此，对中国哲学思想、社会结构的系统研究必不可少。冯友兰在《中国哲学简史》一书中以宏观的开阔视野对中国古今哲学、思想、文化、精神、智慧等方面进行了提纲挈领、融会贯通的讲解。他指出：中国社会制度的"家邦"与西方社会的"城邦"在社会组织形式上有根本区别。❶这一区别对城市空间的形态差异有着直接的影响。

梁漱溟的《中国文化要义》对中国的文化特征进行了概括，阐述了家庭文化在中国社会中无可比拟的地位，他提出"伦理化、二人化"是解答中国社会要义的关键点，"中国人心目中所有者，近则身家，远则天下；此外便多半轻忽了"❷。家国一体是伦理化社会的直接表现，而团体与社会在这个体系中消解了。与之相对应的西洋社会则重视团体与个人两个层级，而家与国则较为弱化（图1-11）。社会结构的剖析深刻揭示了中国人内向生活模式的由来，同时对空间模式动因进行了解答。

图1-11 中国西洋对照图（字体大小即强弱位置表示）

❶ 冯友兰.中国哲学简史[M].涂又光，译.北京：北京大学出版社，2013.
❷ 梁漱溟.中国文化要义[M].2版.上海：上海人民出版社，2011.

林语堂在《中国人》一书中对中国的社会文化面貌予以精准评论，他指出中国人的思想中自古以来缺少"社会"这一概念，这是长久以来的家族制度所导致的，"公共精神"为一新名词，"公共意识"一词亦然，"社会服务"一词亦然，中国原来没有这种东西❶。这一观点与梁漱溟先生的论点一脉相承。费孝通在《乡土中国》中深入浅出地对中国传统社会结构进行了生动的描述，他提出中国社会的"差序格局"与西方社会的"团体格局"之间有着本质的差异，以及由此所产生的行为模式、政治、经济等一系列不同的结果。这些论著均解释了中国社会所缺乏的公共性，直接导致家与国之间的中介层面缺失，映射到城市空间中则体现为城市公共空间的被动性。

此外，中国的美学思想也对空间有重要的影响力。相关的研究成果有李泽厚的《美的历程》，书中对中国古典艺术进行了一次精彩的历史巡礼，从美学的角度窥探了中国人的心理与情理结构，既是美学史亦是哲学史与文化史，其中对建筑艺术的总结高屋建瓴，他描述中国的建筑不是高耸入云，而是向平面深远处展开。"瞬间直观把握的巨大空间感受，在这里变成长久漫游的时间历程"❷，精准地描绘了中国传统空间的深秘意境。

综上，对文化的追溯更多地立足于回归传统，国内外的研究论著均表明，社会文化的特质与空间映射具有强烈的对应关系，为解读空间动因提供了坚实的依据。

1.2.4 既有研究小结

（1）形态学、类型学方面的研究

国外的形态学、类型学的相关理论发展比较成熟，形成了系统的理论框架与研究方法，为本书从形态学和类型学方面来分析中国城市空间提供了研究工具（表1-1）。

大量西方研究成果表明，城市空间单元在城市中的重要意义；相反，从城市空间单元视角对中国城市空间的研究在国内仍比较缺乏，这也是本书选择从中微观层面的城市空间单元视角分析城市空间的原因。

---

❶ 林语堂. 中国人 [M]. 黄嘉德，译. 北京：群言出版社，2009.

❷ 李泽厚. 美的历程 [M]. 北京：生活·读书·新知三联书店，2009.

表1-1　形态学、类型学方面的重要文献总结

作者	主要文献	主要观点
阿尔多·罗西	《城市建筑学》	利用类型学方面的理论建立建筑与城市之间的联系，提出"城市建筑体"（Urban Artifact）概念，指出类型是不能再进行缩减的元素，它先于形式且构成形式的逻辑原则，并且承载了文化属性
罗伯·克里尔	《城镇空间——传统城市主义的当代诠释》	将关注点从罗西的建筑实体转为空间虚体的塑造，街道与广场的形态与尺度成为城市空间的关键。揭示了城市空间的形态学价值
莱昂·克里尔	《社会建筑》	明确区分两类构成城市的空间单元：一类是能体现价值的城市精英建筑，它们以设立体的形式出现；另一类是构成城市街区的普通建筑的联合体。它们相互配合形成城市肌理中的图与底，揭示了城市空间单元的价值与意义
格哈德·库德斯	《城市结构与城市造型设计》	将建构城市的基本构件定义为"城市结构建构单元"（Bausteine der Stadtstruktur），并提出街坊、内院、并联体、行列、独立体和组群六种类型，并对其空间建构机制进行了系统的分析，为本书提供了方法支撑

（2）中国城市空间与文化研究

关于中国城市空间的研究，国内学者多聚焦于传统时期，对于城市空间的传统（如内向性特质等）有较多讨论，但仅停留在感性认知层面，缺少系统的论证（表1-2）。针对特定历史街区、特定空间类型进行分析的论著较多，而将传统、近代、现当代三个时期的城市空间文化特质串联起来思考的系统研究亟待深入。本书尝试以文化基因为切入点来观察其对于近代、现当代空间的持续影响。

表1-2　研究中国城市空间的国内学者代表及其成果

作者	主要文献	主要观点
朱文一	《空间·符号·城市：一种城市设计理论》	对中西方城市符号空间"原型"进行比较，提出中国城市以"院"作为构成空间最小单元的"边界原型"所体现出的内向性，与西方城市以"大街"为符号的"地标原型"所展现出的外向性之间，存在着空间文化的本质差异，得出了中国传统城市空间具有内向特征这一论断

作者	主要文献	主要观点
缪朴	《传统的本质——中国传统建筑的十三个特点》	从传统环境给人的空间感受出发，提炼出中国传统空间的十三个特点。该研究停留在空间感受的描述阶段
李晓东、杨茳善	《中国空间》	分析了中国哲学中的时空概念以及其对空间建构的深刻影响，提出"中心至上"的思想在空间观中的重要地位。并进一步审视中国的建筑、艺术、汉语等文化物质表现，以哲学的眼光提取共性，从不同层面解读中国空间观念

国外学者以西方文化的视角作为对照来审视中国城市空间，对中国城市空间的独特性有所发现，如内向性、围合性等，但同样缺少在城市空间建构层面的系统论证，而更多地聚焦于中国社会与历史动因的研究（表1-3）。

表1-3　研究中国城市空间的国外学者代表及其成果

作者	主要文献	主要观点
Dieter Hassenpflug	*The Urban Code of China*	表面上走向现代化的中国城市，实际上具有传统的内核。通过列举一些城市空间现象，看似"移植"来的产品，实则被中国化了
卢端芳（Duanfang Lu）	*Remaking Chinese Urban Form：Modernity，Scarcity and Space，1949—2005*	梳理了"邻里单位"这一经典社区模型自1930年传入中国后向单位大院和小区转变的历史，反映了这一具有"现代性"的模型在特定的国家社会背景下所产生的变异。其中第六章在论述现代性与传统的关系时，提到了中国筑墙传统的兴衰历程，表达了文化存在潜伏和动态再现
薄大伟（David Bray）	*Social Space and Governance in Urban China*	用谱系学方法论证中国单位大院的产生是集体性意识形态、权力结构、社会经济因素、传统文化等共同作用的结果
Weiping Wu，Piper Gaubatz	*The Chinese City*	以历史为线索梳理中国城市化进程中经济、社会、土地、人口、政策等各社会层次的变革以及这些因素对城市空间的影响

综上所述，国内学者从类型学视角来剖析中国城市空间建构的成果还比较薄弱，因此本书研究的主要目标在于从城市空间单元的视角来分析中国城

市空间的建构原理。此外，既有研究关于中国城市空间文化基因的讨论在中西方学界虽有出现，但均未从空间建构的角度进行论证，本书希望能够对这一内容进行系统的论证。

1.3 研究目标、问题与意义

1.3.1 研究目标

中国城市空间在几经变迁的社会环境中发生了错综复杂的变化，形成了多样而复杂的当代城市空间。表面上看似走向现代和开放的城市空间，其形式背后所蕴含的建构本质却未被系统认知。本书尝试从不同历史时期的差异化形式表象中总结共性与差异，以得出中国城市空间的建构特征。

本书的主要研究目标具体如下。

（1）通过对城市空间单元建构进行系统的解析，总结中国城市空间的基本建构原理

中国的城市建设对城市空间单元的关注远胜于对城市空间的塑造，因此分析城市空间单元更能够有效地揭示中国城市空间的建构特征。本书以城市空间单元作为研究载体，对传统、近代、现当代三个时期进行城市空间单元的类型学分析与对比，从而提炼出中国城市空间的文化基因。

（2）提出从城市空间单元视角来认识城市空间的分析方法

西方的城市类型学理论为其城市设计实践提供了有效指导，而中国在城市中微观层面的研究还缺乏可操作的工具与方法。本书借用西方类型学理论，从城市空间单元视角尝试剖析中国城市空间的建构逻辑，以期为中国城市研究和城市设计提供可参考的方法与工具。

1.3.2 研究问题

从研究目标出发，本书的研究脉络基于以下问题展开。

a.中国的城市空间单元主要有哪些类型？它们具有什么样的空间建构特点？这些特点是如何影响城市空间特质的？

b.不同时期的中国城市空间单元具有何种共性与差异？这些共性与差异说明了什么？

1.3.3　研究意义

（1）文化自觉：中国城市空间特质的审视

城市空间特质展现了文化属性，文化价值能够帮助我们更好地认识自己。费孝通先生精练地阐述了文化自觉的意义："文化自觉只是指生活在一定文化中的人对其文化有'自知之明'，明白它的来历，形成过程，所具的特色和它发展的趋向。"❶文化是连续而持久的，文化不会凭空产生，也不会突然消失。社会、经济、政治可能会出现跳跃性改变，但文化惯性始终存在。对其深入挖掘能够帮助我们认清自身文化的价值，并对文化的传承与发展研究奠定基础。文化自觉可以解答"我是谁"以及"我将往哪去"的问题。

中国文化与中国人，在中国城市空间中得到了最全面、最形象化的映照。中国文化的结构形态在城市这一物质形态中得到了一一展现，它是帮助我们解读空间物质结构的钥匙。对中国城市空间特质的审视有助于为未来城市研究奠定基础，推动中国城市的可持续发展。

西方学者在此领域有成熟的经验，欧洲城市在经历现代化洗礼之后重新认识到了传统城市空间的价值，并实现了辩证化的回归。借鉴西方经验，中国城市空间建构机制的挖掘与提炼将弥补我们对空间和文化认识的不足，对未来中国城市建设具有积极意义。

（2）工具细化：探寻一种中微观层面的城市空间分析方法

中国城市建设进入双修期，城市开始向精细化管理转型，在这一阶段有必要对过去的城市建设成果进行深入的思考，寻找更加精确的城市设计操作工具，才能有效提升存量空间品质。

城市空间单元既是构成城市空间的基本元素，也是从中微观层面研究城市的对象。西方城市依据类型学理论提炼传统城市特征，并成功指导当代城市的建设与更新，形成了一套基于类型学理论的城市设计体系。国内还缺乏对这种分析工具的强大价值的认识。因此，本书尝试将城市空间的微观层面作为研究视角，丰富了城市研究的分析框架与设计思路。

---

❶ 费孝通.文化与文化自觉[M].北京：群言出版社，2016.

1.4　理论体系建立

1.4.1　分析工具：形态学理论、类型学理论

　　形态学理论、类型学理论是本书的主要理论工具（文献梳理详见1.2.1）。案例的分析遵循从类型提取到形态分析再到类型总结的逻辑顺序。在这一过程中，类型学理论为提炼中国城市空间单元类型特征提供了方法。本书所讨论的类型是抽象的，是基于意识和文化的类型，而非具体的个例。而类型的建构机制是建立在代表案例的共性提取上总结出来的。

　　形态学理论主要为城市空间单元内部构造和外部关系的建构提供分析框架。对于具体案例的分析聚焦于空间尺度、形态、功能使用、社会文化等多个层面。空间类型的划分基于形态的差异，而脱离了类型概念的形态分析会流于片面。形态学理论与类型学理论互相结合，缺一不可，为本书建立起了基本的理论框架。

1.4.2　研究对象：城市空间单元

　　城市空间单元是构成城市空间的基本要素，德语为"baustein"，意为建造的石头，也就是构成城市的一块块基石。从这一逻辑出发，城市空间的建构并非由建筑单体直接构成，而是建筑单体互相之间先联合起来，组成中间层次的"构成单元"，再来建构城市。

　　在西方类型学研究中，莱昂·克里尔的研究最能直观反映城市空间单元的定义，他在《社会建筑》一书中明确区分了欧洲传统城市中的两种构成单元类型：一种是以单体形式出现的纪念性建筑物，即由设立体构成的空间单元，作为图底关系中的"图"；另一种是由多个普通的相互关联的建筑物组合而成的复合体，作为图底关系中的"底"。两种单元相互配合从而精确定义了城市公共空间（图1-12）。

　　其他学者也对城市空间单元的定义进行了讨论：格哈德·库德斯定义了"城市结构建构单元"（Bausteine der Stadtstruktur）作为构成城市肌理的基本零部件。蔡永洁将构成城市的空间单元类比为生物体的组成细胞。何依在其

图1-12　莱昂·克里尔：两类空间单元建构的城市

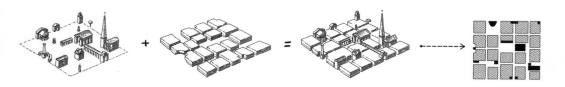

《四维城市》一书中提出"肌理单元"的概念。研究成果均揭示了城市空间
单元是研究城市空间建构的重要载体。

综合既有研究成果，笔者总结出城市空间单元的基本概念：城市空间单
元是构成城市空间的最基本单位，是城市有机体的组成细胞。独立的建筑物
首先以特定的组织关系构成一种介于建筑和城市之间的具有类型学意义的复
合体——即城市空间单元，多个城市空间单元再以结构性组织方式进行复制
从而构成城市空间。

城市空间单元作为定义城市空间的最小单位，具有三个明显特征：

其一，它是定义城市空间的最小单元，具有独立性和完整性，其四周被
城市空间环绕；

其二，内部空间结构不具备城市属性；

其三，具有明显的类型学特征，具有灵活性和适应性，通过变型可以形
成多样化的城市空间。

城市空间单元可以简单拆分为两个层面来予以解析：内部构造和外部关
系。内部构造反映了各元素（建筑、庭院、墙）特征及相互组织关系；外部
关系（单元外边界，单元与单元之间的空间关系）定义了城市空间。典型的
城市空间单元以欧洲的围合式街坊最具代表性，在巴塞罗那、巴黎、柏林等
均有不同形式的展现，中国的传统院落街坊，近代里院街坊以及现代小区、
单位大院等也是比较普遍的城市空间单元类型（图1-13）。

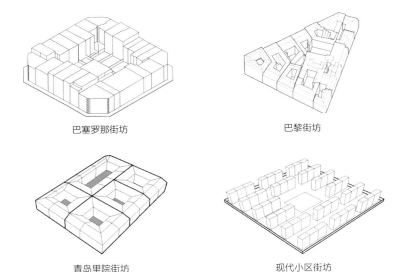

巴塞罗那街坊　　　　　　　　　　　　巴黎街坊

青岛里院街坊　　　　　　　　　　　　现代小区街坊

图 1-13　城市空间
单元举例

　　莱昂·克里尔所描述的图、底两类城市空间单元对城市空间的建构能力有明显差异。"图"类城市空间单元数量较少，只有重要的精英建筑才会以设立体形式出现，它们的作用是彰显自身，对城市空间的塑造力较弱；而大量普通的"底"类城市空间单元才是建构城市空间的主力军。因此，本书主要关注的是城市中"底"类城市空间单元，此类单元更能有效地反映建筑——空间单元——城市的三级建构关系。

　　这一类城市空间单元内部由多个建筑单体构成，多个建筑以大局为重，优先满足单元整体的组织秩序，个体的形式与特色并不十分重要。以巴塞罗那塞尔达区街坊为例，每个建筑单体肩并肩相连，共同构成围合式街坊，这些建筑单体的形式组织具有共同目的——形成完整的街坊形态，而建筑单体自身的地位是次要的。这正是欧洲城市之所以能够产生高品质公共空间的缘由，也是城市空间单元概念产生的缘由。城市空间单元进行有秩序的复制，进而形成城市。这一承上启下的中间环节对城市形态的构建至关重要（图1-14）。

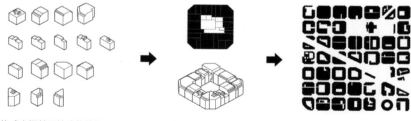

图1-14　巴塞罗那：
城市空间单元与城市
街区建构

构成空间单元的建筑单体　　　　　　城市空间单元　　　　　　城市街区

　　对城市空间单元的研究离不开类型学理论，具有类型学意义的城市空间单元使城市空间形态在中微观层面得到了原则性的秩序控制，为单体建筑提供了一个"容器"，但仍然留给建筑单体独立发展的空间，保证了城市空间单元的多样性和丰富性的发展。由于类型的适应性和灵活性使城市空间能够通过控制类型实现多样与统一。

　　纵观城市历史，多种多样的城市空间单元类型先后出现，最常见的可以归纳为围合式、点群式、行列式（图1-15）。每种类型都有其变体，又可以细分为多种子类型，多种类型又能够叠加产生复合类型。这些类型的空间结构提供了一个组织框架，构成空间的各要素——墙、建筑、院等作为基础零件，以一定的组合方式建立某种特定秩序，在这个过程中，要素本身的特征也对结构的形成有重要的影响。

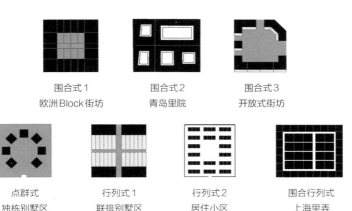

| 围合式 1 | 围合式 2 | 围合式 3 |
| 欧洲 Block 街坊 | 青岛里院 | 开放式街坊 |

| 点群式 | 行列式 1 | 行列式 2 | 围合行列式 |
| 独栋别墅区 | 联排别墅区 | 居住小区 | 上海里弄 |

图 1-15　城市空间单元代表类型示例

城市空间单元为城市空间的分析研究提供一种直观又明确的视角，将城市空间的中微观营造落实在城市空间单元（而不是建筑）的构成机制及其相互关系上来。不同的城市空间单元对城市空间建构的作用有很大差异，形成不同品质的城市空间。

1.4.3　研究视角：城市空间单元与城市空间

城市设计可以从宏观的城市结构入手，也可以从微观的城市空间单元切入，两个层面的工作互相协作，相辅相成。不论以何种方式作为切入点，城市空间形态的塑造最终离不开城市空间单元的建构特征。

城市空间单元的概念提供了一个科学的视角，构建了"建筑——空间单元——城市"的组织逻辑，从而将城市设计的研究聚焦到城市空间单元内部和外部两个层面的建构上来。

内部构造　单元内建筑、院落、巷弄、景观等城市空间要素的组织关系——这一部分反映了地块内部的建筑及其周边的空间环境形态，属于城市建构的微观范畴。

外部关系　城市空间单元的外廓是构成城市空间的边界，各单元之间的空间关系构建了街道与广场等城市公共空间。这一部分定义了城市空间的结构，展现了城市肌理特征，属于城市建构的中观范畴（图1-16）。

从城市空间单元的视角来看，构成城市的最基本单元并不是建筑，城市并不是直接由独立的建筑单体构成，而是由空间单元构成的。空间单元在城市和建筑单体之间架起了一个承上启下的中介桥梁。它的内部构造不具备城市属性，某些情况下与街区的范围重合，但更侧重于实体形态概念而非地块划分权属。

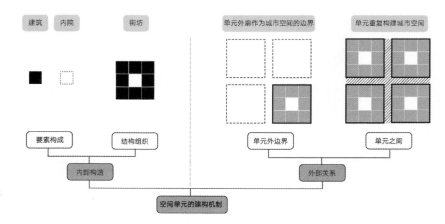

建筑　　内院　　　街坊　　　　　　　单元外廓作为城市空间的边界　　　单元重复构建城市空间

要素构成　　　结构组织　　　　　　单元外边界　　　　　单元之间

内部构造　　　　　　　　　　　　　　　外部关系

空间单元的建构机制

图 1-16　空间单元
的建构机制

城市空间结构包含"正"和"负"两种结构特性，正结构指建筑实体结构，而负结构包含多种城市开放空间，如街道和广场❶。负结构好比一个城市的"骨架"，而城市空间单元则作为填充的"肉"。这两种结构本质上均是由城市空间单元的形态所决定的。一方面，城市空间单元的内部构造决定了建筑与建筑之间的组织关系；另一方面，城市空间单元之间的组织关系决定了负结构的生成。有品质的城市空间需要健康的城市空间单元进行有组织的"良性"复制，通过图底配合，形成具有明确图底关系的城市肌理（图1-17）。

从社会层面来看，城市空间单元的外部与内部两个界面分别面向两个社会群体，城市空间单元外廓面向城市的公共层面，为城市公共活动服务；而内部包含了半公共层面的邻里空间，以及私密的个体空间。公共、邻里、个人三个层面的社会活动在城市空间单元这一层面展现，赋予了城市空间单元除了物质属性之外的社会属性。

纵观中国几千年恒定不变的传统城市结构，在城市的正负结构中，负结构始终没有得到重视。"**在中国的城市建设历史上未曾出现过能够与西方的城市广场相比拟的类似的城市空间。**"❷中国传统城市是帝王统治的理想工具，遵照"方九里，旁三门"的筑城原则，将专制集权与儒家礼制的思想完整投射在城市结构中。在专制政体的管理下，人们的社会生活简单地局限在

---

❶ 格哈德·库德斯. 城市结构与城市造型设计 [M]. 秦洛峰，蔡永洁，魏薇，译. 北京：中国建筑工业出版社，2007.

❷ 蔡永洁. 城市广场 [M]. 南京：东南大学出版社，2006.

不同类型的城市空间单元

构成城市街区

城市空间单元以特定结构复制

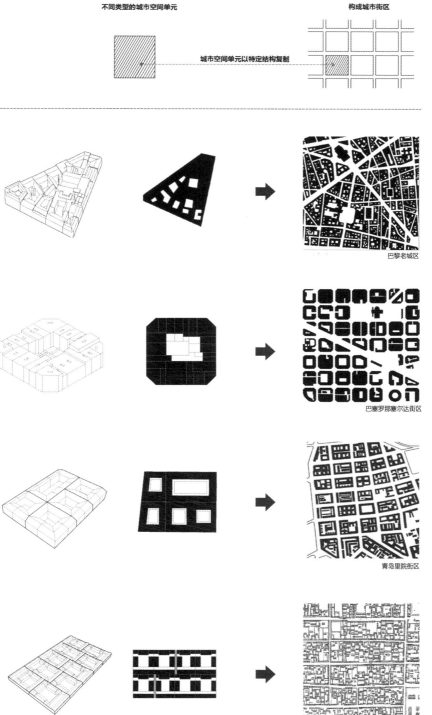

巴黎老城区

巴塞罗那塞尔达街区

青岛里院街区

明清北京合院街坊

图1-17 不同类型
的城市空间单元及其
所建构的城市街区

家庭之间，缺少公共性元素；反之，院墙内的小世界（家庭或邻里）却一直在中国城市中扮演了重要的角色。传统时期，墙围起了大小不同、结构相同的合院空间。传统空间的本质一直延续到了今天，近代的里弄和里院塑造了邻里空间，将传统院落的核心意义进行了转型。当代的大院和小区重新以墙定义单元的边界，内部系统独立发展。

可以看出，中国城市空间的关注重点始终围绕在院墙内的单元空间，城市对正结构（建筑实体）的关注贯穿历史上的各个时期，而负结构（城市公共空间）较少关注。因此，选择城市空间单元作为研究对象能够更好地呈现中国城市空间的建构特征。

1.4.4　小结

（1）城市空间单元承载了多层级的空间与社会关系

综上所述，城市空间单元不仅是城市空间构成的基本单位，也是中微观层面研究城市的对象，更是进行城市设计的操作工具。因此，城市空间单元的建构机制直接决定了城市空间的品质。

城市空间单元的内部构造和相互关系分别承载了城市空间研究的微观和中观层面，起到了对外建构城市空间、对内建构邻里空间的承上启下作用。物质层面上反映出城市公共空间、邻里空间、私密空间多个层级的空间形态，非物质层面上涵盖了公共、邻里、个人的多级社会关系与行为活动，这些信息是城市空间宏观层面的研究所无法呈现的。因此，选择城市空间单元作为载体来研究城市空间具有科学性与直观性。

（2）中国城市空间的特质首先体现在城市空间单元的建构上

从城市的正负结构来看，学者对中国城市空间研究的重点始终锁定在院墙内部，即城市空间单元层面，而负结构（城市公共空间）经常被忽视。因此，选择城市空间单元作为研究对象具有合理性，更能有效反映中国城市空间的独特之处。

综上，理论框架通过以上逻辑线索建立起来。城市空间单元作为城市建筑体所涵盖的多个层级的丰富内容，使它成为展现空间建构与社会文化信息的绝佳载体。

1.5　研究方法

1.5.1　研究框架

　　结合前文对理论框架的梳理，本书以城市空间单元为载体来解析中国城市空间的建构。以穆拉托里为代表的意大利形态类型学派认为：城市形态被理解为一种肌理组织，可以用四种尺度来认识：建筑、小区、城市和区域。每个层面的内容是相对独立的。每个部分包括前个层面元素同时其自身又是后个层面的组成❶。城市空间单元展现了多个层面之间的关联，其内部构造反映了地块内部建筑与邻里空间的特征；单元之间的关系反映了城市街道、广场的形态与结构。从社会角度来看，城市空间单元的建构展现了城市——邻里——私人三个层级的社会活动（图1-18）。

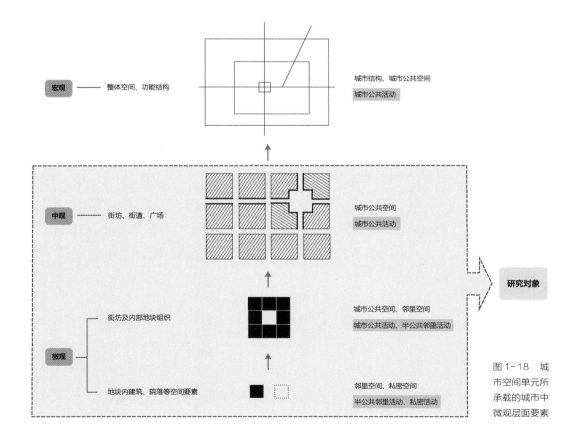

图 1-18　城市空间单元所承载的城市中微观层面要素

---

❶ 格哈德·库德斯.城市结构与城市造型设计[M].秦洛峰，蔡永洁，魏薇，译.北京：中国建筑工业出版社，2007.

分析方法采用以案例研究（调研、分析和总结）为基础的实证性研究策略，案例研究以城市空间单元为载体，关注城市空间单元的类型、内部构造，以及其所建构的城市空间。方法上以城市形态学理论、类型学理论为主要的理论工具，以定性研究为主。研究内容主要包括文献调研与实地调研两部分，调研对象所具备的空间特征是本书的主要论据，对案例的物质空间要素、形态、尺度以及组织方式等相关信息进行收集整理，并结合相关历史背景综合分析。除空间属性外，社会属性也是构建类型形态不可或缺的一部分，在空间分析的基础上，以对案例中社会文化背景的解释性论述作为非物质层面的支撑，使类型的构建更加立体。

研究的逻辑链条是：时期划分——类型筛选——类型的抽象过程——形态学方面的分析——类型共性与差异性比较——建构机制总结。首先，对历史时期进行划分，从各时期中选取代表性城市空间单元的典型案例；其次，对案例进行类型特征提炼以及空间建构机制的解析；最后，将案例的空间建构机制进行共性与差异性比较，最终得出结论（图1-19）。

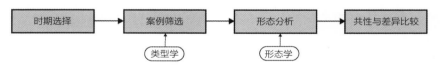

图1-19　研究步骤
与分析工具

（1）时期选择

本书选取传统、近代、现当代三个城市面貌具有重大改变的时期，提取各时期典型空间单元类型来进行分析。对历史阶段的划分借鉴学界普遍的划分结果，以历史变迁的重要转折点为基础，中国城市建设历程总体可以划分为三个时期，分别为传统时期（从城市起源到鸦片战争前）、近代时期（鸦片战争开始到1949年）和现当代时期（1949年至今）❶。

这三个时期所要关注的问题不同（表1-4）。传统时期历时最久，长期沉淀下来的空间营造方式成为持续作用的文化基因；近代时期受西方文化的影响，在被动现代化的进程中，从中西方文化双重作用下形成的城市空间类型中可以清楚地看到传统的空间建构模式与西方文化的巧妙结合；在现当代时期，摆脱西方文化的干扰技术飞速进步，在这种背景下城市空间建构机制的变化反映了传统与现代的博弈。

---

❶ 借鉴董鉴泓在《中国城市建设史》中对三个时期的划分，该划分方式在学界受到广泛的认可。

表1-4　三个时期的划分及各时期反映的问题

所选时期	时代背景	作用与意义
传统时期	传统集权时代，儒家礼制所塑造的社会结构	反映出空间建构的文化基因，是讨论后期演变的基础
近代时期	西方文化的影响以及现代化进程初期的需求	反映出本土文化对西方传入的空间类型的接纳与转化过程
现当代时期	社会主义计划经济以及市场经济的影响	反映出在摆脱西方文化干扰后，城市空间文化在中国土壤中持续与再现的方式

这些类型是中国城市在各时期不同社会背景、经济技术、政治思想等因素影响下所产生的物化表达，而从中提取的三个时期的空间建构特征是本书的核心目标。

（2）案例筛选

探讨中国的城市空间单元是个很庞大的话题，对案例的提炼和筛选是难点。本书在案例筛选过程中将研究视野放大，打破时间和地域的束缚，尽可能做到案例筛选的普遍性和典型性。此外，本书避免采用历史考证的方法进行研究，建筑的断代、鉴别等工作不在研究的范围之内。

首先，本书对三个时期典型的城市空间单元做全面的综述，每个时期均涵盖居住类单元与非居住类单元两大类。大类的基本划分基于对传统城市空间单元的拆解。从传统城市的构成来看，城市中存在两类最主要的空间单元：居住合院与公建大院❶。这两类均以院落式布局为基本建构原型，但在尺度和形态上有所差异，故分两类来讨论。除此之外还有少量的城市性建筑（钟楼、鼓楼），以及部分沿街商铺建筑（作为居住类单元沿街界面的另一种形式）。

近现代阶段继续以这两大类（居住类与非居住类）为线索来观察其发展与变化。由于近现代时期出现的单元类型比较多样化，因此在每个时期先尽可能对该时期所出现的类型做广泛的综述，再选取典型单元样本予以系统分析。每种类型所处的不同社会背景分别代表了传统基因、传统的再现、中西融合、西方移植等特性，而这些特质也是帮助我们筛选典型案例的依据（表1-5）。

---

❶ 两类单元的提取过程详见2.2部分。

表1-5　中国城市不同时期主要的城市空间单元类型

	分类	空间单元类型	主要分布	特征	空间建构的动力
传统时期	居住类	居住合院街坊	广泛分布	传统基因：封闭边界，向心围合	传统家庭文化的映射
		居住合院街坊+临街商铺（居住合院临街界面的特殊情况）	广泛分布	临街开店，前店后居	街市开放后产生的商业建筑
	非居住类	传统公建大院（庙宇、寺观、书院、会馆等）	广泛分布	传统基因：封闭边界，轴线序列	等级观念、家国系统的社会结构 传统空间美学
近代时期	居住类	传统合院街坊	广泛分布	延续传统	大部分地区延续当地传统的建造方式
		里弄街坊	半殖民地城市：上海、武汉、天津等	中西融合：外部开放，内部围合	受西方城市建筑影响，西方联排住宅与合院的结合
		里院街坊	半殖民地城市：青岛、大连等	中西融合：外部开放，内部院落	西方文化的强行介入，与中国院落的结合
		花园洋房街坊	半殖民地城市：上海、青岛、南京等	西方移植：独栋洋房+围墙	少量大资产阶级占有的独栋别墅，有围墙和花园
	非居住类	传统院落式公建（陵墓、寺庙等）	广泛分布	延续传统	总体布局沿用传统的轴线序列和院落结构，建筑单体部分融入现代技术和西方装饰
		新兴建筑构成的西方城市街坊（洋行、教堂、领事馆、酒店、娱乐性建筑、火车站等）	半殖民地城市：上海外滩区、广州沙面区等	西方移植：小街坊密路网，建筑互相配合，对城市开放	半殖民地城市首先出现，以西方现代建筑与街坊布局的直接移植方式为主
		近代大院式园区（大学与研究机构、政务机关、军事衙署、医院、工厂等）	近代重点发展城市：南京、上海、北京、天津、长春等	中西融合：轴线序列，围墙，功能分区	现代进程产生的新类型，功能引进西方模式，但总体园区布局具有中式轴线及院落特征
现当代时期	居住类	小区	广泛分布	传统基因再现：围墙，行列式，向心结构	受市场经济及土地改革的影响，结合西方邻里单位概念所产生的类型，在本土化过程中反映出一定的传统空间的当代表达
	非居住类	单位大院	广泛分布	传统基因再现：围墙，轴线序列，院落，功能自给自足	计划经济的社会细胞和城市细胞，集体主义的空间模式，再现了传统的"大家庭"
		独立式建筑（综合体、摩天楼、纪念性建筑等）	广泛分布	现代主义：互无关联的独立建筑	现代主义的发展，新技术、新功能对建筑的影响

传统时期　封建社会时期的合院形制并未发生类型学意义上的改变，街道构成了传统城市的基本骨架，合院是基本的构成单元。作为"图"的公建大院和作为"底"的居住合院是两种基本构成类型。居住合院更为私密，尺度小，空间布局灵活，主要体现为地域差异；公建大院如宫殿、衙署、祠庙、寺观等，空间礼制性更强，规模更大。两种单元本质上都是以"院"作为基本元素。

近代时期　19世纪晚期，现代化初见端倪，西方在沿海城市的租界成为近代城市的典型街区，穿插在古老的城市肌理中。有从西方直接移植而来的街坊类型，也有如上海里弄和青岛里院这类中西方结合的产物。城市空间展现出新旧类型的拼贴感。非居住类单元中，近代大院式园区反映了功能性建筑群如何将现代化需求与传统礼制结合起来，是传统公建大院与现代单位大院的过渡产品。

现当代时期　新中国成立后，受社会主义思潮影响出现的单位大院以及改革开放后的居住小区遍布全国，成为现当代城市空间的典型代表。单位大院是一个微缩的小社会，成为当时城市与社会运行的基本组成细胞。居住小区作为当代最普遍的居住类型，覆盖了中国当代城市近80%的居住空间，反映了中国城市居民对"内部小世界"的依赖与回归。其他如由设立体构成的城市CBD（中央商务区），新兴的产业园区等类型也有出现，城市空间类型较为多样和复杂。

基于三个时期的划分，从类型学的视角将每个时期的典型城市空间单元逐一列举并进行综合比较，从中选择最普遍且最典型的单元，且所选择的单元需要具有明确的类型学特征，单元的建构机制具有较高的可解读性。

基于以上筛选原则，最终提取出三个时期的典型案例并形成两条线索（图1-20）。

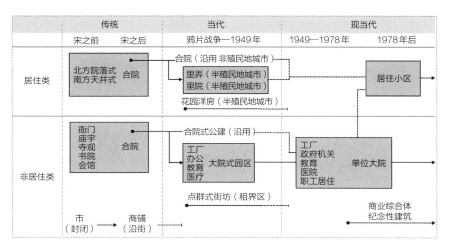

图1-20　所挑选的类型（灰色框内）以及前后的传承关系

（3）形态分析

形态学与类型学密不可分，形态分析所针对的对象是具有类型学意义的案例。因为类型就是建筑的思想，它最接近建筑的本质❶。类型是抽象的，既精确又模糊。例如提到"中国合院"，人们对其空间特征是有共识的，但世界上找不到完全相同的两个合院，这正是其类型学方面的价值所在——反映空间特征的本质。

库德斯对城市空间的构成要素类型进行了全面而系统的分析，本书以形态学分析方法作为展开研究的理论工具（图1-21）。在库德斯的研究中，对于空间类型的分析有几个重要的方面：类型的定义、城市价值、拓扑特性、形态类型、空间特质、功能、与城市的融合等。其中大部分采用图底关系分析的几何学基本方法，值得关注的是其对于拓扑特性的分析，在图底关系相同的情况下（两种类型都是围合式街坊），由于底层开放方向的不同，看起来相似的形态在拓扑关系上却有很大的差异。

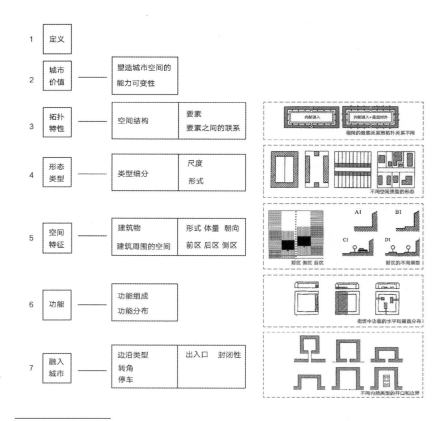

图1-21　库德斯对类型的分析方法

---

❶ 阿尔多•罗西.城市建筑学[M].黄士钧，译.北京：中国建筑工业出版社，2006.

此外，在其分析的多种类型中，所关注的方面并不是完全相同的，有些类型并没有涵盖所有的方面，在分析中根据类型的特征有所取舍。例如，在对"并联体"这种类型的分析中，就没有建筑"后区"的范畴，仅讨论了建筑的前区和侧区，这也是类型的空间特征所决定的。

城市空间单元包含了内部和外部两大方面。在库德斯的分析中，拓扑特性、形态类型、空间特征、功能分布等方面多针对城市空间单元的内部结构，而城市价值和融入城市两方面则针对城市空间单元的城市属性展开研究。城市社会生活的组织方式给空间赋予了意义，公共性和私密性这两个极端是构成城市性的基础。城市建筑与空间的关系决定了其周围环境的社会属性——公共性的、半公共性的以及私密的（图1-22）。公共空间是对每一个人开放的，集体性的外部空间仅对某一特定范围的人群开放，而私密的外部空间仅对家庭和受邀人员开放。

空间的不同社会属性有助于定义建筑的指向性。库德斯所提出的"前区""侧区""后区"的概念，使建筑物质空间的特征与城市属性联系了起来。"前区是建筑入口的区域（道路、广场、小路），一般来讲，人从这里进入建筑。后区位于前区的相对位置，而侧区只有在开放式的建造方式中才会出现。建筑的前区朝向公共空间，则建筑的城市性较强，因为窗户和门是建筑物与其周边环境取得关系的'眼睛'"[1]。建筑的城市性是反映空间单元建构能力的重要属性。

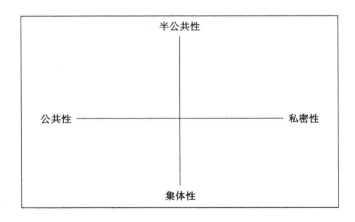

图 1-22　库德斯提出的空间的社会属性

---

[1] 格哈德·库德斯. 城市结构与城市造型设计 [M]. 秦洛峰，蔡永洁，魏薇，译. 北京：中国建筑工业出版社，2007.

基于库德斯的分析方法，本书结合中国城市空间单元的特点，对其建构机制展开分析。空间的建构机制即构成元素的类型、特征以及元素之间的关系。落实到城市空间单元上，包含了两个层面的分析内容。

（1）内部构造：空间单元内部的建构方式

a.元素构成：包括实体要素和空间，如墙、建筑、院、街道、广场等；针对这些元素的形态学特征展开分析。

b.元素之间组织关系：包括空间结构分析、路径组织以及功能结构等。

（2）外部关系：空间单元如何建构城市空间

a.单元外边围与所建构的城市空间的相互关系，单元的内外联系。

b.单元之间的组织方式，以及由此所定义的街坊、街道、街区的形态。

本书以三个时期六个典型案例作为分析对象（横轴），以形态学和类型学基本分析方法作为分析工具（纵轴），最终得出各空间单元的建构机制（图1-23）。

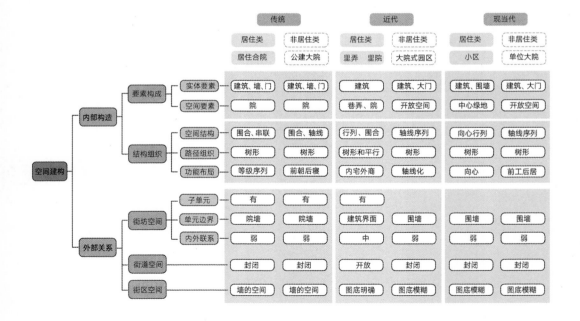

图1-23　各时期空间单元建构机制的分析框架

1.5.2　技术路线

本书关于中微观的城市空间建构机制研究以城市空间单元为对象，从空间和社会两个层面论证，首先梳理并抽取三大历史时期的典型空间单元类型；主体部分着重于对城市空间单元的类型、构造以及关联进行深入解析；最后总结提取出中国城市复杂多样的空间形式中不变的文化基因（图1-24）。

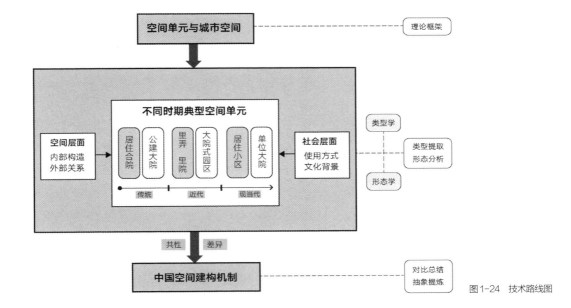

图1-24　技术路线图

文化基因起源：传统时期内向的"院"

中国传统城市中最典型的基本构成单元就是合院，众多的合院单元平行复制，背靠背相连构成合院街坊，街坊复制进而形成城市。与前文提到的现代欧洲城市街坊不同，中国传统城市中合院街坊的结构是具有次一级的子单元的，当将其进一步拆解为更小的合院单元时，其类型的典型特征才会直观显现出来。因此分析传统城市的构成离不开对于最小单元——合院的建构分析。

毋庸置疑，合院在中国空间文化中具有无法撼动的地位，在几千年的古代社会制度中固化并延续下来，其空间概念至今依旧渗透在中国城市空间的血液里。合院的空间形式反映了以家庭为单位的中国社会结构，并且在传统时期有广泛的适用性。本章选择合院以及合院街坊作为承载传统生活方式的典型空间类型，以寻找空间建构文化的根源。

2.1　传统合院的产生与固化

拉普卜特教授曾这样描述风土建筑的沉淀过程：从最简单的轮廓线和主要特征开始，加入细节，精心推敲❶。开始的轮廓线是先验的、原初的建造意向，这种意向部分来源于文化组织的需要，部分来源于无法诉诸形式的与人性

---

❶ 阿摩斯·拉普卜特.宅形与文化[M].常青，徐菁，李颖春，等译.北京：中国建筑工业出版社，2007.

有关的无意识诉求，还有一部分来源于对自然界已存在形式的仿拟。[1] 而在之后代代相传的漫长历史中，气候、技术、文化习俗等环境要素作为"外在刺激"不断反馈到原初意向中，并通过调节逐步达到新的平衡，经经长时间的演变形成动态平衡的空间类型。空间类型也对文化习俗产生潜移默化的影响，经过长期的相互作用使类型从历史中沉淀下来（图2-1）。

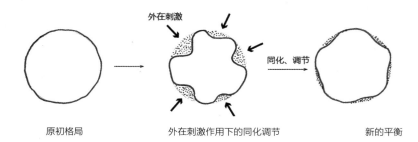

外在刺激

图2-1 类型的固化   原初格局   外在刺激作用下的同化调节   新的平衡

"即使在最严酷的物质条件和可怜的技术水平之下，人们的营造方式也依然多彩多姿，以致只能将之归于包含着文化价值观的'选择'。"[2] 人们营建空间所依据的并不只为满足遮风避雨等客观条件的需求，文化在其中起到了很大的作用，这种文化选择的作用方式，是在长时期无意识的积累中完成的，其作用力经久不衰。中国传统城市就是很典型的例子。

中国传统建筑体系以合院为根本，从原始社会末期出现，逐渐演变与沉淀，直到这种类型固化，基本是一脉相承的，没有发生大的突变。以合院为单元，再以纵横两条轴线上多进、多路的院落形成组群，组成里坊、厢坊或街坊，进而聚合成以皇宫或衙署为中心的城市。合院的产生离不开农业社会初期对自然界的认知。在古代长达几千年的农耕文化中，住所和土地就是生活的全部。日出而作，日落而息，人类最早就是用自然循环往复的现象来定义没有时间规律的事物的[3]。合院建筑格局和空间构成映射着以家长为中心的封建家庭秩序，这种形式的形成和发展在我国已有两千多年的历史，是经过反复的实践、改革、遴选、优化而最终稳定下来的，饱含丰富的社会哲学与文化思辨。

[1] 刘涤宇.宅形确立过程中各要素作用方式探讨——《宅形与文化》读书笔记[J].建筑学报，2008（4）：100-101.文中刘涤宇对风土建筑的发展过程类比了心理学家让·皮亚杰的儿童心理智慧认识论：格局—同化—调节—平衡，进一步解释了拉普卜特先生的"模式调试及变异过程"。

[2] 阿摩斯·拉普卜特.宅形与文化[M].常青，徐菁，李颖春，等译.北京：中国建筑工业出版社，2007.

[3] 李晓东，杨茳善.中国空间[M].北京：中国建筑工业出版社，2007.

河南偃师二里头宫殿遗址距今约 3600 年，是迄今可考证的最早的合院式建筑（图 2-2、图 2-3）。一号宫殿的平面大致呈方形，只有东北角部分凹进，四周为廊庑，南侧为院门，院内北侧有一座对称的主殿堂。二号宫殿为规整的矩形院墙，其余布局与一号宫殿相似。两座宫室已经能够看出合院式建筑的雏形。居中的殿堂和环绕的廊庑基本呈现出对称的格局，建筑坐北朝南，与现今四合院的正房布局较为相似。入口大门的位置与中轴线有错位的现象❶，与居住部分的隐私需求有关，在合院发展中出现的影壁也由此而来，甚至宫室建筑群采用前朝后寝的布局，也是为了保证前面拥有足够的建筑遮挡来保护后面的宅院。合院的空间与人们的心理需求从一开始就展露了相互依存的雏形。

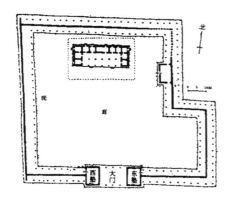

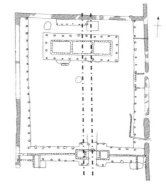

图 2-2　河南偃师二里头早商一号宫殿遗址（左）

图 2-3　河南偃师二里头早商二号宫殿遗址（右）

岐山凤雏村西周建筑遗址中出现了较为成熟的合院式布局，是目前所见最早的两进矩形院落（图 2-4）。宫室建于一个长方形夯土台基上，四合院为两进，坐北朝南，正中大门两侧为"塾"，大门前方有"屏"，四角包有木柱，知其上曾有屋盖，以周制"天子外屏"来看，此遗址很可能为西周王室建筑❷。后世四合院的一些主要特点在这时开始萌生。

元代四合院所反映出的布局、尺寸与明、清合院已经十分相似，清代定都北京后，大量吸收汉文化，对合院更是予以全面继承。从合院的出现到稳定，整个发展历程没有出现过结构性的改变，清晰地反映出合院类型的固化过程（图 2-5、图 2-6）。

---

❶ 王鲁民曾对这种现象做出分析："在古人那里，由传统居住习俗而来的对于住宅西部实施回护以形成'奥'区的做法和占据中心以及建筑形态对称完整的要求之间其实存在着某种矛盾，解决矛盾的办法……就是在用作常规止栖处所的建筑前构足够大的遮挡物。"引自：王鲁民.影壁的发明与中国传统建筑轴线特征[J].建筑学报，2011（S1）：62-67.

❷ 常青.建筑志[M].上海：上海人民出版社，1998.

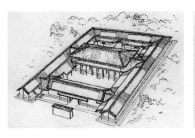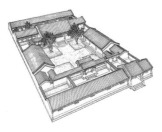

图2-4　岐山凤雏村西周建筑遗址复原图（左）

图2-5　北京后英房元代住宅遗址复原图（中）

图2-6　清代典型四合院（右）

2.2　传统时期的城市空间单元

纵观中国古代的城市，主要由三种要素构成：第一是以围墙和城门作为城市边界和防御体系；第二是以街道构成城市的整体构架，以不同规模和功能的大街小巷层层深入，将网络串联起来；第三是以大大小小的合院为基本单元，作为填充街巷骨架之间的"肉"。三要素共同作用，形成以街道和院落为基本元素的古代城市空间形态（图2-7、图2-8）。

其中合院是构成古代城市空间物质形态的基本单元。从里坊制开始，城市由一座座围墙限定的"里"构成，坊间的大街和坊内的"曲"作为基本骨架，院落单元构成骨架内的填充物。后来至宋代坊墙被突破，临街开店，坊的外边界朝街道开放，其余的合院肌理仍然延续，城市的基本结构与构成机制没有改变。传统城市中的院落单元分为两类：一类是少量的"图"类单元，即城市中的非居住类单元；另一类是大量的"底"类单元，即居住类单元。这两类空间单元通过不断重复构成了传统城市的肌理。

具体而言，非居住类单元指的是传统城市中的公建大院❶，即城市中具有功能性的公共建筑院落群，包括宫殿、衙署、祠庙、寺观、府邸、学宫、书院、剧场、会馆等。性质和功能上各有不同，但具有一些布局上的共同之处，故合并为一类来讨论。公建大院是城市最核心的部分，虽是公共建筑，却被围墙包裹，预示了城市的封闭与内向。这与欧洲传统城市以开放的广场为中心正好相反。由于其规模尺度较居住类单元更大，轴线序列关系更突

---

❶ 张驭寰在《中国城池史》一书中将除居住建筑之外的宫殿、衙署、景观建筑（钟楼、鼓楼）、庙宇、寺院、书院、塔等统称为城池中的"公共建筑"。（张驭寰.中国城池史[M].北京：中国友谊出版公司，2015.）这种定义突出了其公共属性，与居住建筑相区分。在此基础上，本书认为"公共建筑"的称谓不足以体现其以院落为主的空间特征。从形态上看，公共建筑与居住合院在尺度和布局上具有类型学上的差异，故本书将其功能属性与形态特点相融合，将其定义为"公建大院"，与居住合院加以区分（公建大院不包含景观建筑钟楼、鼓楼，因其不具备空间单元特征）。

出，在城市肌理中凸显出来，成为传统城市图底关系中的"图"。

而大量的居住类单元是构成城市的主要单元，即居住合院。千千万万面墙体围合起一户户的家庭院落，构成了城市中最基本的"底"。居住合院的规模不一，但基本的构件为一进院落，众多的合院被平行复制构成街坊，街坊再被平行复制进而构成城市。合院具有广泛的适用性，清代绘制的乾隆京城全图较为准确清晰地呈现了旧北京城的街坊结构（图2-8）。同样的结构也出现在平江府、山西平遥等地区。

图2-7 古代剑城图

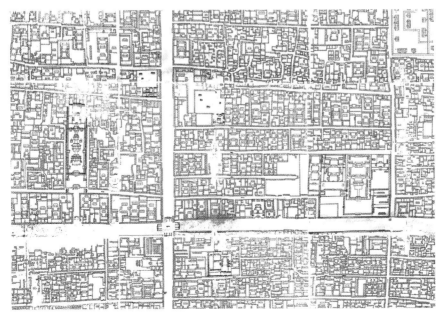

图2-8 乾隆京城全图局部

需特殊指明的是，宋之前的街道是封闭的，围墙是构成街道的主要元素。宋之后坊市分开，出现了商业街，居住合院的临街界面产生了特殊的变化，单纯的封闭围墙前增加了一层临街店铺，与其后侧的居住合院背靠背相连，向街道开放。这种建筑类型的出现是居住合院边界要素的一种变体，仍归属于居住合院单元的类型之中。

因此，分析传统城市空间的建构要从两种类型入手——作为"图"的公建大院和作为"底"的居住合院（图2-9）。公建大院主要包括：宫殿、衙署、祠庙、寺观、府邸、学宫、书院、剧场、会馆等，差异主要体现在功能和形制上，地域性差别较小，更多地反映出中国的哲学思想、礼教皇权对空间的影响，是彰显城市面貌的重要建筑物。而居住合院分布广泛，主要体现为地域性差异，更多地反映气候、地理、经济以及百姓的日常生活习俗的区别。

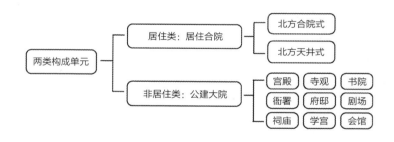

图2-9　传统城市的
两类空间构成单元

2.2.1　居住类单元

如上文所述，居住类单元主要是合院构成的街坊，由于传统城市街坊的多层级性，合院街坊可以继续再细分为子单元，即一个个合院。合院是支撑家庭的空间单元，每家可以拥有一进或多进院落，每进院落由限定单元领域的围墙、墙内的建筑以及围合出的院落三大空间要素构成，院落之间的复制依循轴线扩展。众多的合院单元被平行复制，背靠背连接构成街坊，街坊被平行复制进而与街道共同构成城市（图2-10）。

在传统的各类型建筑中，居住建筑是最本质、最实用、最简洁的建筑，但因居住生活多样化的影响，也是最富有地域变化性的建筑。居住合院中以单体建筑组合成群体，围绕中心的院落，再以轴线扩展延伸。由于中国特定的自然条件，全国大部分地区皆是以南向为主要朝向，民间流传"负阴抱阳"为宅地选择的第一要义。这些都是中国传统居住建筑最普遍的特征。传统城市空间的建构在朝代更迭中展现出强烈的稳定性，直到近代才出现变化。

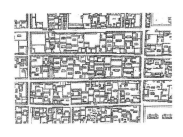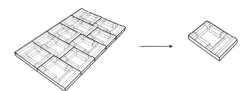

图2-10　传统城市中的居住类单元——居住合院

2.2.2　非居住类单元

　　城市中除了居住单元作为大量的"图底"之外，作为"图形"元素的非居住类单元主要指城市中的公建大院。公建大院包含了各种功能性的公共建筑群，如宫殿、衙署、祠庙、寺观、府邸等。其基本布局与居住合院类似，均是封闭的院落式布局，但在尺度和规模上较居住合院庞大得多，且轴线组织更为严整，礼制性的表达更为充分，空间纵深更为明显，内部功能结构更为完整（图2-11）。

　　公建大院作为图底关系中的"图"，可占据完整街坊或局部街坊，大多安排在城市中的重要位置，是城市中礼制、宗教、政治、经济等几种力量的物化呈现。

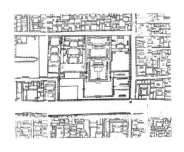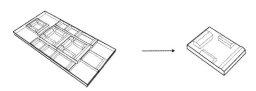

图2-11　传统城市中的非居住类单元——公建大院

2.3　居住类单元——居住合院的空间建构

2.3.1　居住合院的类型提取

　　合院是宗法社会居住习俗的主要空间形式，自古便被中国人视为规范家庭伦理、合乎礼制需要的居住类型。合院住宅在中国有久远的历史，陕西西安半坡仰韶文化遗址中，小型住宅群中心有一所供氏族成员举办公共活动的大房子，各小屋的门都朝向这座中心建筑，这种"向心"的形式便是合院的原型。

到了商代合院初具雏形，至西周已出现了严整的合院式建筑，至迟在汉代已经有四合院住宅了。自汉以后，梁架装修、雕刻彩画等技术方面虽不断推陈出新，但四合院的布局原则，除了某些例外，基本上仍然沿用下来❶。到唐宋前后其基本空间格局被固化下来，到明清时期更是体现出了严格的等级和多元形制。

以家庭为单位聚族而居，以宗法制度来约束宗族和家族，这种聚居生活模式影响甚至决定了居住建筑的形制。时至今日，合院在中华大地上仍表现出顽强的生命力和适应性。住宅最能清晰地表现空间形式与日常生活的关联。对各地民居的共性分析表明不同地域条件下的人们共同坚持着相似的中国传统空间文化，这一研究具有普遍意义。

从地域上来看，北方的合院式和南方的天井式是中国传统民居的两大类型。以南北方典型民居类型作为空间建构方式进行比较（表2-1，表中的图经过抽象，剔除了装饰细节，只反映空间关系），总结各地居住合院的共性和差异，为后文提供分析的基础。

（1）居住合院的共性

以封闭的墙体来限定出合院系统的外边界。单元内部建构出一个空间的子系统，均以庭院为核心，建筑单体围绕中心庭院布置；建筑大多较为低矮，面朝内部而背朝外部，子系统空间结构十分稳定。

合院的扩展以"院"为单元整体复制，方向以纵向（南北向）为主，序列的入口唯一且开设在序列的南端，整体形成嵌套的空间模式。单元内部与外部隔绝，城市空间的交流较弱。

（2）居住合院的差异性

居住合院从北至南呈现出庭院尺度变小的趋势，建筑层数增高，建筑单体之间的间距逐渐缩小。北方以四合院居多，南方以三合院居多，正房的设置是绝对必要的，而坐南朝北的倒座房在空间系统中可以省略，即使没有倒座房也会以墙体代替其位置来围合庭院。

---

❶ 刘敦桢.中国住宅概说[M].天津：百花文艺出版社，2004.

表2-1　传统居住合院类型

类型	平面图	轴测图	院落实景
吉林民居 　用地较为宽松，正房、两侧厢房多为一层，之间有一定距离，互不遮挡；院子面积较大；四周围以院墙，但与建筑之间留有间距。大门开设在正中			吉林典型民居
北京民居 　北方民居的典型代表，正房、厢房、倒座房按等级设置。四向围合中心庭院，形状较为规整，建筑为一层高，四周围墙环绕，较为封闭。大门开设在东南侧			北京梅兰芳故居
山西民居 　单元轮廓"窄长"，正房多为五间，两厢房向内院靠拢，形成南北狭长，东西较短的院落，序列尽端的正房可能设置二层。大门入口开在东南角或正中			山西平遥古城钱庄
徽州民居 　以平面规整的三合院为基本单元，南侧以墙面或者挑出屋顶作为第四向来围合院子，建筑一般为两层至三层，正房在中间为堂屋。庭院尺度较小，大门多开设在南侧正中			徽州宏村乐叙堂
云南民居 　"一颗印"是面阔仅三间的小型合院。正房三间，左右两偏共四间，倒座房较窄，为八尺（约2.7m），高度为两层，庭院尺度很小，封闭感更强			昆明高登村袁宅

北方的合院建筑单体之间互相脱开，而南方的多联结在一起，并且灰空间的使用比较多，如徽州民居的堂屋等。

（3）居住合院类型提取

对比中国各地传统民居的共性与差异性可见，传统民居在空间的整体布局上基本呈现出统一性，院落和墙体使用广泛；而各地的差异性主要反映在建筑层数、院落的尺度，以及屋顶的搭接、墙体装饰的做法等非结构性的手法上。居住合院单元的类型特征展现出墙体围合、院落向心、纵深串联的空间组织模式，并以北京四合院最为典型，发展最为成熟，已经成为国人心中完美的居住模板，代表了中国居住文化理念。以北京四合院为基础，结合各地合院的共性，抽象出居住合院空间图式（图2-12）。

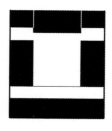

图2-12　居住合院的空间图式

单元的边界以围墙来定义，明确地划分出内与外；建筑共同围合中心院落，院落在单元中占据核心位置，形成四周建筑的向心性；内部交通路径自成系统；内部空间建构形成独立的子系统，包括路径系统、功能系统，承载家庭社会的一切需求。

合院定义了中国空间，也呈现了以家庭为单位的中国社会结构。其中北京四合院作为典型代表，产生于元代都城创建之初，经过明清两代进一步发展，历经七百多年的发展演变，在长期发展中形成了稳固的空间模式。北京自金中都建立以来逐渐发展为文化的重要中心之一，其城市和建筑在相当程度上能够反映中国的传统文化。将北京四合院的原型作为合院这一类型的基础，对其空间建构机制进行系统的解析，期望能初步认识中国传统城市空间文化。

合院的内部构造和外部关系从两个层面展现了单元自身以及与城市的关系，下文予以具体展开（图2-13）。

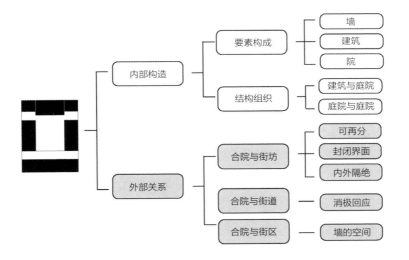

图 2-13　居住合院的建构分析框架

2.3.2　居住合院的内部构造

2.3.2.1　要素构成

居住合院最主要的空间要素由墙、建筑、院三部分构成（图2-14）。

墙　线性的边界要素，分隔空间以形成单元，成为空间的第一级划分。

建筑　居住建筑包括正房、厢房、倒座房共同围合中心院落，大多为1~3层，建筑朝向中心庭院，是墙体的扩展延伸。临街商业建筑是合院边界的一种特殊形式，朝向街道开放，与居住合院背靠背相连。

院　合院系统的核心空间，多呈矩形，位于中心，承载全家的起居活动。

其他次要构成要素有门、连廊、影壁。

门　合院的出入口，一般开设在南侧院墙，按等级分为多种形式。

连廊　将各建筑单体串联起来的廊道，增强空间的围合性与丰富性。

影壁　进入院门后正对的屏障，遮挡视线，避免院内外过于通达。

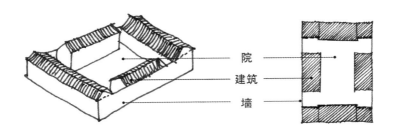

图 2-14　居住合院的主要空间构成要素

（1）墙

①划分领域

我们想到中国，便是横陈在永恒天空下面一种沟渠堤坝的文明，我们看见它展开在整整一片大陆的表面，宽广而凝固，四周都是城墙。中国古代的空间从来没有离开墙而存在，传统文化对墙这种实体边界的重视超过其他文化。中国的空间注重把某一空间从总体空间中分离出来，通过建立边界，来满足人们对秩序的理解和塑造。这种以墙来组织空间的基本目的是实现领地围合，空间被墙无穷划分再划分，形成一个个具有强烈围合感的单元，再对内部进行次一级的空间组织（图2-15）。居室、宫殿、园林、寺庙、衙署、陵寝大都无差别地掩藏在墙体之中。墙体所围合出的空间给人以封闭感、内向感，同时在视线和行为上实现了有效的阻隔，削弱与外部世界的联系，产生内敛的基调（图2-16）。所以"中国传统建筑给人的首要感受是那种一重又一重的分隔"❶。

图2-15　北京四合院的分隔性：将空间单元化、内部化（左）

图2-16　北京四合院封闭的院墙（右）

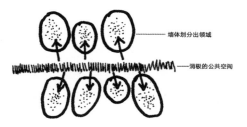

纵观中国的传统空间，由墙所呈现出的空间形态实质上是一种同构关系，大到国（长城），小到家（院墙），都广泛运用墙的概念。这一网络向郊野、乡村辐射，循着同一个构成原则，使里、亭、堡、寨、村等都有类似的空间形态。城市呈现出大墙套小墙的分形结构。这种形态与传统社会的基本模式——家国同构是吻合的，由于礼一以贯之，家和国是扩大版和缩小版的问题，具有同一原则，呈现同构的关系。

在战争时期，城墙（长城）有效地抵御了外族的入侵，而在和平时期，城墙则严重地阻碍了内外联系。关于这一点，德国哲学家黑格尔说过：中国人转过身去背对着海洋。这种对边界的执着早于长城的建立，经过了战争，人们心里的界限被不断强化。

❶ 缪朴.传统的本质——中国传统建筑的十三个特点（上）[J].建筑师，1989（36）：56-67.

四合院的小墙与国家的大墙的区别只在于服务对象不同——由国变为家。院墙是合院系统的第一层屏障，连续且完整的实体墙将内外彻底分隔，被分隔的空间形成了"内"与"外"两个维度，建立了内外秩序的分界点。一旦划分了内部和外部两个区域，即在心理感受上产生了差异。芦原义信描绘了日本住宅中人们对"内"与"外"的心理感受，体现在行为上是进屋就脱鞋的习惯，象征着进入了内部秩序，由于把内部与外部的分界设定在脱鞋的地方，所以在日本，人们心理上对穿着鞋可进入的建筑"外部"是不大关心的。古代中国与此类似，内外的秩序分界设在合院大门，大门内部都是按照内部秩序来组织的，相当于"脱了鞋"的区域，而对大门以外的部分漠不关心。中国人大部分的生活都在墙内发生，由此体现出中国传统社会活动的内向性。而欧洲的城市，更多的日常活动在外部——也就是在城市公共空间中进行，人们在广场活动，在公园休息，在教堂祈祷。

②**封闭边界**

讨论空间的封闭性，不可避免要讨论墙体高度与视线高度之间的关系。芦原义信在《外部空间设计》一书中对墙体高度与封闭性做了讨论，所谓空间的封闭性是因比人高的墙壁隔断了地面的连续性而产生的。四合院的院墙高度平均在2.7m，高于人眼的高度，打断了两个领域之间视觉与行为的连续性，使得空间被完全切分，产生了强烈的围护感。

"门和窗是建立空间联系的桥梁。窗户可以实现视线的交流，使人可以在室内获得与街道的视觉联系；出入口将建筑内的活动延伸到公共空间。门和窗户是建筑与其周边环境取得关系的眼睛。"[1]在四合院单元中，院墙一般是不开窗的，所有的建筑采光通风均通过朝向院内的门窗，保证院墙的绝对封闭。站在院内人的视线与外界是隔绝的，在心理上就形成了一个内部空间（图2-17）。

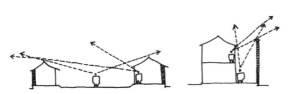

院墙内外视线分隔（北京合院与徽州合院）

院内视线范围（北京合院）

图2-17　四合院内的视线隔绝性较强

---

❶ 格哈德·库德斯. 城市结构与城市造型设计[M]. 秦洛峰，蔡永洁，魏薇，译. 北京：中国建筑工业出版社，2007.

院墙唯一的开口是院门，所有内外的行为联系都汇聚于此，院门又不是完全敞开的，由于影壁的存在，阻断了门内外两侧最后的一丝联系。影壁的目的是填补那一小段"墙"，来实现理想中的完全隔绝，将内部庭院塑造成一个与世隔绝的小天地（图2-18）。

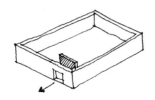

图2-18 北京四合院墙面开口及填补

更高级别的建筑群会对这一缺口进行更为严密的填补。例如王府的阿斯门，在府门前多加了一重院子来填补缺口，外面街道只见阿斯门而看不见王府门。北京故宫的门更是被设计成了一座建筑，有双重墙来限制。此外，瓮城、长城的关口等类似的做法也体现了相同的空间组织方式。

墙体在合院系统中是组织空间的第一步骤，由于它在空间中的优先地位，墙在大多数情况下可以与厅堂、亭榭等并列的独立建筑实体具有同构关系。墙体的建筑化❶体现在墙体被设计成建筑的样子。"墙上一般都带有两坡的屋顶，檐下以砖叠涩或施短椽，下部则带基座或下碱，和其他建筑物一样，形成完整的三段式构图。"❷（图2-19）

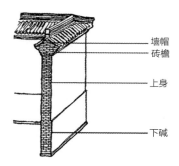

图2-19 像建筑一样的墙体

墙帽
砖檐

上身

下碱

墙体本是建筑体的一个构件，但是在中国传统城市中，墙体一跃成为限定建筑组群与城市空间的要素，这种跨越对合院的封闭化和内向化有决定性

❶ 朱文一. 中国古代建筑的一种译码 [J]. 建筑学报，1994（6）：12-16.
❷ 贾珺. 中国古建中墙的功用及文化特性 [J]. 南方建筑，2000（4）：62-65.

影响。墙体在空间的组织与划分中起到了决定性作用，将中国传统城市中的墙体去掉，那么空间的结构将不复存在（图2-20）。

空地　　　　　　　先有墙体划分领地　　　　　　再放置建筑

图 2-20　墙的地位超越了建筑

　　由于墙的地位跃升，使门跟随着院墙从建筑实体这一层级跃升到合院单元层级，院门成为真正的宅门，必须"开门进院"才能"登堂入室"，院门的分隔作用远远大于建筑的房门，这种模式形成了门堂分立的局面。同时，建筑实体地位退居其次，其内侧界面弱化，表现为数扇超出功能需求的，一捅即破的纸糊的超大窗户和门。[1]实体与庭院之间的分隔性很弱，往往是开敞的，或者干脆省略，如徽州民居中的堂屋与院落之间的界限只通过屋顶和柱来分隔，建筑体量与庭院之间模糊了界限，行为互相贯通。

　　从中国传统建筑的结构角度来看，木结构体系与这种建筑围护要素的弱化是吻合的。木构框架体系与大屋顶相结合的模式是一座建筑成立的基本要素，围护结构只是附加在框架结构之外的部件，有些甚至没有围护结构，如亭、榭、廊。围护结构的弱化，以至于这种结构模式在平面上对空间的划分能力是很弱的，所以领域感的产生依赖实墙来实现。先用墙体圈起一个区域，可以是园林、宫室、庙宇，区域里再做建筑，所有的空间操作与设计都在墙体所围合出的单元内部完成，实体边界为单元的内向性发展奠定了基础。

　　这种空间界限的划分与中国传统社会结构也是匹配的。中国古代自氏族社会进入分封制社会后，氏族、宗族、家族仍是社会的基本单元。伦常和礼法是控制氏族、宗族、家族间关系和维持社会稳定的准则[2]。实边界的位置在家庭层面，就是一个宗族单元。进入这一单元之后，界限变得模糊了，家庭公共空间和私人空间之间的界限不被刻意强调。小家庭和个人的隐私被弱化，全部生活都暴露在开敞的"院"中。

[1]　朱文一. 中国古代建筑的一种译码 [J]. 建筑学报，1994（6）：12-16.

[2]　傅熹年. 社会人文因素对中国古代建筑形成和发展的影响 [M]. 北京：中国建筑工业出版社，2015.

（2）建筑

①向心秩序

合院单元有一套完整的系统来组织围墙内的建筑，院落是单元的核心，先有庭院后有房子。北京合院建筑多为一层，正房、厢房、倒座房相互独立，等级秩序鲜明，展现了家庭结构的尊卑有序。建筑只与庭院相连，再通过庭院出口与城市相接。库德斯将建筑周边的空间按其性格特征分成三种基本不同的区域："前区""后区"和"侧区"❶。他提出前区是建筑入口区域，一般来讲人们从这里进入建筑，而后区更私密。当前区面向公共空间时，建筑更具有城市性，具体来讲，即建筑物布局、入口及使用功能朝向公共空间。从这种描述中可以看出建筑物是有方向的，如果把建筑看作人体，入口是一个人的正面，反之则是背面。前区朝向公共空间，展现出建筑的外化，反之则是内化的表现。

北京四合院的单栋建筑平面形式为U形，三面实，一面虚，面向中心庭院展开，作为组织交通的枢纽，四面建筑的出入口都朝向中心庭院，使庭院成为四座建筑单体的"前区"，而建筑背后的墙朝向城市，所以庭院空间是在小组群中公共性最强的区域，胜过了外部的城市公共空间。而西方街坊中的建筑正相反，建筑"前区"朝向城市，庭院成为被忽略的"后区"空间。建筑的首要任务是与城市相联系（图2-21、图2-22）。

图2-21　建筑前区朝向的中西方对比（左）

图2-22　建筑空间与院落空间的互动（右）

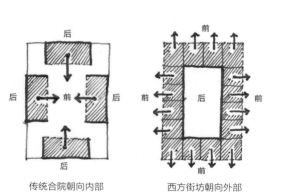

传统合院朝向内部　　　　西方街坊朝向外部

建筑立面造型根据所面向的方向不同而有很大的差异，面向庭院的建筑面作为"正面"，造型精美繁复，精心雕刻的门扇、斗拱、游廊俱全；面向

❶　格哈德·库德斯.城市结构与城市造型设计[M].秦洛峰，蔡永洁，魏薇，译.北京：中国建筑工业出版社，2007.

街道一侧的建筑作为"背面"，多是封闭的墙。从立面造型的差异中可以看出对内外空间的不同态度（图2-23）。然而在整个系统中，空间的塑造重点在庭院内而非面向城市的一侧，房屋的立面并不构成街道上的景色。无论是从视觉效果还是从行为联系方面来看，建筑都是朝向内部的，建构了一个由内部秩序来统领全局的组织体系。

②墙化的建筑

除了大型院落的正房独立设置在院落中心之外，小型合院内的建筑多与院墙融合在一起，建筑与墙体具有同构关系。将墙体的顶部加宽，同时墙体一侧朝向院内推出，就得到了依附于墙的建筑。所推出的界面是虚的，表现为基座、柱和顶，而形成了建筑内虚外实的双层界面，产生了朝向内院的方向感。实界面在院墙层级，其内部呈现虚化的状态，不具备真正意义上墙的作用。建筑单体由于内外两侧界面的虚实差异，天然形成了朝向内部中心的趋势。

如果将一座典型四进合院的平面图放到一个足够远的位置，视野中仅剩下一条条横纵的"线"，以及由其围合成的一个个方形院子。其空间的构成逻辑是：先由墙体划分出空间，再根据礼仪与功能需求，把局部墙体变厚、凸出，形成有一定进深的体量，建筑本质上依然是墙的概念——扩大的墙。

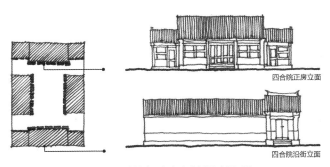

四合院正房立面

四合院沿街立面

合院朝向内院的立面与朝向街道的立面对比

朝向街道的立面比较封闭

朝向内院的立面更为丰富

图2-23　内外立面对比（以北京齐白石故居为例）

"建筑物似乎就是特意为了把庭院隔离开而存在的。"❶如果把所有的建筑都去掉，只保留墙体，其空间结构没有本质变化（图2-24、图2-25）。

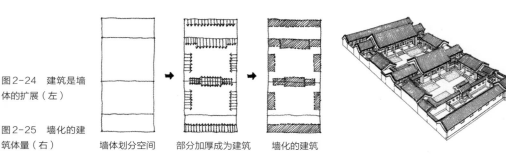

图2-24 建筑是墙体的扩展（左）

图2-25 墙化的建筑体量（右）

墙体划分空间　　　部分加厚成为建筑　　　墙化的建筑

此外，廊、门与建筑相同，都是墙体不同程度的扩展，本质上都是线性的边界要素，其目的是实现"划分"和"围合"。"划分"必然导致空间的封闭与割裂，使空间单元化。每四面墙所围合出的院落空间以自我为中心，形成了多个平行向内发展的子系统。

这种以"围合"为目的来组织空间的方式，通过尺度的对比也可以发现，细长的建筑和方形的院子的建筑体量明显已经退化到了"边界"元素的层级，建筑被运用的方式无异于墙。"在中国古典建筑群中，房屋并不是交通路线的分隔，主要交通路线常常是安排穿越'门''堂'而过的。"❷线性的边界元素（墙、建筑、门）给人通过感，而集中式的图形（院）给人停留感，在空间转换中形成有节奏的秩序。

（3）院

户外空间根据其图形性的差异可以分为两种：正空间和负空间。当建筑物盖起来之后，余下的形状不规则的户外空间是负空间，即不成型的空间。当户外空间有明显而固定的形状时，当它的形状如同它周围建筑物的形状那样重要时，这样的户外空间是正空间❸。中国建筑的庭院，正是这样的"正空间"。与西方不同的是，西方的室外正空间多出现在公共区域，如城市的广场、街道，而中国的庭院正空间却出现在私人领域，属于一个合院的内

---

❶ Serge Salat. 城市与形态：关于可持续城市化的研究 [M]. 北京：中国建筑工业出版社，2012.

❷ 李允鉌.华夏意匠：中国古典建筑设计原理分析 [M]. 天津：天津大学出版社，2014.

❸ C.亚历山大，S.伊希卡娅，M.西尔佛斯坦，等.建筑模式语言：城镇·建筑·构造（下）[M]. 王昕度，周序鸿，译.北京：知识产权出版社，2002.

部。这种内向化的室外"正空间"是合院的核心。在传统合院中，院的"正"角色被极力塑造，其他要素皆为其服务。

院的优先地位不可撼动（相比于单元外的公共空间而言）。有意识地创造一个完整而合用的露天空间，是四合院的首要目的，而不是有意识地增加建筑体量来划分出露天空间。西方建筑是后者，解决问题的态度截然相反。

①院的基面

在院与四周的建筑之间设置高差，整个院子的轮廓在高度上是有变化的，使院落在基面这一层次上与周边空间区分开来。合院中正房、两侧厢房、倒座房之间都是分开不连续的，而基面的连续性下沉正好补充了建筑所没有做到的连续边围限定，使院落空间得到强调。踏上一个抬高的空间可以表现空间的外向性或空间的重要性，那么低于其周围环境的下沉空间则暗示着空间的内向性❶。院落的下沉正好体现了这一点，从建筑中穿过后通过向下的台阶进入庭院，显示出庭院的中心感和稳定性。

院落在基面的铺装上也花了很多心思，在每个建筑的入口处延伸出一条步道，两条步道在院落中心交会，形成十字，其中心即是院落的几何中心，四个端点连接四向建筑的入口前阶。这种十字形铺装加强了方形院落的稳定性。十字形将地面划分出四块空地，一般四块地各植一棵树，或仅在正房前左右种植两棵。一方面院内的小天地与外界的隔绝性较强，院内的植物可以展现四季的变化，体现天人合一；另一方面可以遮阴，为院内的活动提供舒适的环境。正房左右对称植树还有一层礼仪的意味，在进入正房的路径前多了一个空间层次，使正房显得更气派而隐秘。在有限的方形院落内，通过对铺装和景观的用心布置，利用非结构性的空间元素加强了对院的中心感的塑造（图2-26）。

梅兰芳故居院内对称的四棵树

茅盾故居院内的秋千与藤架

图2-26 院内的景观与陈设

---

❶ 程大锦.建筑：形式、空间和秩序[M].2版.刘丛红，译.天津：天津大学出版社，2005.

②院的边围

院落的围合依靠四周的建筑界面，四向围合的建筑界面又是相似的造型，因此建筑体本身的形象降于次要地位，而把院落空间推向主角位置。坡屋顶作为边围的又一层限定，与建筑立面共同围合庭院。四面屋顶坡向中心，产生向内汇聚的效果（图2-27、图2-28）**❶**。同质的屋顶再一次加强了院落的稳定性，削弱了方向感。

图2-27　院的同质边围（左）

图2-28　院的屋顶坡向（右）

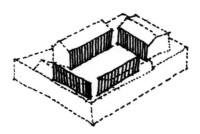
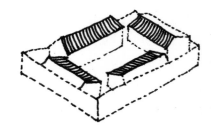

院内空间的稳定性还来源于封闭的程度。F.吉博德认为对空间封闭程度的感知可以用视角来衡量。我们的标准视野决定了我们感受的封闭程度（围合空间感）。这种感受由我们的视野距离与面前的建筑高度的关系决定。建筑物对视角的封闭，范围在30°~45°有很好的封闭感，小于30°封闭感开始减弱，小于14°空间容积特性消失**❷**。

以北京四合院来说，长边（南北向）方向的视角为29°，已经开始建立封闭感，短边（东西向）方向的视角为45°，有很好的封闭感（图2-29）。封闭感使空间趋于稳定，与墙和建筑的线性空间形成对比。"墙"以及由墙体扩展出的"建筑"是边界要素，目的是将空间分隔开，所形成的"院"是稳定要素，目的是使人停留。线性空间与集中空间交替出现，构成了四合院的多层级空间序列。

院的四面边围在建筑立面形制上虽相似，但仍然存在差异，这是由儒家的等级观所影响的。这种差异的实现有赖于合院内部子系统的建立，以满足具有等级差异的建筑在一个稳定的内部空间展开布局。一旦子系统层级消解，建筑在布局上的等级性很难保证。

---

❶ 图示基于北京四合院的双坡屋顶形式，徽州民居等南方合院的单坡屋顶会具有更强烈的向内指向性。

❷ F.吉博德，等.市镇设计[M].程里尧，译.北京：中国建筑工业出版社，1983.

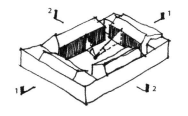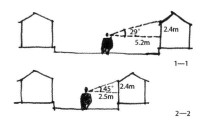

图2-29 北京典型四合院内的视角（视线距离与建筑高度的关系）

另外，等级性还体现在院落对空间的统领作用上。同一个院落中，正房、厢房、倒座房等级依次降低，为了体现院中四向建筑立面的等级性差别，在两进院落之间的殿屋，既充当着前一进院落的正房面，又是后一进院落的倒座面，使得殿屋的前后檐屋身立面常常是有所不同的，例如故宫午门的南面为矩形门洞，强化威严，而北侧为拱形门洞，柔化边界。在这里，建筑自身四向立面的完整性与统一性让位给了高一层次的庭院空间秩序，房屋的立面都作为内院的背景，进一步说明了院对空间组织的统领作用，院落的塑造优先于建筑本身的塑造，是院的向心秩序的又一体现。

院是合院单元中的核心元素，是一个内向化的室外空间，承载了古代家庭的主要生活，空间形态上展现出对向心和稳定的追求。院为虚，建筑与墙体为实，虚实之间形成丰富的因借，体现出中式空间的动态美学。

2.3.2.2 结构组织

古人造房子，其实就是造一个小世界——一个院墙内的完整系统。所以研究中国古代建筑不能像研究西方古代建筑那样单栋解剖，要以群体秩序的视角去审视。合院系统空间结构的建立分为两个步骤：单进院落结构组织，主要体现在建筑与庭院所构成的向心结构；多进院落组合，主要表现为线性串联的多个庭院单元所构成的纵深序列。

（1）空间结构

①单进院落结构组织

墙、建筑、院三种要素有机组合构成庭院单元，庭院和庭院通过串联组成更大的院落群。合院作为组成空间的基本零件，为研究中国空间的特质提供了载体。"院"是这一系统的核心空间，为营造院空间，单元内建立了一套完整而稳定的子系统来统一内部空间秩序。对外封闭、对内开敞的空间组织形成了向内的"势"，使空间有了朝向内部的方向，子系统的独立运转使内部结构营造优先于外部环境（图2-30）。

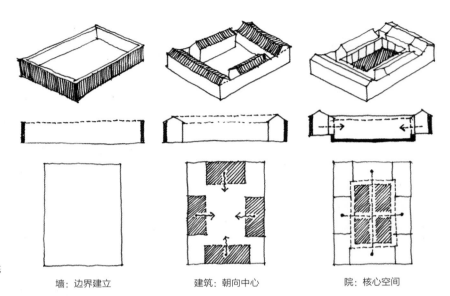

图2-30　合院系统的建立

墙：边界建立　　　　　建筑：朝向中心　　　　　院：核心空间

墙——边界建立　墙体是院落的边界，形成院落系统的基础。墙体所在的位置明确限定了合院的"内"与"外"。一个封闭的围合空间，其内部自然产生一种向心的视觉力量。这种力量使视觉聚集于空间的几何中心，使自身显现出自主的秩序。

建筑——朝向中心　由墙体所衍生出的建筑同样为线性元素，是墙体的局部扩展，形成了能居住的功能空间。以墙体为外边界，建筑向内侧扩展，建筑的主立面及入口前区朝向内院，形成向心结构。

院——核心空间　所形成的"院"空间是整个系统建立的最终目标，这一虚空间的塑造除了墙体与建筑的围合之外，还体现在基面和边围的再次强调。边围由同质化的建筑界面构成，增强稳定性，高级别的四合院会另增设环绕的游廊来对院落边围二次定义，突出院的"图形性"，同时丰富虚实空间的层次。

空间组合——向心十字　四座建筑和一个庭院，共五个空间构件共同组合成一个集中式的向心构图。四面的建筑朝向庭院内侧表现为开放的界面，多为轻透的门扇或者是柱廊，使建筑入口前区与庭院融为一体，室内外空间有机结合；建筑朝向城市的外侧表现为封闭的墙体，阻断了交流。而且建筑的山墙面均不开口，把人们的活动流线限定在建筑的四个"正面"以及中心庭院的范围内。

动线的最主要交会点是院落，院落承载了主要的家庭活动，公共生活发生在院子里，它是家庭的"露天的起居室"，家务劳作、晾晒衣物、儿童嬉戏、休憩纳凉和庆典聚会都在这里面发生。所有的空间营造都是围绕这个核心展开的，庭院成为"磁铁"，秩序向中心发展。站在北京四合院中环顾四周，中间舒展，廊檐曲折，有露有藏。四合院的神髓就在于一个"合"字。它将很多的要素，包括精神的、物质的都"合"在一起，将一个大家庭的所有成员都"合"在一起。

庭院在古代家庭中的核心地位，受到"天人合一"思想的影响。在一个封闭的合院单元中，庭院是唯一能与自然联系，可以感知四季，也能够与"上天"对话的空间。在整个院落的空间内，将人世间的仪典性对接上了天地日月，以昼夜四季作为时序，将个人的世俗生活与宇宙建立了联系。

《红楼梦》中讲述了贾宝玉生日礼拜的过程：祭天—祭祖—敬长辈，其中祭天在自己居住的庭院中进行。书中描写："清晨起来，梳洗已毕，冠带出来至庭院中，小厮们已设下天地香烛，宝玉炷了香，行礼毕，奠焚纸后，便至宁府宗祠、祖先堂两处行礼……"更说明了庭院是与"上天"沟通的渠道。

②多进院落组合

四合院单体较为简单，其艺术处理的重点在于院落之间的组合与变化。一进院落是由四面建筑围成的四合院，宅门开在东南方向，门内设照壁、屏门，这种典型的一进院落是北京四合院的基本单元。二进院落是在一进院落的基础上沿纵向扩展而形成。四合院由一进扩展为两进时，通常是在东西厢房的南山墙之间加障墙，设二门（垂花门），将院落划分为内外两重。由一进转为二进的过程中，建筑的体量没有增加，只是多了一重院落的序列，划分出内院与外院两个区域，增加了路径的长度和空间的深度。体现出对空间深度的追求胜过建筑体量本身。三进院落是在二进院落的基础上再向纵深发展。一般是在正房的后面加一排后罩房，后罩房与正房之间形成狭长的后院。后院与主院通过正房东耳房尽端的通道来连接，宅主人可以经过这个通道进入后院。还有一种常见的格局是按照第二进院落的模式，在正房后面再加一重院落。三重院落的四合院属中型住宅，已经具有相当规模了。

院落由一进到多进的扩展过程是沿纵向的南北轴线性展开的，中轴线连接着每一进院落，成为建筑群扩张的主要方式。建筑在纵向上的扩展规模远大于在横向上的，只有当建筑群规模达到一定程度、纵深发展受限、家庭结构复杂化等才会在东西向上新建次要轴线。合院纵向串联，使每一进院落层层嵌套，形成了"深"的空间，增强了神秘感。

纵深化排布的倾向比横向展开的建筑更能营造符合中国传统社会主流意识的等级观与内向礼仪。内部的庭院深深与外部世界毫不相干，同时入口到主要建筑的距离越长越能体现庭院的神秘与威严。与欧洲同时代的建筑相比，建筑彰显权力与尊贵的方式完全不同，欧洲建筑的表现力大都被集中在一个主要的视野里。中国的重要建筑本身尺度并不大，之所以特殊，是由于人们到达那里必须经过重重阻碍，这些体验的总和远比单个空间更有感染力。

③轴线序列空间

小到合院，大到城市，空间的组织均是以轴线为秩序，而中国的轴线很特别，它是组织空间的轴线，但由于建筑横亘在轴线上，视线不贯通，只能通过移动的体验才能感知。在某一个静止的时间点上，没有办法完全直观地掌握整个空间体系，所以空间是神秘而又深邃的。层层的墙体和建筑将空间分隔成单元，将轴线切割成片段，每段之间独立成章，每多一级划分，就会使空间层级更多，合在一起组织成极度宏大和深远的序列。

以四进四合院为例，从平面上看，轴线严格地控制着空间的排布，中轴对称，轴线两侧的空间造型均衡。但这条轴线其实是分段存在的，当进入第一进院的时候只能看到这个片段内的场景，无法对后面的景象进行预判，进入第二进也是如此，每进入一个院落，就像开启了一个新的篇章（图2-31）。

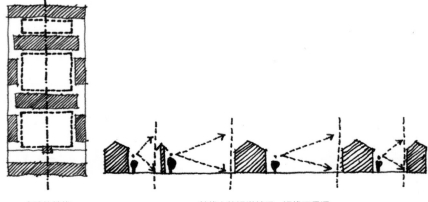

图2-31 轴线在平面上控制空间排布　　　合院的轴线　　　　　　　轴线上的视觉关系：视线不贯通

这种 "体验式" 空间结构，重视平面上的逐层展开，而非夺人眼球的一站式景观。观者不能以看待一个单纯静物的方式看待中式空间，因此，"游" 成了体验中国传统空间的必要方式—亲历而非远观般的欣赏❶。因为将空间关系的组织视为重头戏，所以忽视了建筑立面的丰富性。中国的建筑立面呈现出一致的样貌，也是因为建筑不是主角，让位给了序列。

西方的城市轴线是光的轴线，是为视线可达而塑造的，因此西方重要的建筑造型在三维层面，纵向维度上的 "建筑布景" 占据空间主导地位，主要表现在宏伟立面上的丰富设计，例如凡尔赛宫、凯旋门等。建筑立面直接面向城市，具有庄重堂皇的正面性，左右对称而富于纪念性，构成了经得起从外面尽情眺望的景观。

在四合院中，无论多大的建筑群体，仅有唯一的主要入口与通向中心空间的礼仪化通道相连。合院建筑的主轴线在建筑群的正中，左右完全对称，而合院的主入口在东南角，与主轴线错开（图2-32）。从合院大门开始，到达主轴线的路径经过大门—影壁—前院三个层次。入口的错位与影壁的设置保证了视线的阻隔。入口轴线与主体建筑中轴错位的现象可以追溯到河南偃师二里头的宫殿遗址。在中国古代文献中，人们将宫室的西南角称作 "奥"，具有深秘、隐蔽的意思，之所以如此，应当可以溯源于史前建筑室内空间的使用习俗。而门的设置代表着在天地间制造了一个通道空间，除了不必要的视线干扰之外，更多是会受到入口轴线的 "冲" 和 "射"❷，这也是住宅的大门东移以及设置影壁等做法的原因。

四合院中，主轴线序列起始于 "中门"（垂花门），中门是男女内外分隔之门，在古代社会性别制度中，"男女有别" 是最重要的内容之一，所谓 "男不言内，女不言外""男子居外，女子居内"。在中国古代，住宅建筑是规范男女身体所在的重要物质形式之一，因此中门在住宅中具有特别的社会意义。

同时，中门也是家庭内部与公共的界限。由于古代的家庭空间容纳了很多事业功能，如生产、教育、祭典等，所以家庭空间并不是纯粹的居住空间。中门以南的前院及倒座房安排对外事务具有辅助功能，中门以内部分承

---

❶ 李晓东，杨茳善.中国空间[M].北京：中国建筑工业出版社，2007.

❷ 具体论述可见：王鲁民.影壁的发明与中国传统建筑轴线特征[J].建筑学报，2011（S1）：62-67.文中对合院住宅的大门向东南侧偏移以及影壁的出现归结于对住宅中西南角 "奥" 区的回护需求。

担家庭主要起居功能。主轴线在中门处发生转折，与入口之间多了一个空间层次，路径的转折增强了空间的私密性，起到了欲扬先抑的作用，突出主轴线的意义，也与社会功能的设置相吻合（图2-33）。

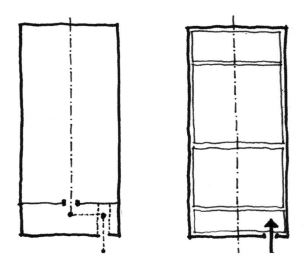

图2-32　轴线与入口的关系（左）

图2-33　中门作为轴线的起始（右）

（2）路径结构——树形发展

多进院落的大型四合院，其路径呈现一种树形结构。以单路四进院落为例，主要的院落中心串联在主轴线上，类似于树干，为第一级路径；院内的各建筑以枝叶的形式挂在中轴这根树干上，为第二级路径，整体的逻辑是强干弱枝的状态。这种树形结构造成了枝叶部分建筑物的可达性降低，参与城市空间的程度很弱，成为嵌套在内部的次一层级。当两条轴线东西并列时，每一路的组织方式保持不变，两条轴线之间平行不相交，空间很少有联系（图2-34）。

树形结构的路径组织是空间内向性的又一体现，路径的"深度"体现在空间转换的次数，而非绝对的物理距离。空间的深度越大，空间的可达性越低，与外界的联系就越弱，从而形成更内向的空间特质。

将四合院中每个空间节点的可达性以数字表示，数字代表了空间经过转换的次数，可以更清晰直观地看到树形路径的结构关系，体现了空间的真实距离与实际深度的差异（图2-35）。一个合院内的建筑，与公共的街道在形式上的距离很近，但是实际上要曲折前行，经过院、门、墙，多次变换节点才能到达，这才是实际的深度。这种形式上和实际上距离的不匹配是靠墙来完成的。进入内部空间所需的漫长旅程，以及为切割和内化空间而对墙体高强度的密集使用，造就了一个世界上最深远的城市建筑体系❶。

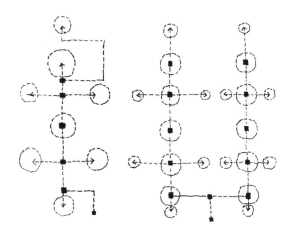 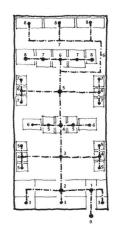

图2-34　院落的树形路径（单路和多路）（左）

图2-35　空间的深度等级（右）

（3）功能结构——向心组织

以三进四合院功能布局为例，可以发现"向心十字"也是组织功能的核心。三进院最中心处为主院，向南扩展为前院，向北扩展为后院，即形成三进布局。最重要的房间是正房，位于主院北侧，用于祖堂及主人的起居等。其次是东西厢房，主要用于子辈起居。倒座房坐南朝北，一般用于接待或作为男仆门房、家塾等。正房北侧后罩房用于女儿和女佣居住，西北角也可开设后门。这些主要建筑用房位于十字轴线上，南北东西对位，中心为主院的正中。其余的辅助用房分布在剩余的四角空间。由此可以看出功能排布的向心性。三进四合院属于功能分布最全面、最典型的布局方式，二进和一进在此基础上根据不同家庭使用需求适当减少部分功能，将"十字"进行适当的缩短，但结构不变，仍然是围绕它来布局主要空间，形成与空间布局相吻合的功能向心结构（图2-36）。

新石器时代的建筑群已经采取了这种向心而构的模式，六千年前的陕西西安半坡仰韶文化遗址提供了佐证。关于商代和夏代，或者更早以前，"古代的文献记述过在建筑上采用'四向'之制，就是说以一个称为'中庭'的空

❶ 朱剑飞.中国空间策略：帝都北京（1420—1911）[M].诸葛净，译.北京：生活·读书·新知三联书店，2017.

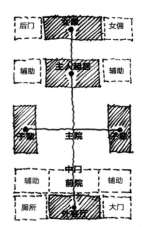

图2-36　以向心十字组织核心功能，剩余四角安排辅助功能

间为中心，东西南北四方用房屋围绕起来。"[1]这说明了中国人很早就有了向心的意识，在建筑布局中体现了出来。

综上所述，合院作为家庭本位社会的空间产物，以三种要素的组织构建了十分强大的完整秩序关系，用以组织空间。墙、建筑、院互相配合，完成了领域建立、向心营造、纵深串联这一系列建构过程。空间形态一方面展现出向心性和深度，另一方面展现出单元的完整性和稳定性。

2.3.3　居住合院的外部关系

在合院这个完整的空间系统中，社会秩序、家庭秩序、自然秩序在空间组织中都有明确的表达。内部的完整性使合院作为一个单元成为城市最基本、分布最广泛的构成细胞。下面以明清时期的北京街坊为例，重点讨论合院单元在建构城市过程中的组织特征。

合院单元构成城市的过程分为三个层级：合院单元—合院街坊—合院街区（图2-37）。

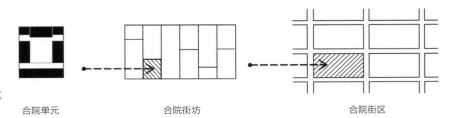

图2-37　合院街区三个层级的构成

合院单元　　　　　　　　　　合院街坊　　　　　　　　　　合院街区

---

[1] 李允鉌.华夏意匠：中国古典建筑设计原理分析[M].天津：天津大学出版社，2014.

2.3.3.1　合院单元构成街坊

（1）街坊结构：合院单元的平行复制

在传统城市街坊中，各合院单元之间是并联结构，各个子系统在空间上并存。合院内部具有完整的层级结构。一个大家庭以一个整体面貌面对社会，其所依存的建筑空间也是完整的统一体，各单元对自身内部空间完整性的要求，使单元之间相互独立、互不干扰，单元之间除了院门外的交通空间有时会出现行为上的交流，其他部分均被墙分隔，一旦进入单元即形成了彼此背离的状态（图2-38）。

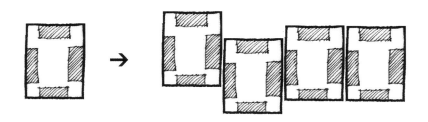

图2-38　单元与单元之间的独立关系

合院单元的稳定还体现在自身空间结构居于主要地位，外部空间居于次要地位的特征。合院单元由于自身的组织逻辑完整而封闭，内向极致发展而忽视外部公共空间。所以这种自主、先验的单元在组成城市的时候是一种被动安排而非主动迎合。单元是主体，街道是附属（图2-39）。在构成合院街区时，以合院单元内部空间形态的完整性为首要原则，先安排好一个个的合院，再通过一些外加的路径使其与街道连接。

合院单元之间成为纯粹的功能空间，这些空隙不属于任何单元，缺乏有意识的塑造。北京合院街坊中有很多小胡同，只是为了满足能够到达一个合院的入口而存在，是合院与合院之间的剩余空间。图2-39中列举了清代北京街坊中的几个片段，可以看出合院以内部结构为主导的特征普遍存在，合院单元内部秩序得到了维护，而合院外的交通空间则缺少塑造。

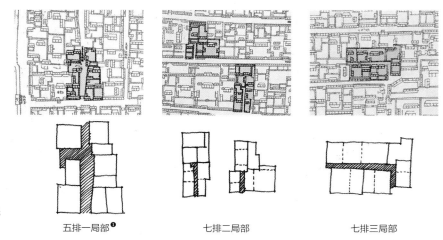

图2-39 合院单元
的组合方式举例

五排一局部❶　　　　　　七排二局部　　　　　　七排三局部

（2）合院与街坊的路径组织

合院体系的树形结构被平行复制，形成了合院街坊的丛林结构。每一个
与城市相连的接口后面都是一个庞大的系统，里面"枝繁叶茂"，这些"枝
叶"与作为"树干"的合院主轴相连接，而与城市不发生关系，城市界面只
涉及"树干"层面。与欧洲城市有很大差异，欧洲城市建筑总体上是平等面
对城市的，也就是从"枝叶"层面与城市相连，公共性更强（图2-40）。

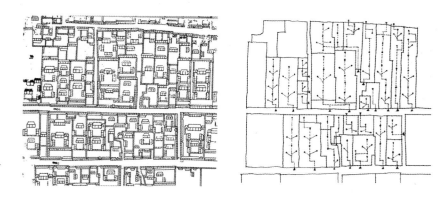

图2-40 胡同与合
院的路径连接

❶ 编号根据《加摹乾隆京城全图》索引表，将乾隆年间的北京城地图划分为（从北至南）共十七
排和（从东至西）十二列的网格，如"七排二"则表示第七排东起第二格内的城市地图。地图
采用中国传统地图中"兴图"的平立面结合"俯视绘图法"。即绘出建筑物的正立面图后，
遵从一定规则：在主要街道两侧的房屋，以街道为轴线"仰面躺倒"；一般民房以户为单
位，所有房屋面向主轴线"仰面躺倒"。大门入口画法有别于内部建筑立面，且官殿、府
邸、衙署等画法也有所区别。笔者根据地图的绘图法及文字说明综合推断出各户的边界与
分宅线。

　　这种由每一个树形结构单元所拼合而成的丛林结构使城市空间的营造缺乏单体建筑的参与。建筑与城市空间隔离，建筑内的行为活动也是如此。合院单元对城市的贡献仅通过入口的大门表现出来。

　　合院的标准模式是设置南向入口，但在单元叠加构成街区的过程中不能完全实现。一般以标准的南向入口居多，有些不临街的合院会设置一条从最近的胡同连接到大门的小巷，目的是实现南向出入，鲜有采用东、西、北向入口的。多进院落一般非南向的出入口会接入前院或者后罩院，再进入核心院落；一进院由于只有核心院落，北向入口会从正房的西北侧进入，绕过正房进入核心院落，保证正房、厢房、倒座房的相对关系不变，或者是设置一条通往前院的侧廊，从北向入口穿过侧廊再从南向进入合院序列。内部空间结构没有跟着方位的不同而改变，变的只是到达的路径与接口方式。这些方式均是为了保证合院在与城市对接过程中其内部结构的稳定性。

（3）街坊形态

　　古代城市基本的空间构成单元是合院，合院被平行复制构成街坊，街坊进一步复制形成城市肌理。清代北京城具有很强的继承性，它直接继承明代城市格局，而明代北京城市格局又沿用元大都的格局。街坊的边界大致可分为两类，规则与不规则。边界规则的街坊大多继承了元代的街坊尺度❶，一般不会突破旧有城市街坊边界，进深多为两进院，由贯穿街坊深度的合院和不贯穿深度的合院拼合而成。也有一些边界规则的街坊是清代新建的，边界规则反映了该地区居住者的身份背景、经济状况基本相当，所以合院的进深相似，进而决定街坊的进深，形成规则的边界。

　　边界不规则的街坊多为锯齿状，多由合院的轮廓决定。进深长短不一的合院形成了锯齿状的边界，这与使用者的身份状况有关。内城中心区的街坊外边界较为规整，如果遇到水面等土地上无法造房子的情况，建筑会以合院单元为单位呈现锯齿状退让，合院的内部系统不会被打破（表2-2）。

　　不论规则与否，其街道界面的物质属性都是墙，用封闭的墙体来面对街道的做法，控制并决定着中国古代城市街坊结构的内向性，进而影响了城市的社会性格。

---

❶ 元代的街坊进深大多为44步，大多数学者认为与元代的土地以"八亩一分"（44步×44步）为基本住宅用地标准的政策有密切关系。观点引自：邓奕，毛其智. 从《乾隆京城全图》看北京城街区构成与尺度分析[J]. 城市规划，2003（10）：58-65.

表2-2 街坊轮廓分析

	街坊区域	街坊内的合院单元	街坊边界特征
规则边界			边界呈整齐线性，街坊进深继承元代的44步（约67m），由不同规模的合院拼合而成
			边界呈整齐线性，街坊进深较短，只有一户，多为一至两进院，居住者的身份背景、经济状况水平相似
不规则边界			边界不规则，呈锯齿状，进深方向较短，只有一户，居住者的身份背景有差异。街坊较长，每户都是南向入户
			边界不规则，呈锯齿状，不同规模合院拼合而成，布局较为自由，以合院自身的完整为主
			外边界虽然较规则，但街坊内部建筑为了避开水面，以合院为单位整体退让，形成锯齿状的边界，保证了合院自身的完整性

综上所述，街坊由合院背靠背相连而构成，合院街坊与合院单元之间互相依存，互相制约。街坊的长与宽都是为合院系统的稳定、完整而服务的。有些街坊边界在已经确定的情况下，合院的增长受到限制，会出现不同规模合院的拼合状况，在街坊内部会出现一些不规则的剩余空间。在构成街坊的过程中，合院秩序显现出主动性，而街坊的形态展现出被动性。

2.3.3.2　合院与街道

有学者指出，历史上北京城市规划中采用了44步×44步的正方形作为1户宅地的基本单位，东西方向的两条胡同之间平均可容纳10户，是元大都的街区构成的基本模式[1]。清代后期对这种街坊进行了局部的改造，同时也新建了一些街坊。这种模式产生的多为条状的街区，例如典型的街坊——北京内城东四三条胡同与东四四条胡同之间，西侧东四北大街到东侧朝阳门北小街所围合的街坊（图2-41），"南北长约67.7米，东西长约677米"。

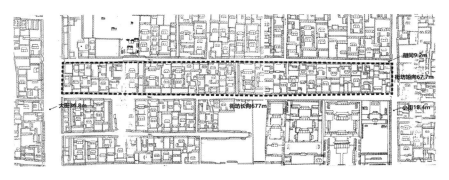

图2-41　北京内城东四区某街坊尺度分析

这种尺寸的街区短向长度基本是由合院的进深所决定的，基本符合两进合院的纵深（两进合院可能为一户人家，或者是南北分成两户）。其实长条状街坊东西方向过长，对胡同之间的联系是不利的，街坊尺寸也比较大，对城市空间也是消极的。但是南北向纵深短，对合院自身的结构完整性是有利的，可以使合院单元具有更多的南向出入口，符合合院标准型的单元配置，反映出街坊尺度受到了合院结构的影响。

道路的尺寸划分为三个层级，大街、小街、胡同，胡同的尺度为元代的6步（约9.24m），约是小街的一半（18.4m），小街约是大街的一半

---

❶ 邓奕，毛其智. 从《乾隆京城全图》看北京城街区构成与尺度分析 [J]. 城市规划，2003（10）：58-65.

（36.8m）❶。道路的尺寸等级分明，秩序性强，是纯粹的功能划分，而对街道空间的人性化尺度缺乏塑造。四合院的高度与胡同的尺度尚比较匹配，但是到了小街、大街的情况，街道高宽比失衡，街道两侧界面对街道空间缺乏限定。由此也可以看出道路的交通属性较强，而社会活动属性较弱。

街道两侧界面由封闭的墙体构成，而这些墙体是其合院内建筑的背面，显然断绝了单元内外的联系，这与西方城市街道开放的建筑界面有很大差异。对中国古代城市空间而言，由于墙体没有功能，无法为街道提供行为支撑，单元的外边界无法为其所限定的城市街道提供活力。这一特点在宋以前的城市中十分显著，宋以后出现一些沿街的市，但城市空间主体依然是由棋盘式路网所定义，由均质连续的墙所限定的严整的线型空间结构，它的底色依然是封闭的，直至清末。

2.3.3.3　合院构成的城市街区

（1）线性特质

由于墙的重要地位，中国的空间从来不是以体量作为出发点来思考建筑。"分隔"空间的概念，使得空间形态的形成依赖于墙这一线性要素而非建筑体量。分隔所产生的是一个个空间要素（即庭院）而非建筑要素。庭院是空间建构的重点，但是庭院属于合院系统内部，被围墙包裹，并不属于城市。

明清时期的北京街坊由一个个被墙围合出的庭院单元组成，城市肌理以线性为主导。对比欧洲传统城市肌理，由一个个"块状"体量组织城市，建筑直接面向城市空间，由门窗、底层界面作为联系，街道展现出活力与多样性，城市肌理有可识别的实体特征（图2-42）。

中国传统城市空间形态构成是以边界为基础的，所以呈现出很强的线性特质。它强调边界的实体性和连续性，来划分出领域，这种领域模型体现出内外分隔性和内向性❷。边界营造了排斥和疏远的感觉，使城市公共空间的活力受到影响。

---

❶ 邓奕，毛其智. 从《乾隆京城全图》看北京城街区构成与尺度分析 [J]. 城市规划，2003（10）：58-65.

❷ 朱文一. 空间·符号·城市：一种城市设计理论 [M]. 2版. 北京：中国建筑工业出版社，2010.

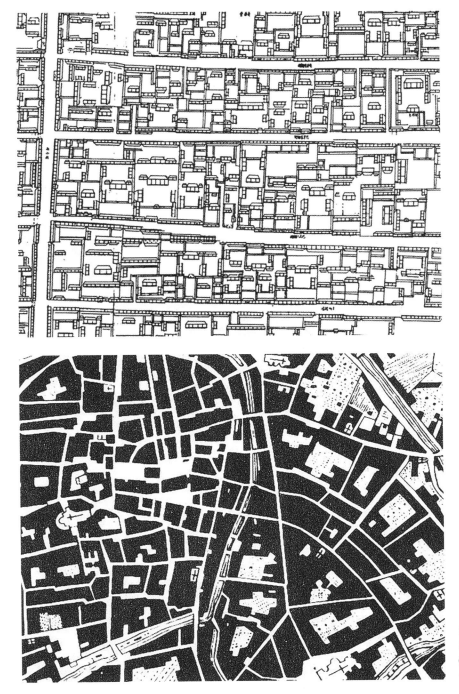

图2-42　中西方传
统城市空间肌理对比
（清代的北京城与中
世纪的帕多瓦城）

（2）忽视负结构

城市的空间结构包含"正"和"负"两种特性，正负空间的相互作用促成了城市空间的有机平衡，城市空间的感知、城市空间的品质在很大程度上取决于这种图底关系特质。

负结构的主要形式为街道和广场。中国传统合院街区总体上表现为对负结构缺乏营造。传统城市没有广场，似乎也不需要广场，在每家每户的合院内部有丰富的负空间来满足亲近户外和自然的需求。一些具有公共属性的建筑群也是被围在墙体内部的（图2-43斜线阴影部分），而街道整体除了按照规模分级设置以外，图形性较弱，缺乏主动塑造的街道形态秩序。

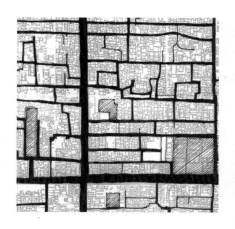

图2-43　明清北京街坊的街道形态

同样都是外部空间，合院内部的院落则得到了充分的重视，再小的建筑群也会有一个院子，院落空间形态完整。城市展现出"内部庭院"凌驾于"城市公共空间"的特质。所以中国的空间单元是内向化发展的。在中国漫长的建设历史中，公共空间从来不是城市抑或乡村建设的主要目标。反之，西方城市对空间的塑造多体现在公共空间上，而不是塑造城市空间单元内部，呈现外向化发展。

（3）单元内部承载了一定的城市性

传统中国社会以家庭为单元，合院便是这一特征的物化表达。建筑单元—院落—城市的三级结构，正是个人—家庭—社会的三级社会结构的完美映射。中国自古以来的大家族居住模式需要满足内部小家庭需求，而合院这种具有等级化的空间体系正是最佳的解决方式。家庭或邻里具有了自给自足的能力，很少需要社会上的其他团体来帮忙。

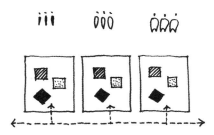

图2-44　中国空间的单元化组织模式

　　由于单元内的院落空间被强化，使城市的公共部分被削弱了，传统城市中人们的流动性低，每个人基本活动在特定的街坊和胡同中。这是因为中国传统环境中的分隔在很大程度上是"按人分区"的原则，按功能分区不占主导地位[1]（图2-44）。以合院为单元，每个单元都可以比较全面地满足某特定集团（多数为家庭）的日常需求，社群也以家人为中心如涟漪般向外扩展，将公共性活动纳入家庭空间，婚丧嫁娶、教育、生产都在合院内进行，城市的功能都被分散到各家院子里去了（图2-45）。

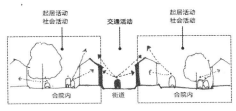

城市公共空间承担必要的活动：交通属性
单元内部空间承担丰富的公共活动（承载了城市性）——功能的内向化发展

图2-45　城市公共生活挤压进院内——院中办"白事"（浙江峡口镇徐宅）

　　城市街道变成了纯粹的交通空间，这与胡同最早仅有的功能属性一致，而合院内部具有多重功能，承载了大部分的城市公共属性。这是家邦社会的必然结果。反之，西方传统城市中街道和广场等城市公共空间被极力塑造，且建筑单元平等地面向城市敞开，这正是对城邦社会需求的完美体现。

　　综上所述，合院在构建城市环境中所展现出的自身稳定性，从单元与单元的关系、单元构成街坊的方式、单元与城市结构这三个层面呈现出来。由于合院自身空间逻辑完整独立而很难被外部环境打破，所以一直以自身小单元的方式内向发展。传统合院与城市的关系显示出合院的主动性和城市的被动性。合院内部的完整与稳定在构成城市的过程中是优先被实现的，体现出

❶ 缪朴.传统的本质——中国传统建筑的十三个特点（上）[J].建筑师，1989（36）：56-67.

合院内部结构营造优先。

从社会层面来看，合院单元作为城市的基本细胞类似于古代的家庭作为国家的基本细胞，这两种关系是同构的。传统社会家庭与国家之间的"真空"状态也转译为传统城市缺乏公共空间这一物质形态特质。

2.3.4　居住合院小结：封闭边界+向心结构

以上从空间建构的角度解读北京四合院，从合院内部各元素的特征、元素之间的组织关系以及合院与城市的关系几个层面逐渐深入，总结出内向性是合院空间建构机制的关键词。

具体而言，内向性首先体现在合院空间结构中：墙体限定了封闭的外边界，四向围合的庭院形成向心结构，层层展开的序列营造了树形结构。其次，在建构过程中，合院单元作为一个整体，在内部建立具有完整逻辑的子系统来组织空间。所有元素的组织均优先服务于内部秩序，具有明确的指向性，与外界环境隔离度高，很难被外界干预，更使其内向发展。完整和稳定性是内向性第二层面的展现。

居住合院作为城市中最大量、最基础的构成单元，其空间与社会属性的内向特质与传统城市整体的空间、社会性格是不可分割的统一体。这种内向性体现在居住建筑中，成为一种空间文化，也主导了传统公共建筑的建构过程。

2.4　非居住类单元——公建大院的空间建构

2.4.1　公建大院的类型提取

公建大院在城市中具有重要的意义（图2-46）。古代城市中决定城市形态的几种主要力量有政治、礼制、宗教和经济等，物质形态表现为以宫殿、衙署为代表的行政机构，以祠庙为代表的礼制机构，以寺观为代表的宗教机

图2-46　传统城市中的公建大院

一级行政管理城镇广东乐昌

一级行政城镇山西太谷

一级行政城镇山西安邑

构，几种力量的物质表现均以院落的形式呈现出来，此外还有府邸、学宫、书院、剧场、会馆等，同样也是院落的形式。这些公建大院在城市中处于重要的位置，它们承载了古代社会的公共生活。数千年来虽朝代更替，但组织形式上却是一脉相承。

（1）宫殿

宫殿是古代公建大院中规格最高的。作为帝王的居住与办公场所，与衙署可归为一大类。自南北朝至清代的千余年间，虽建筑的构造、艺术处理不断变化，但宫殿的布局和规制已大体定型[1]。以明清北京故宫为例，其中轴对称、序列空间，前朝后寝的布局代表了中国古代宫殿的基本特征。外朝部分代表国家政权，内廷部分代表家族王权，外朝和内廷形成前三殿和后两宫的格局，由廊庑围绕成院落，以中轴线串联起来。中轴线除外朝与内廷外，前序空间更有多重门层层递进，营造隆重的仪式感。其他宫室居于中轴线两侧，整个宫殿以尺度规制不等的大小院落组织各功能模块，形成大量的子单元，并按照严整有序的系统排列起来，形成鲜明的等级秩序（图2-47）。

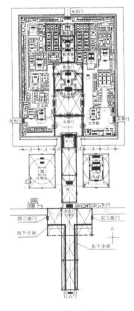

北京故宫平面

北京故宫太和殿

北京故宫中轴线

图2-47　北京故宫空间结构

---

❶ 傅熹年. 社会人文因素对中国古代建筑形成和发展的影响[M]. 北京：中国建筑工业出版社，2015.

（2）衙署

中国古代的衙署建筑是城市中重要的公共建筑。衙署可分为中央及地方两大类，地方衙署多附有官邸，而中央衙署唐以后则单纯为办公处所。中央衙署设在都城之内，宫殿的附近。地方衙署受都城影响，多建于城市中心，其中包含行政机关、军事机构、仓库等，同时也是地方经济中心。

衙署布局受宫殿影响很大，总体以矩形为主，内部各等级院落依托轴线串联布局，建筑群多分三路，中轴线上多层院落布局逐级展开，主要部分为前堂后寝布局，与宫殿一致。大门、仪门组成二重门在前，构成前序空间；紧接着的大堂、二堂所在部分为主院，是整个建筑群的核心空间，最后是后部主官宅院部分，多配有园囿、亭台楼榭等。整体布局类似小型的宫殿，前朝后寝、轴线序列、等级关系等均有体现。各朝代衙署基本形制相似，没有根本性的变化（图2-48）。

图2-48　衙署建筑的空间结构

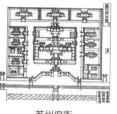 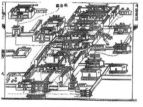 

苏州府衙　　　　　　　山西平遥县衙　　　　　　山西平遥县衙督捕厅

（3）祀庙

祀庙是古代重要的礼制建筑，包含祭祖先的太庙、家庙、宗祠，祭天地、山川、海渎、社稷的坛庙，崇儒祭孔的孔庙、文庙等。其空间上以院落为基本单元，院落串联、中轴对称，重要建筑居于整个建筑的几何中心，整个轴线序列遵循了前序院——主殿院——后院的布局形式。以南岳庙为例，平面以院落为单元，共分三进，呈现中轴对称布局，轴线起始有多重门作为前导序列，左中右为三路，以三门分别引导，中路为主殿院，居于院落中心，四周由廊庑围合。院墙的封闭性与完整性凸显，主轴线上的重要建筑呈序列化展开，构成仪式性空间（图2-49）。

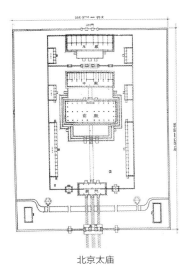

北京太庙

湖南衡山南岳庙

图 2-49　祀庙的空间结构

祀庙与宫殿衙署不同的是，其正殿和寝殿同在一进院内，有些连成工字殿，不再划分为内外两进。这种布局与其祀神之所的性质有关，无须如人的居所那样要分内外。

（4）寺观

寺观建筑主要包括佛教寺院、道观、清真寺等，以佛寺数量最多。佛寺在中国的漫长发展中逐渐摆脱了天竺遗风，而被同化为院落式布局。以太原崇善寺为例，平面以正殿所在的主殿院为中心，其中主殿居中，与后侧的寝殿形成工字殿，四周围以廊庑。中轴线前部以多重院落空间作为铺垫，而左右及后部组织若干小院作为辅助。寺观建筑的中轴线上不分前后两重院，而是以主殿院为中心，极力突显主殿的地位（图2-50）。

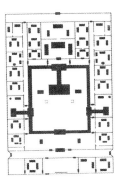

山西太原崇善寺

河北正定隆兴寺

河北正定隆兴寺摩尼殿及前院

图 2-50　寺观的空间结构

（5）府邸

府邸介于宫殿和住宅之间，规模上比宫殿小得多，有些小型府邸接近私宅。王府贵邸更偏重礼制性的体现，布局方式更接近公建大院。前堂后寝、中轴序列的布局形式同样出现在府邸中。中轴线上至少有前后两重院，前为前殿，后为寝殿，分别为礼仪、办公区，以及起居生活区。以清代的孚王府为例，主轴线上分为"前堂后寝"两部分，南侧的前院与左右次轴线包裹着主轴线的核心部分，形成向心布局。贵族府邸的规模远小于宫殿和王府（图2-51）。

图2-51 府邸的空间结构

北京孚王府

北京恭王府

孚王府大殿旧照

（6）学宫、书院

学宫为国家培养文官之地，教学考试之所，是古代推行科举制度的基层单位。由于历代培养人才以儒学为基础，一般来说学宫紧邻文庙建设。例如北京国子监与文庙毗邻而居，又如《嘉靖赣州府志图》中的文庙与府、县学宫东西并列，总体布局为传统的多院落式，学宫主体为明伦堂、退省堂，居中布置，东西两侧为读书处以及学生宿舍，此外还有些辅助建筑沿边缘布置。

书院是学术研究与传播之所，一般由地方官员支持著名学者建立，属于民营的学术机构，其中传承至今的著名书院之一是北宋的长沙岳麓书院，其主体有讲堂、书楼等。整体同样遵循院落布局，中轴线明确，两侧辅助的次轴线东西相邻。另外，地方中小型的书院如徽州宏村南湖书院，整体布局较简单，设有志道堂、文昌阁等院落（图2-52）。

（7）其他类型：剧场、会馆

古代的剧场大致可分为两类，独立的剧场主要有瓦舍勾栏和茶园酒楼等，其他一些表演空间多作为一个模块嵌入院落中。如早期的戏园子多设在

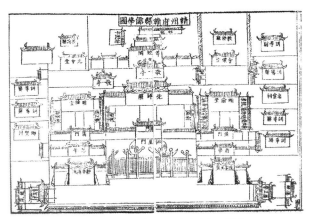

《嘉靖赣州府志图》中文庙与学宫东西并列

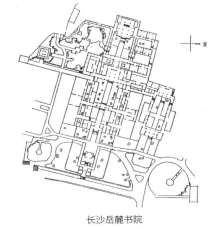

长沙岳麓书院

酒楼茶馆里，或者是神庙和祠堂内的戏场多在正殿前加设露台，再加顶盖，成为戏亭等。皇家园囿内的剧场则多为某进院内，如恭王府的大戏楼，北京故宫内的畅音阁大戏楼等。

图 2-52　学宫、书院空间结构

随着城市商业的繁荣，在大城市出现了专业性行会组织并建有会馆，举办商业行会活动或同乡联谊会等。会馆建筑同样是封闭式的院落布局，大型会馆内多建有厅堂和戏楼，供赏戏娱乐之用，是城市中具有公共性质的场所。比较著名的有北京的湖广会馆、开封陕甘会馆等。

综上，纵观各功能的公建大院，在时间和地域上的差异并不明显，主要体现为功能、规模上的差异，使建筑群形成不同的类型与风貌。尽管类型不同，总体仍遵循统一的布局之法，即中轴线统领下的封闭院落式布局。这种布局原则与民居相似，但是更加严格地贯彻了中国古代的礼制观。

①空间组织上的共性

以墙、门、建筑、院为主要元素组织空间，以院落为组织空间的基本单元，每个院落单元自身完整，多个院落通过串联或并联来构成更大的空间序列。整体布局遵循严格的轴线与序列关系，大门居中以强化主轴线。空间序列由南向北依次展开：前部的仪式序列、中间的主殿院、后部的寝区空间，整体严格贯彻前堂后寝的礼制建筑空间布局特点。次轴线分布左右两侧，串联起辅助院落，形成有主有从的有序整体（表 2-3）。

表2-3 公建大院代表类型及空间布局分析

衙署 （河北直隶总督府）	府邸 （北京孚王府）	寺观 （太原崇善寺）	祠庙 （曲阜孔庙）

②空间组织上的差异性

　　各种类型的公建大院其差异性并不明显。祀庙与寺观在通往主殿院前的序列空间较为气派，是为满足礼制仪式的需求而设，而衙署和府邸更为简洁。衙署（包括宫殿）、府邸等建筑群前部为朝，后部为寝，为前后相重的两组独立院落，中间有明确的门墙相隔，分别供对外活动与居住生活之用，而祠庙、寺观的主殿与寝殿共同居于主院内。

　　对类型进行形态提炼，抽象出公建大院空间图式：以单个院落为最小单位进行扩展，多层级的墙体形成院套院的结构。以主次轴线作为骨架，主轴线居中，重要建筑左右对称横亘于主轴，多进院落串联，形成前朝后寝的空间布局模式。次轴线居侧，布置次要院落，每进院落内部的建筑朝向中心布局，共同围合中心院落。整个院落群体构成一个独立于外部的完整系统，满足使用者的多样社会需求（图2-53）。

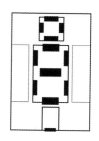

图2-53 公建大院
空间图式

　　从各类型公建大院的空间组织方式中可以看出，院落作为组织空间的基本单元，不仅应用于居住合院，也同样广泛使用在公建大院中。院落构成了或大或小的院落群，进而构成街坊，乃至城市。

　　在众多公建大院中，衙署是古代城市中最重要的一类。古代的城市多是政治职能型城市，是帝王的统治工具，所以衙署成为城市中必不可少的一部分，且多占据城市的中心。下面以公建大院类型学方面的共性为基础，系统剖析中国传统城市中公建大院的空间组织逻辑（图2-54）。

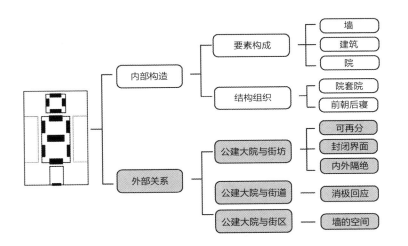

图2-54　公建大院的空间建构分析框架

2.4.2　公建大院的内部构造

2.4.2.1　要素构成

　　公建大院主要的空间要素与居住合院相似，由墙、建筑、院三部分构成。

　　墙　分隔空间的重要元素，由外到内有多层墙体系。

　　建筑　建筑等级规制严明，均朝向中心庭院布置，围合性更强；建筑之间造型相近，主殿较为突出。

　　院　是每进院落的中心空间，多为公共性活动的举行场所，是建筑室内空间的补充。

　　其他次要构成要素有门、廊庑、照壁。

　　门　公建大院的门是主要出入口，多居中设置，与中轴线相连。

　　廊庑　将各建筑串联起来的廊道，有些单纯是墙体的延伸，增强空间的围合。

　　照壁　多设置于大型府邸、官署、寺观的大门两侧或大门对面，以突出门前空间的仪式性，彰显建筑群的地位。

（1）墙

①多层级的体系

　　公建大院中"院套院"的结构更加明显，大院中又有次一级的小院。与居住合院相同，墙体也是划分院落单元的核心手段，只是建筑群体变得庞大之后，空间的层次和组织关系也更复杂起来。墙体在划分空间的过程中其作用有所差异：整个大院的最外侧边界围墙是空间划分的第一层级，而内部各子单元院落的围墙是第二层级，两个层级的墙体所围合的院落空间在内向程度上不一样，但是墙体的封闭性都是显而易见的（图2-55、图2-56）。

　　两个层级的墙体划分空间的组织逻辑顺序是：先以墙体围合出每一进独立的院落单元，这些单元再根据一定的轴线主从关系被安排在特定的位置。之后用最外侧的一道墙体整体包裹起来，形成大院的外边界。独立的院落单元之内根据各自的功能来安排建筑与庭院，形成一个个内容丰富的院落子系统（图2-57）。

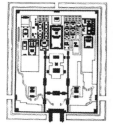
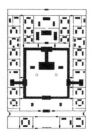

图2-55　北京故宫内部划分各院落的墙（左）

图2-56　北京故宫与太原崇善寺的墙套墙结构（右）

图2-57　墙体划分空间的逻辑顺序

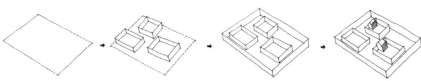

　　对于外部的城市空间来说，"大墙"里面是内部，而对于内部院落单元来说，"小墙"里面是内部，"小墙"与"大墙"之间是外部，而"大墙"的外部则是更外一层，同样都是内部空间，但其内向程度也是有区别的，这种嵌套的空间模式充分展现出中国空间的等级性。

　　墙体是组织城市空间的主要工具，罗西描述东方的城市："城墙和城门成了神圣而主要的元素；城墙以内的宫殿和神庙又用其他的墙体围合，如同一系列的连续闭合体和堡垒。"❶国墙（长城）、城墙、坊墙、宫墙、院墙多级别的墙体层层嵌套，形成了大的套小的、院落内又有子院落的空间结构，这些空间单元被墙体分隔，空间的内向性是由内而外、层层递进的，从每一个院落单元的内部出发，逐渐向外扩展。

②门

主轴线上的门居中布置，主要是为了突出主轴线上每一进院的序列关系，将主轴线上的院子串联起来。第一进大门最为气派，是整个建筑群的入口与象征，进入大门之后，每进入一重门，空间序列便深入一层。主轴线上院门的造型与建筑很像，俨然如一座建筑，说明墙体与建筑的地位同样重要，均是组织轴线序列的重要元素。次要轴线上院门的功能性大于仪式性，是进入子院落的入口，这些次要院落大门的造型更为简单，有些门甚至并不居中。

例如在平遥县衙内不同位置的院门中能够清晰地看到不同层级的门所体现出的差异性。主轴线上的空间均是给县官使用的，次轴线上布置一些附属功能，如督捕、祠庙、牢狱等。不同等级空间的构成元素也相应产生差异（图2-58）。

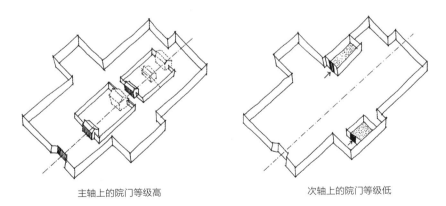

主轴上的院门等级高　　　　　　次轴上的院门等级低

图2-58　主轴与次轴的门具有等级差异

③照壁

古代城市在大型官署、府邸、寺观的大门两侧和街道对面大都建有照壁，形成门前空间的围合，以凸显该建筑群。照壁是一面墙，是将空间分隔、遮挡的元素，到达目的地之前所体验到的一重又一重的封锁增强了空间

❶ 阿尔多·罗西.城市建筑学[M].黄士钧，译.北京：中国建筑工业出版社，2006.

的感染力。中国城市空间凸显建筑的庄重靠的是"遮掩"，以此来营造内向性与神秘感，照壁、屏门、屏风、花罩等构件在建筑中起到遮挡视线的作用。"庭院深深深几许"形象刻画了传统空间以深为贵的美学特征。"'重重'及'深'经常被用来形容特权。"❶

欧洲的审美取向正相反，在纪念性建筑门前，为凸显建筑的重要性，通常会在纪念性建筑前方设置广场，开阔展示而非深秘遮掩是西方的空间美学特征，卡米诺·西特总结了古代欧洲的城市艺术：只有瞎子才会对古罗马人总是让他们的广场中心保持空敞这一事实视而不见……应当避免纪念物布置在纪念性建筑或装饰华丽的拱门的轴线上，因为它遮挡了人们观赏值得花时间观看的建筑物的视线❷。重要建筑的立面成为广场空间最重要的布景与视觉焦点。在这里，古罗马开敞的广场与公建大院的大门前的照壁形成了强烈的对比。

（2）建筑

在公建大院中，最突出的是主殿，且建筑尺度较其他更大，并且更为独立，大多位于整个群体的几何中心。其他建筑在合院体系中被运用的方式与墙体无异，建筑的体量较为细长，把院墙局部加宽扩展就形成了建筑，面向院落横向展开。较居住合院而言，公建大院的院落尺度增大，而建筑的体量并没有等比例地增加，使其看上去更像是墙体的附属品（图2-59）。由于墙体占有空间组织的主要地位，所以建筑不可避免地受到墙的影响，由此带来了建筑单体类型单一化，使中国古代建筑大都千篇一律。

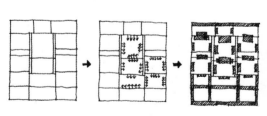

图2-59　建筑像墙体一样被运用（以北京恭王府为例）

以平遥县衙的大堂院为例，建筑均为一层高度，其大堂建筑及两侧耳房均坐北朝南，平面形式为U形，开口朝向中心庭院，两侧的六部用房较长，长边面向庭院展开；院落南侧的仪门为通过性空间。除去仪门，北、东、西

❶ 缪朴.传统的本质——中国传统建筑的十三个特点（上）[J].建筑师，1989（36）：56-67.

❷ 卡米诺·西特.城市建设艺术[M].仲德崑，译.南京：江苏凤凰科学技术出版社，2017.

三个方向的建筑前区均朝向院落，而将背后的墙体朝向外。建筑前区面对着庭院，使院落成为活动与交通的核心（图2-60）。

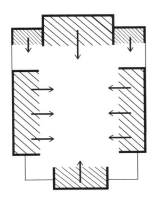

图2-60 县衙中大堂院的空间布局

　　空间的方向与人的心理也有很大的关联，古人营造空间的指向性在绘画中也经常可见。在周文矩的《宫乐图》中，画面左侧三面环绕的双重屏风控制着整个场景，在这里，县衙大堂院内所使用的U形结构出现了（图2-61）。U形构图限定了一个空间容积，这个空间容积完全指向该图形的开放端。屏风前所坐的士人是整个场景故事的核心人物，其后的屏风将主人周围的空间限定出来，空间具有了方向，主人背实面虚，朝向整个场景的中心——演奏的乐队。屏风的前后赋予这两个区域以明确的含义❶。为了突出这种指向性，画家对里层屏风未加装饰，留白的手法一方面衬托出前面所坐的士人，另一方面也突出了后面的另一扇外屏。两扇屏风并置，外高内低，外装饰内留白，形成的视觉对比展现出强烈的方向性，好比一本书的封皮与扉页，由外向内依次展开。画家将多种手法并用，在画面中塑造出明确的外部与内部，产生空间指向性。

图2-61 周文矩《宫乐图》局部

❶ 巫鸿.重屏：中国绘画中的媒材与再现[M].文丹，译.上海：上海人民出版社，2009.

画面中的地毯沿中轴线向远处铺陈，将主人与乐队在空间上联系在一起，二十个女乐伎分布在中轴线两侧，凸显中心的"空"。主人所坐的床榻前，左右两侧分别布置了坐在板凳上的重要人物，形成了主人身前的前序空间，与县衙大堂院前左右两侧的皂房如出一辙。画中无论从屏风、地毯、装饰，还是人物的位置等，与院落系统具有相同空间营造倾向。空间围绕着一个"虚空"的中心，所有的要素都面向这一中心，一个内部的核心空间（图2-62）。通过对比可以清晰看到，画中的空间结构与县衙大堂院的空间结构具有相似的拓扑关系。

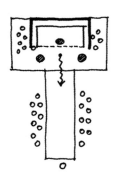

图2-62 《宫乐图》
中的空间布局

（3）院

墙和建筑作为同构体，共同围合出以院为中心的空间单元，公建大院的院落尺度相比居住合院要大得多，整体的形状以长方形为主。整个院落中心区下沉，与四周的建筑通过大量的台阶和地台形成高差，更具有稳定感，并且能够凸显主殿的地位。此外，仪式感的强调在院落的基面上也有所体现，其南北向主轴线所在的甬道有些被抬起一定的高度，有些在铺装上予以区分，使轴线方向在院落基面上得到进一步的强调。

院落的封闭性和内向性是空间的营造之本。传统公建大院的院落对视线有严格的控制。高大的建筑是宫室权力的象征，春秋战国时期就出现过高台建筑盛行的局面。但历史中这种高大的建筑一般单独建立，似乎表明它与高等级建筑群体中强调纵深性的空间序列不协调，在纵深布局中插入多层建筑，会打破原来建筑形成的起伏较为平缓的纵向轮廓线，从而削弱建筑群的深秘感[1]。所以建筑一旦体量增高，为了保证视线上的内外隔离，其面前的院

---

[1] 王鲁民.中国古典建筑文化探源[M].上海：同济大学出版社，1997.

落也必定会增加尺度。

例如北京故宫中，对于墙和建筑高度的设定能够保证视线被锁定在各个宫院内，保证每个院落的封闭性与内向性。正如其剖面所展示的那样，与宏伟的太和殿相配合的一定是大尺度的前院，依靠院落尺度以及墙体高度的调节来满足各院落之间视线的隔绝。严格的等级观念限定了各建筑的级别，也就同时限定了行为和视线的可达性（图2-63）。

2.4.2.2　结构组织

在建筑的历史经验中，扩大建筑规模不外两种方式："量"的扩大或者"数"的增加，中国古典建筑主要是通过"数"的增加来达到扩大建筑规模的目的。❶

以故宫和卢浮宫作对比可以很明显地体会这一特点。所以中国传统空间的设计理念是先具备一个"元设计"，再通过不断复制，来实现整体广阔的人工环境。"院"是适用于不同类型传统建筑的统一的基本元件，"轴线"是在复制过程中所依循的组织原则。

（1）空间结构

①单进院落——向心结构

公建大院中单进院落空间组织逻辑与四合院相近，遵循着向心围合的布局原则，是构成整个建筑组群的基本元构件。墙、建筑、院三要素的有机组合定义了院落单元，再通过主次轴线的串联形成多进的院落组合。在公建大院中，由于礼制的需求，对轴线序列的强调成为院落组织的重点，使得院落单元在向心结构的基础上又多了一重轴向性。

墙——领域边界　墙体在单进院落中作为边界，限定出一个独立的领域，每个院子是一个功能单元。所限定出的单元基本是完整的图形，以方形轮廓为主，给人一种围合感和稳定感，院墙尺度较居住合院更高，但由于院落尺度更大，所以空间感受上的封闭度其实是降低的。

图2-63　北京故宫各院落的视线被墙限定在内

---

❶ 李允鉌. 华夏意匠：中国古典建筑设计原理分析 [M]. 天津：天津大学出版社，2014.

　　建筑——向心布局、主殿突出　单进院落内四座建筑之间被分隔得更远，单栋建筑体量更清晰，且四个方向的建筑等级差异更为明显，坐北朝南的主殿要明显强于其他三个方向的建筑体量。建筑形制更为庄重，四座建筑之间一般没有游廊连接。尽管如此，四座建筑仍然是向心的布局方式，共同围合出庭院空间。

　　院——突出轴线　院是核心空间，与居住合院最大的不同在于尺度，具有公共功能的院落尺度较大，目的是营造庄严和肃穆的氛围。院落基面的营造突出轴向性，将南北向甬道抬升，更加强调序列与礼仪。公建大院内的景观布置较少，与居住合院内怡然自得的休闲气氛形成对比（图2-64）。

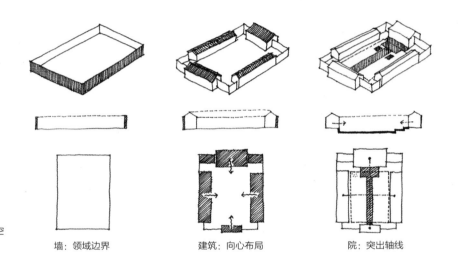

图2-64　单进院空间系统建立

墙：领域边界　　　　建筑：向心布局　　　　院：突出轴线

②多进组合——主次轴线

　　公建大院的规模扩展以主次轴线的结构依次展开。首先以主轴线为基础，呈现南北向的纵向增长，完成主轴线的空间序列。若规模再大，则继续向东西两侧开辟次轴线。主轴线的营造是整个群体秩序的重中之重，所串联起的建筑在整个群体中均担当绝对重要的角色。主轴线上的院落越多，仪式感越强，并且严格划分出前与后，体现内外有别。与居住合院相比，公建大院更强调仪式性，对主次轴线的等级秩序要求更为严格。

　　主轴线上最核心的院落是主殿所在的"主院"，统领整个建筑群，成为空间的焦点。一般来说主殿处于整个建筑群的几何中心，尺度也是最大的。主院在不同建筑中的功能不同，衙署中大堂所在之地为主院，寺庙中正殿居于主院之中。在主院南侧一般安排多重门，如衙署中的仪门、大门，孔庙中的棂星门等，是进入主空间的前序，使主院缓缓呈现，增加空间的深度，营造礼仪性。

主院的后方是寝区，与宫殿的前朝后寝布局方式一脉相承，寝区与主院之间有明确的门墙相隔，如故宫中的乾清门、衙署中的内宅门等，显示出内外有别的等级观念。主轴线上的院落单元之间的尺度也有差异，主院最大，前序空间为了营造深度，较为狭长。后寝空间尺度逐渐缩小，与主院形成对比，北京故宫的三大殿与后部乾清宫之间就是如此。

在主轴线的左右两侧分别布置次轴线来组织其他院落，位置排布没有主轴线上的规整，尺度也更小。主次轴线等级明确，所服务的人员地位也有严格的划分，体现出严明的等级观（图2-65）。

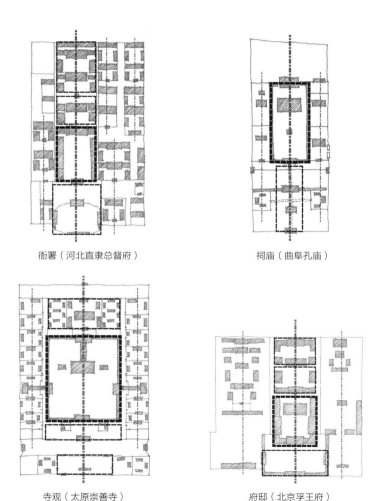

衙署（河北直隶总督府）

祠庙（曲阜孔庙）

寺观（太原崇善寺）

府邸（北京孚王府）

图2-65 公建大院中的主次轴线布局

在中国的传统空间概念中，空间本身的大小形态并不重要，重要的是人体验到的空间的大小形态的变化❶。比起居住合院，公建大院的主轴线序列更加深远，由于功能更加多样复合，所串联起的院落也更丰富。南侧起始于大门，中间以横墙或宅门作为分界，形成内与外两部分。从平面上看，每一进院落的尺度是随着院落的等级而改变的。以平遥县衙为例，大堂所在的主殿院最大，主殿院前部的仪门院较长，强调仪式性，主殿院后侧向北逐渐过渡到起居区域，院落尺度缩小。

建筑高度也随之变化，以宅门为界，南侧随着轴线深入，建筑高度逐渐升高，到大堂达到顶峰；宅门北侧进入内部的后半部分另起一个高度序列，从南到北高度逐渐增加。外部的公共区与内部的起居区从院落设置和建筑高度上都是各自成体系，并且有明确的门来划分（图2-66）。

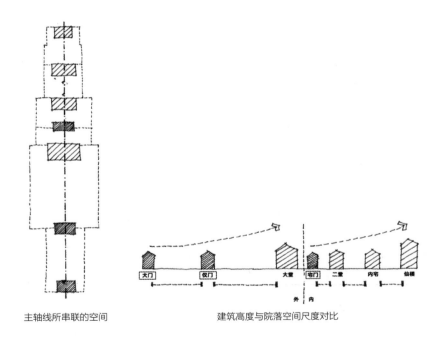

图2-66 平遥县衙中轴线序列的尺度变化

主轴线所串联的空间　　　　　　建筑高度与院落空间尺度对比

（2）路径结构

公建大院中的建筑沿轴线展开，层层深入，路径系统呈树形延伸。轴线布局按其规模大小可以为单路中轴线或多路主次轴线结合的方式。而宫殿、衙署、大型祠庙、寺院等多有主次多路轴线。

❶ 李晓东，杨茳善. 中国空间 [M]. 北京：中国建筑工业出版社，2007.

以中轴线为主，路径上各空间节点的可达性不是平等的，而是支干连接主干，层层递进的关系。整个建筑群有一个主要的出入口大门，两侧的分支序列通过横向的小门连接中轴线上的某级庭院，想要到达两侧的次轴线，需要从主入口进入，通过横向的连接进入东西两侧，再通往南北向的院落单元。展现出一种各空间模块的嵌套关系，也能看出一种空间的可达性与实际的物理距离之间的矛盾，例如同样是临街的最外侧的三个院落，其空间深度却不一样，这是树形路径结构的特点（图2-67）。

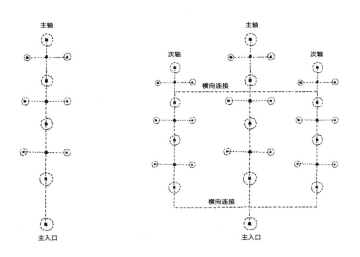

图2-67　树形路径组织——单路轴线和多路轴线

整个建筑群内形成与外界相对独立的社会子系统，其内部具有完整的层级结构，内部的使用者形成集团来面对社会，其所依存的建筑空间也具有整体性，各个子单元都从属于系统。同时，这种树状结构使内部枝干末端的建筑很难参与城市生活中去，它阻止了在室内空间的私人生活与道路及广场内的公共生活直接地相互碰撞。

（3）功能结构

功能布局仍旧遵循向心十字的排布方式，从主轴线上的功能分布可以看出，每一进院落以方形的东南西北四个方向安排主要功能，而四个角落一般不予使用，或者充当一些辅助功能。

①整体布局—主轴与次轴之间

中国古代地方衙署都是官府与私邸相结合的模式。以平遥县衙为例，大堂、二堂是县官办公之所，而二堂之后则是其私宅。前府后宅的格局是地方衙署的主要模式，官员只有在职才能居住其内，去职就失去居住权。中轴线上所串联起来的院子是整个建筑群的核心单元，由宅门分为内外两部分，各部分由南向北功能的重要性逐步升级。

②主要轴线—南北与东西之间

每进院落中，功能也有主次之分，横亘在中轴线上的建筑与中轴线左右两侧的建筑在功能上也有区别。横亘在轴线上的建筑空间是构成轴线序列的主要元素，人们穿越这些建筑来到下一进院子，在实体与虚体之间转换，实现了中国文化中"有"和"无"的统一。因此，横亘在轴线上的建筑更多地具有礼仪性的功能，主要的"堂"与"殿"都布置于此，是整个轴线上最集中的仪式性与公共性活动区域，而东西侧的建筑更多是偏向生活化空间（图2-68）。

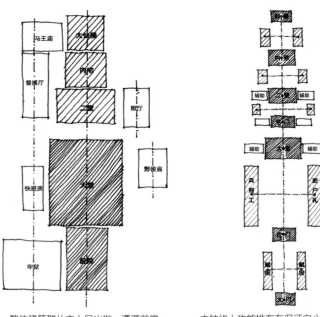

图2-68 功能结构
（以平遥县衙为例）

整体建筑群从主入口出发，遵循前堂后寝，两侧辅助空间的模式

主轴线上功能排布在保证向心十字的基础上，突出横亘在轴线上的建筑礼仪性

功能布局整体按照主次轴线、前堂后寝的分工，具体每一分区内以院落单元为组织方式，内部以向心十字的布局安排功能，同时南北向的建筑又重要于东西向，形成了等级秩序十分严明且层层递进的功能结构。

综上所述，公建大院的内部结构为我们呈现了一个完整的"小城市"，其中严整的空间层级与空间序列，反映了等级观在物质形态上的体现。丰富的内部功能使内部小集体的生活自给自足，办公、居住、祭祀、休闲等一应俱全，将具有城市公共属性的功能容纳进这套大院中。内部系统的完整与独立使空间单元忽视了外部对城市的塑造。这种计划式、单元化的空间组织方式为新中国成立初期出现的单位大院奠定了基础。

2.4.3　公建大院的外部关系

公建大院比起居住合院来说，在城市中数量不多，规模大、规制高，一般在城市的图底关系中起到"图"的作用。公建大院同样是由院落来组织空间，与居住合院形成同构体，两者在城市中能够很好地融合。公建大院作为城市公共社会生活的发生地，在城市中占有重要的地位。

（1）公建大院与街坊

规模较大的公建大院独自成为街坊，如北京城中的故宫、帝王庙、孚王府等；而有些以并联的形式与周围的居住合院共同构成街坊，如平遥县衙、北京隆福寺等。

以封闭的围墙将内外彻底隔绝。公建大院是占据整个街坊还是局部街坊，取决于交通的通达性和街坊的尺度。整体上看，建筑与周边其他合院单元以墙体背靠背相连。有些中间会增设胡同来联系交通。例如孚王府的北、东、南三面围墙外是胡同，西侧与其他合院直接相接；隆福寺由于规模较小，其整体由南向北深入街坊中，南侧大门与街道相接，并在接口左右设置牌楼以强调入口，东西两侧设有小胡同以连接街坊深处。历代帝王庙则较为独立，四面以胡同围绕，自成一个独立的街坊（图2-69）。

（2）公建大院与街道

公建大院一般居于城市的重要位置，其尺度较大，且封闭性较强。处于城市核心区域时，形成封闭的城中城，镶嵌在城市空间中，打断了城市毛细血管般的网络。公建大院的仪式性较强，多为南北向纵深发展，所以经常会

图2-69　公建大院形成完整街坊或局部街坊

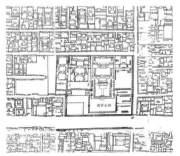

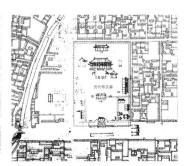

形成南北方向较长的一个封闭体量，影响了东西向之间的交通联系，最典型的案例如北京故宫。

其次，公建大院仅大门与街道相接，其他部分都藏在里面，像一个"口袋"，丰富的内部空间被隐藏在"肚子"里，空间体系的深远与宏大对外部城市几乎是不可见的。入口区很小，进入之后放大，变深变宽，形成一个袋状的空间，路径由唯一的入口开始，通过主轴线向内延伸，在某几进院落中向旁侧扩展，连接次轴。整个体系像一棵树，由根部到树干逐渐向内展开形成庞大的树冠，内部的子空间挂在主枝干上，形成嵌套的路径结构。内部所有空间都仅通过大门与外部联系，使整个建筑群体与城市割裂。

中国传统城市主要是为了满足政治及经济需求而设置在各处的办事机构发展起来的，其兴盛与否主要取决于管理层面，而非公民在公共事业上的投入。由此产生两种城市空间文化：一是民众缺乏公共意识，对公共空间不在意；二是政府对市政服务不上心。这两者与中国城市空间形态的内向性不无关系：城市中充斥着大量的院落，并且除了交通性的街道以外，缺少像广场这样的公共空间。

（3）公建大院与街区

古代城市大多按等级进行规划控制，轮廓规整且遵循一定的规制。城内部最常采用矩形网格进行组织。以行政机构、宗教机构、祭祀机构为代表的公共建筑，在城市中承载了古代社会的公共生活。衙署居于城市中心，因为知县是居于国家中心的皇帝在各地的代表，在地方城市中，衙署用于处理政府的日常事务，而在孔庙和太学里履行仪式职责。其所使用的空间单元沿着中轴线安排，形成了一个具有仪式感的区域，突出了政治力量地位。充分体现了古代城市的"中心化""等级秩序"以及"仪式性" ❶。

中国传统城市缺乏负结构的情况是一种普遍存在的现象。城市中缺少广场、公园等活动空间，大部分的街道两侧界面也是消极的院墙，只剩下一些具有公共属性的院落来承载市民的公共生活，如县衙、文庙、武庙、道观等建筑（图2-70中阴影部分）。城市中的公建大院大多是纵向伸展，短边以大门和墙体与街道相接。虽然是公共活动场所，但也是被围在墙里面，需要通过一扇气派的门才能进入，并不是真正的开放空间。丰富宏伟的空间体系不

---

❶ 阿尔弗雷德·申茨.幻方——中国古代的城市[M].梅青，译.北京：中国建筑工业出版社，2009.

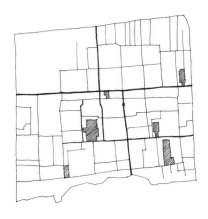

图 2-70　平遥城中
公建大院分布

对外展露，同样外边界也不对城市空间做出回应。

古代的城市仍然展现出较弱的流动性。例如衙署，既是城市的行政中心（官员的办公、居住之处），同时也是经济中心（百姓的赋税活动等）。此外衙署中还包括督捕、练兵场，以及粮库、庙宇、花园等，使整个衙署扩展成一个自成一体的小社会。县官只有在任职期间才可以居住在衙署，这种按使用者集团划分空间的模式与居住合院是相同的。传统环境将横向流动性降低到最低限度，反之，由于每个集团都是自给自足的模式，也就势必要能够就地解决各集团内部多方面的日常功能需要而不假外求。

其他的公建大院也是如此，宫殿、寺庙、王府等公共单元均是将公共、外事活动与内部的起居活动整合到一个单元内，使单元内的人自给自足。古人之所以热衷于这种小社会的模式，一方面是由于古代交通工具不发达，另一方面也应考虑古代的社会结构，个人不构成一个社会单位，古代的社会是以家庭为基本单元，个人依附于家庭（或集团）。

2.4.4　公建大院小结：封闭的序列化结构

在封建思想中，"国"是"家"的扩大版，因此整个体系被称为国家和子民，皇帝是父亲的角色，以大家族的方式在管理国家。衙署、王府是办公场所的同时，也是县官和王爷的"家"，因此也呈现出"家"的特点；祠庙是圣人、自然和宇宙的"家"，寺是佛祖的"家"，内部的结构均包含正殿和寝殿，这些都统一以家的模式组织着空间，展现出很强的内向性。

不同之处是，公建大院的整体布局采用序列化结构，更注重轴线对称等仪式性塑造。院落尺度更大、形式更严整，院落与建筑的互动性降低，更多地是为了凸显重要建筑的宏伟之感。而这种仪式性只有进入院内才可以感受到，公建大院承担了人们的城市生活，但仍然是发生在院子里。传统城市中的公建大院并没有展现出应有的开放属性，而是比照"家"的模式在组织空间。

2.5 本章结语：内向的"院"成为空间建构的基因

本章对传统城市空间的构成单元进行深入解剖，目的是揭示空间建构的秩序逻辑以及背后的社会属性，以此探索传统城市空间的文化基因。

（1）传统合院空间内向发展，忽视城市空间塑造

在传统城市中，合院作为基本细胞，其空间建构形成了内向而稳定的系统，内部秩序逻辑指向自身。空间模式展现出强烈的向心性、封闭性以及纵深感。院落之间相互独立，平行组织，缺少对话。以内部世界为中心的原则决定了单元之间不可能发生互动关系，也决定了由合院并置构成的街区无法对城市公共空间建构产生积极影响。

（2）居住合院与公建大院的同构性——以内向的院来组织空间

中国传统城市中作为"图"的公建大院和作为"底"的居住合院呈现出同构的关系，围墙圈起了结构相同而规模不同的大小院子。"院"永远是用来塑造空间的元件，院落的内向特质在本应外化的公建大院中也同样得到了发挥。

（3）居住合院与公建大院的差异性——日常性与仪式感

居住合院强调建筑与院落的互动，尺度较小，更易形成日常生活的核心空间。而公建大院更为强调轴线序列的秩序，单进院落的尺度更大，其存在意义从扩展日常活动空间的边界转变为烘托重要建筑的仪式性。

（4）内向发展的城市空间来自家庭主导的社会生活

从社会层面来看，中国传统社会结构的小单元特性（以家庭或集团为单位）是产生这种空间特质的主要动因。合院的空间形式是以家庭作为社会运作基本单元的物化表达。甚至公建大院亦是比照"家"的空间模式——以内向的院落系统来组织。从皇帝到百姓，每个集团或者个人的使用空间虽规模各异但结构相同。家庭单元被平行复制构成了国，在"家"与"国"之间是真空的状态，没有真正意义上的"社会"层面，"公共"两个字在中国人的心里从来都是陌生的。城市公共生活的淡化导致城市公共空间被忽视。

合院作为空间原型成为城市发展过程中所携带的文化基因。这种空间文化在今天依然扮演重要的角色，深刻影响着近代乃至现当代的城市空间营造。

文化基因转化：近代西方文化影响下"院"的变体

鸦片战争作为时代的转折点，中国上千年的封建社会开始解体，进入半殖民地半封建社会，强行被带入现代化的进程。封建社会延续千年的建设模式开始发生改变，快速城市化在短短几十年中带来了一系列新的空间单元类型，以住宅类建筑为主体，带动了整个城市面貌的改变。变化首先发生在开埠城市，再逐渐渗透到其他城市。这些类型表面上看是西方类型的移植，但在本土化转译过程中融合了传统空间的文化基因，展现了中西方文化碰撞的结果。

3.1 近代中西方文化的碰撞

中国近代城市的变革产生于鸦片战争以后，面对侵袭，封建礼制和社会环境日趋瓦解。起初受冲击的只是集中在沿海、沿江和东北几个城市，后来波及整个中国腹地，开始深刻并快速地变革。直到第二次鸦片战争后，租界几乎遍布中国沿海和沿江区域，从此，租界成为构成中国近代城市形态的重要元素。

传统城市原有的街道和布局在列强划分的租界地中割裂破碎，多国规划下的城市犹如拼贴的画布呈斑块状，稳定的传统城市肌理开始被割裂。租界以其特殊的形态影响着我国沿海城市，无论空间还是社会层面均可以感受到明显的被动西化过程。

传统时期作为空间建构基本模式的"院"，在近代人口剧增、西方文化植入的社会背景中受到了强烈的冲击。"中国传统的住宅通常是一幢幢独立建造的，不同时期建造的式样不尽相同的房子慢慢地连成一排，一片居住区就这样出现了。十九世纪五六十年代上海英租界里新建的那些房屋对中国人来说是前所未有的，因为那是成批建造的一模一样的单元房子……"❶

辛亥革命之后，长期统治中国的封建皇权被推翻，传统的封建大家庭制度向小家庭生活方式转变。从19世纪中叶开始的100年时间里，上海市的人口急速膨胀，住宅也逐步向小型化发展。1910年开始，小型的单开间、双开间居住单元被大量建造。20世纪20~30年代，大量西洋建筑涌入上海，推动了本地人生活方式的西化，也使里弄这种江南传统的合院式布局发生了变化。

值得关注的是，近代虽然大量的建筑类型是从西方直接移植而来，但在中国本土化的过程中，逐渐受到传统"院"文化的影响，使之产生了一系列的变体。院作为空间的精神意象重新映射在新建筑类型之中，转译过程充分展示了中国传统文化与西方文化在空间营造方面的价值观差异。

此外，由于新技术影响，以洋务派为首的封建统治阶级掀起了大量的工业建设，自1865年的江南机器制造总局开始兴办了军事工厂，至一些官办民用工厂的兴起，这些新类型与传统手工业所需要的空间环境有很大差别。这类建筑布局虽参考西方既有的工业建筑，但也始终没有放弃中国传统的墙和院，融入了许多对于院落的执念。

这一时期的空间类型多样而丰富，近代的城市空间建构方式为我们提供了一个多维的参照，它反映了西方文化和本土文化的博弈，也反映了现代新技术与传统的博弈，能够更加清晰地反映中国传统空间营造的价值观。

3.2 近代城市空间单元

中国城市的近代化转型首先发生在半殖民地城市中。近代早期西方建筑的出现，并不受当时中国人的喜爱，而本土的建筑依然遵循着传统的布局。早期直接移植的西方建筑和旧有的本土建筑形成了对峙的局面。此时的西方建筑文化对于中国来说还是完全陌生的。但两种文化的相遇不可避免地互相产生影响，并且首先反映在半殖民地城市中。

---

❶ 卢汉超，霓虹灯外：20世纪初日常生活中的上海[M].上海：上海古籍出版社，2004.

近代半殖民地城市从文化特征上基本分三种：一是基本延续传统形制的单元类型；二是完全从西方移植的新单元类型；三是受到西方文化影响的中西融合类型。这三种从功能上看，既有居住类也有非居住类。本章将延续第2章中对城市空间单元的分类方法——将城市空间单元分为居住类和非居住类两类，展开对近代城市的讨论（表3-1）。为探求中国传统空间建构机制的演变，重点考察这一时期体现中西方文化融合的空间类型。

表3-1　近代城市主要的空间单元类型

	单元类型	主要分布	文化特征	产生背景
居住类	传统合院街坊	广泛分布	延续传统	鸦片战争后除部分沿海地区受西方建筑影响，其他大部分地区延续当地传统
	里弄街坊	半殖民地城市：上海、武汉、天津、广州等	中西融合	最早于上海出现，西方联排住宅与三合院的结合，后传入其他半殖民地城市
	里院街坊	半殖民地城市：青岛、大连	中西融合	主要以青岛德据时期产生的大鲍岛地区最为典型，西方Block式街坊与中国院落的结合
	花园洋房街坊	半殖民地城市：上海、青岛、南京、天津等	西方移植	少量大资产阶级占有的独栋别墅，有围墙和花园
非居住类	传统公建大院（祭祀、陵墓、寺庙等）	广泛分布	延续传统	总体布局沿用传统的轴线序列和院落结构，建筑单体部分融入现代技术和西方装饰
	新兴建筑构成的西方城市街坊（洋行、教堂、领事馆、酒店、娱乐性建筑、火车站等）	半殖民地城市：上海外滩区，广州沙面区等	西方移植	半殖民地城市首先出现，以西方现代建筑与街坊布局的直接移植方式为主
	近代大院式园区（大学与研究机构、政务机关、军事衙署、医院、工厂等）	近代重点发展城市：南京、上海、北京、天津、长春等	中西融合	现代进程产生的新类型，功能引进西方模式，但总体园区布局具有中式轴线及院落特征

3.2.1 居住类单元

（1）传统合院街坊

近代沿海半殖民地城市受到西方影响开始产生新的居住类型，而其他腹地城市大部分依然延续传统合院的居住形式。这一时期的合院从类型结构上来看，与传统时期没有本质变化。近代人口增加，城市化进程加速，传统合院街坊的居住人口增多，多户一院的情况更多地出现。

（2）里弄与里份街坊

在近代半殖民地城市中先后出现了一种由传统庭院演化而来的"类里弄"[1]——"里"单元与巷弄、院落结合而成的形式。其脱胎于欧洲的联排式住宅，在20世纪初叶随沿海租界的开发而大量建设，并在各地迅速本土化。这种类型是一种低层高密度的居住组团，主要分布在租界城市中的华人区，以解决由于人口数量迅速增加而产生的居住问题，成为半殖民地城市主要构成单元，典型的代表有上海里弄、汉口里份。

上海里弄始于19世纪60年代，它将欧洲的联排住宅与中国传统合院结合。将上海的三合院按照英国的联排式住宅进行行列式排布，并在周边沿街布置商业建筑，将内部的行列式住宅包裹，形成一种新的围合行列式类型，巧妙地具备了居住与服务两个重要的城市功能（图3-1）。

里弄发端于上海，其后传播到其他开埠城市，如传入汉口成为里份。其基本布局与里弄相似，同样是以巷弄组织的多栋联排式住宅（图3-2）。与里弄的不同之处在于建筑单元尺度与户型的差异，以及建筑单元的排布方式。上海里弄住宅是前门对后门的排列方式，每条巷道功能一致；而里份的住宅是前门对前门，后门对后门，形成以活动空间为导向的前弄和以辅助交通为

图3-1　上海里弄
（左）

图3-2　汉口里份
（右）

---

[1] 何依. 四维城市 [M]. 北京：中国建筑工业出版社，2016.

导向的后弄。

（3）里院街坊

青岛的里院形成于二十世纪二三十年代，是 "里" 与 "院" 的结合物（图3-3）。基本结构是围合式，初看与德国的周边式街坊类似，但是进一步探索发现街坊可拆分为多个子单元，由多个小院落拼合组成。这种构建方式保留了中式 "院" 的内向精神，形成了一种独特的中西结合类型。同样的类型也出现在大连（图3-4）。里院街坊作为近代的代表性城市空间单元，其类型学意义比较突出。

图3-3　青岛大鲍岛里院（左）

图3-4　大连东关街里院（右）

（4）花园洋房构成的点群式街坊

花园洋房大多建在租界区环境优美的地段，这些建筑一般为外国富商所建，或是中国官僚及名流从外商手中购买，如上海法租界武康路沿线区域（图3-5）。同样的类型也在青岛出现，德租时期的总督府区域以及青岛的八大关、小鱼山周边区域（图3-6），均有大量保存完好的花园洋房。

花园洋房在建设实践中一定程度上也被本土化了，业主和建筑师不同的文化背景产生了中西方折中的特点。在城市层面，与西方的独栋别墅最主要的区别是取消了开放式的布局，增加了围墙和院落，增强了私密性。这种类

图3-5　上海武康路沿线的花园洋房（左）

图3-6　青岛小鱼山片区花园洋房（右）

型在当代中国逐渐演变为"别墅小区"。总的来说，花园洋房所形成的结构布局比较简单，从空间单元的角度来看，其类型学意义不突出，因此不作为讨论的重点。

3.2.2　非居住类单元

（1）传统公建大院

近代时期，传统形制的公共建筑主要为祠堂和作坊，19世纪后半叶至辛亥革命，出现了大批的宗祠建设，基本上延续了合院的旧制。此外，手工业作坊继续发展，随着商业的发达，商店兼小手工作坊，沿袭传统的生产方式。后期出现了较大型的手工业工场，如药、酒、糖等，店堂和作坊一般结合设置，同样多以合院的传统形制组织空间。如杭州胡庆余堂药店由平行的两组四合院构成，分别用于店堂和客堂。这些合院式建筑多以继承传统的方式建设，局部出现西方的装饰手法和建构技术，空间单元类型不产生本质变化。

（2）新兴西方建筑构成的城市街坊

随着资本主义列强在中国势力的日渐深入，一系列新的西方建筑陆续出现。近代上海作为远东最西方化的城市，新潮的建筑类型也于此发端。1927年之后，大量的公共建筑涌现，租界区形成了新的商业中心。其中有为政治功能服务的建筑类型，如领事馆、总督公署、工部局等；经济商业类建筑，如洋行、饭店、银行等；交通类建筑，如码头、火车站等；娱乐性建筑，如电影院、跑马场等；宗教类建筑如教堂等。这些新兴的建筑有些是独立式存在，有些共同联结构成了空间单元，例如广州的沙面区和上海的外滩区（图3-7）。

图3-7　上海外滩的
空间单元形态

每个街坊由多栋多层西式建筑紧密排列构成。小尺度密路网使各个地块的建筑都能实现临街开放，大小不等的地块肩并肩相连围合成街坊，形成统一的街墙，限定出人性化的街道空间。这一类型的单元可以被认定为西方建筑的移植，在近代少量出现，并且在其后很少延续。

（3）近代大院式园区

整个近代时期也出现了很多以大院的形式组织的建筑群，这些建筑群在设计上大量吸取西洋形式，或利用现代的技术再现民族形式，而在群落的布局中多再现了传统轴线序列的文化。如洋务运动时所建立的军事工业——江南机器制造总局、金陵机器制造局等，以及办公类建筑，如南京的中华民国临时参议院旧址、国立中央研究院旧址（现中国科学院南京分院）等。又如纪念性建筑——南京中山陵等，教育类建筑——金陵大学旧址（现南京大学鼓楼校区内）等。这一类型的建筑群组特征明显，更能够展现城市空间单元与城市的关系，以及中西方文化交融的结果。

3.2.3　小结：近代城市空间单元类型筛选

（1）居住类单元的选取

近代的居住单元最具有典型性的是里弄和里院。里弄在上海的出现是一种创新，将"里"以巷弄的形式组织起来形成组团。里院也是对"里"做文章，但不同的是以院落而非巷弄来组织空间，所以形态上与里弄有很大差异。选取里弄和里院作为这一时期居住空间单元的代表，可以看到两种类型（行列式和围合式）在中西方结合中所产生的效果，以不同方式展现出对"院"的继承。

（2）非居住类单元的选取

近代出现的大院式园区是较为普遍的对公共建筑的组织方式，展现了西方现代化技术在中国本土的转译过程，从其建筑群体的院落化，建筑布局的轴线化，都可以看到中国空间文化在面对新类型时的持续作用力。近代的大院式园区由于在中西方文化碰撞时产生，在过渡期所展现出来的特征更直观地表明文化之间的磨合过程。这种类型作为传统公建大院与新中国成立之后单位大院的过渡产品，也能够呈现空间建构逻辑的延续性。

3.3　居住类单元——里弄的空间建构

里弄民居兴起于租界出现之后，持续了近1个世纪。"1949年上海里弄民居总数量占当时全市区居住建筑总数的百分之六十左右。"[1]

里弄建筑类型有其独特的语言结构，历经岁月的洗涤建立起强大的类型学方面的特征，里弄街区长久地在城市中扮演着重要的角色，它是城市社会大系统中的一部分，成为一段特定历史中的城市凝结物。作为承载城市居住功能的典型类型，里弄街区的形式直接反映了城市与社会的变迁。尽管上海开埠后发生的巨大变化与西方的文化冲击息息相关，但传统空间的延续依旧十分明显。西化的语汇与传统文化的韧性交织，成为近代上海乃至近代中国的写照。

3.3.1　里弄的类型提取

1853年，小刀会占领了上海县城后，大批城内外的中国人涌入原本只允许外国人居住的租界，随之产生大量的居住需求。英国商人利用这个机会，开发了适合中国人居住的里弄住宅。1854年，英、美、法三国领事撇开中国政府，自行修改《土地章程》，使建屋出租给中国人这种房地产经营成为合法营生。最初建造的出租屋为成本低廉的木板房，采用联排式布局，取某某"里"为其名称，是里弄住宅的雏形。1870年之后，这种木板房由于安全问题被石库门里弄取而代之，随后很快风靡上海。在此之后，里弄住宅产生不同的发展和变化。

学界将里弄的演变分为四个阶段，早期的石库门脱胎于江南传统的三合院，中轴对称，天井成为家庭的中心。随着土地越来越紧缩，里弄建筑的占地尺度变小，而高度增加。后期的石库门里弄多为长条形体量，开间也缩减为单开间或双开间。再之后是新式里弄和花园里弄，住宅标准逐渐提升，高度也逐渐增加，套内出现卫生设施和停车库等，越来越现代化。总体布局上看，除了花园式里弄更为独立之外，其他时期的里弄均以围合行列的布局形式来组织建筑布局，形成小尺度的弄堂，内部居住单元安静而内向化，外部商业单元对城市开放，形成内外并重的空间单元（表3-2）。

---

[1] 沈华.上海里弄民居[M].北京：中国建筑工业出版社，1993.

表3-2　上海各时期的里弄类型

分类	代表案例	首层平面	实景
早期石库门里弄 建筑单元一般为两层楼三开间，平面大多为矩形，前后各设一个出入口通向弄堂，前天井居中，后天井将正屋与附屋分开。开间跨距大概为3.6~4.2m，进深约16m，中轴对称，与江南传统民居相似	兆福里 		
后期石库门里弄 建筑单元多为两层，单开间居多，呈长条形，宽度窄、进深略有减少，更节约土地。平面布局基本沿袭早期的，后天井或位于正附屋分隔处，或位于后入口；正附屋之间有层高差，通过楼梯整合，为增加使用面积，附屋二层增加亭子间	建业里 		
新式里弄 又称接连式小花园洋房，大多为三层，少数两层，开间有单开间、间半式、双开间等，变化多，可适应不同家庭需求，增加了些西式建筑设计手法，如小庭院、门窗等，每单元都有卫生设备	淮海坊 		
花园式里弄 取消了入口的石库门，前天井转变为前花园，占地较大，为独栋的民居建筑。居住设备较为齐全，已经很接近现代的居住模式。设置前后双出入口及厨房出入口，出现了连接各房间的走廊，房屋布置灵活多变	上方花园 		

里弄的出现不仅改变了这座城市的面貌，也标志着现代房地产市场在中国正式产生。中国人的观念是盖房子自己住，所以传统的合院住宅一般都是独立建造的，每家每户的宅院是构成城市的基本单元；而租界里这些成片的住宅是以商业为目的建造的，这些成片的"弄"无论从建造方式抑或空间构成上看，都是一个不可分割的整体。所以分析里弄，从街区整体而非建筑单体来审视更为恰当。

提取里弄类型的空间图式，如图3-8所示。

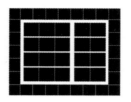

图3-8 里弄空间图式

里弄分内外两部分。内部为行列式布局，形成以主弄和支弄为路径系统的鱼骨结构，功能以住宅为主，建筑较为低矮，但密度很高。外部同样是里弄建筑单元的围合式排布，围合内部的同时对外开放，形成商业界面，为城市服务。内外两部分复合化的布局模式是鲜明的形态特点。

里弄的空间图式展示了单元内外的双重结构。外部围合式为内部提供了保护，同时限定城市空间，对街道开放，提供功能支撑；内部行列式高效排布，形成主弄支弄的路径体系，将居住单元串联起来。整个空间秩序清晰，结构性强，以下从内部和外部两个视角，从空间与社会两个互相耦合的层面入手，对里弄的空间建构机制进行深入分析（图3-9）。

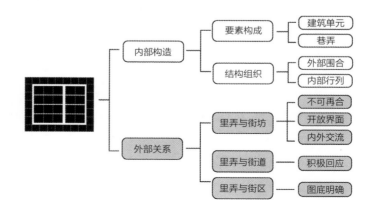

图3-9 里弄空间建构分析框架

里弄曾经是一多半上海人居住的空间形式，而上海又是近代半殖民地城市中最重要的代表。这样一种在上海文化基因的形成过程中产生过决定性影响的城市空间单元类型，一种曾经被一多半上海人所认同的理想居住形式，一种既符合现代城市房地产开发规律，又同时满足传统生活方式和现代生活需求的城市居住模式，是对城市空间建构机制进行系统解析时绕不开的话题。

3.3.2　里弄的内部构造

3.3.2.1　要素构成

里弄街坊最基本的构成要素是其内部的建筑单元，以及由建筑单元的有机组合所形成的巷弄体系。

建筑单元　构成里弄街区的建筑实体。建筑单元分为两种——内部行列式的构成单元和外部围合式的构成单元。

巷弄　建筑单元之间的基本空间结构，也是弄堂内部的主要室外活动空间（图3-10）。

里弄单元　　　　　建筑单元　　　　　巷弄

图3-10　里弄系统的要素组成

（1）建筑单元

罗西提出：住房并不是无形的，也不是很容易被迅速改变的物体。居住建筑的形式及其类型特征与城市形式密切相关，住房体现人们的生活方式和文化，它的变化是极其缓慢的。里弄建筑单元最开始与江浙一带的传统合院式住宅并无太大的区别，在传统住宅的格局基础上逐渐发展、演变。辛亥革命后，经济模式的转变使大家庭向小家庭转化。这一时期出现了后期的石库门，里弄住宅群规模扩大，甚至占据整个街坊，里弄街区形式上的完整模式也在这一阶段形成。新式里弄以少开间为主，增加了卫生设备、取暖设备等。经过70多年的发展，里弄街区形成了众多的变体，同时核心类型特征也稳定了下来。

现存的里弄中以单开间和双开间的建筑单元居多，建筑多为2~3层，前后天井是里弄建筑中的代表元素。前天井脱胎于传统合院中的院落空间，是家庭的重要空间。会乐里的建成时间较早，两开间布局，与早期的三开间布局逻辑很像，只是减掉了一翼，首层中轴线上的客堂、楼梯、天井、辅助空间序列俱全，二层设置了卧室。静安别墅的建成时间较晚，为单开间布局，套内已经增加了卫生设施，其他序列的总体格局基本固定：前天井—客堂—楼梯—后天井—辅助空间，后期的里弄由于土地原因，开间少，尺度小，层数较高（图3-11）。

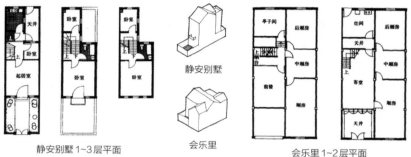

图3-11　典型里弄的平面及体量特征

静安别墅1~3层平面　　　会乐里　　　会乐里1~2层平面

尽管类型发展经历了四个时期，"院"这一传统空间的核心要素是贯穿始终的，在土地紧缩的现实条件下，再小的里弄也要有自己的天井或院子，或许设计成南侧直接朝向外部巷弄开窗的建筑，采光和通风条件会更好，但却选择了以石库门与外界隔绝，在内部建立一个小天井来采光，形成一个围合式的格局。从功能上讲一定不是最优，但对院的执着和将院作为家庭核心内向空间的理念却被延续了下来。

①平面布局：中轴与两厢两类模块

脱胎于传统江南民居的早期里弄平面，单元的开间跨距一般在3.6~4.8m之间，进深长度约10~16m，石库门围墙可达5.4m高，具有很强的封闭性，之后发展为矮墙。纵观里弄的发展变化，开间逐渐减少，但中轴上的序列始终延续（图3-12）。早期里弄建筑为三开间的单元——中轴开间加左右两厢的三个模块组成。三个开间各有分工，可组合与拆分。在后期的里弄平面变化中，均是这三个模块的增减与变体（图3-13）。

中轴　中轴线上布置了主要的功能性房间，空间排布序列基本遵循着大门—天井—客堂—后枢纽—厨房的串联模式，没有单独的走廊连接，各房间

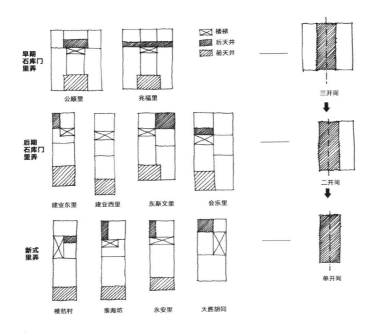

图 3-12　里弄建筑
平面单元布局的演变

之间是穿套的关系，没有水平交通的设置，这是对传统空间的一种继承。前
天井和客堂代表了仪式空间，是建筑的门面，中间的转换枢纽分隔了前后
区，相当于传统院落中分隔前朝后寝的"横墙"，后面就是辅助的功能，是
里弄的附屋部分（图 3-14）。

　　两厢　左右两厢基本为居住空间，同样是南北向直接串联的方式，无水
平交通空间。由于土地的限制，后期的里弄开间减少，很少在一个单元里做
三开间，多数是单开间和双开间。例如两开间的会乐里，选择了中轴单元和
一侧的厢房，再通过镜像复制完成行列式布局。单开间的里弄一般只选择中
轴一组，首层的前天井和客堂完整保留，后面的辅助空间灵活变化，而将居
住空间设置在楼上二、三层。

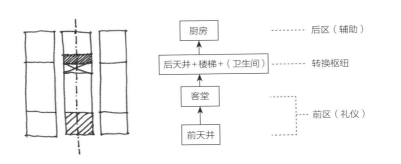

图 3-13　建筑平面
组织——中轴与两翼
（左）

图 3-14　里弄平面
布局中轴上的序列
组织（右）

总体上看，无论商业模式转变，还是生活模式转变，里弄的性质不断变迁，但中轴始终保留，反映出对中轴的依赖。

建筑单元在南北轴上的方向感是明显的，前门和后门具有明确的使用分工。建筑单元在内部的行列式部分，坚持前门、前天井朝南，使行列式的每一排都形成了前门对后门的巷弄空间。从门牌号的设置也可以看出来对前后区分的重视，同一个建筑单元的前门与后门会分别标写门牌号（如金陵东路300弄1号前门、金陵东路300弄1号后门）。对前后的区分隐含着传统空间序列的影响，建筑的前、后不仅是功能上的区分，也是文化理念上的传承。

东西向的不对称主要出现在后期的里弄，占地面积缩小，开间减少，导致早期和传统住宅对称的三开间布局无法实现，在面积紧张的前提下，优先保证前天井和前部入口大门居中对应，完成礼仪性的需求；后部是辅助后勤区域，平面的秩序性较前部就会弱一些，后天井缩减空间，使后天井偏向厨房的一侧，或者用与楼梯相结合的方式灵活布置。在有限的土地条件下里弄所展现出的对礼仪性的坚守使它更像是传统的而非西式的。

当单元被复制时，对礼制、仪式的强调更加凸显出来，不对称的平面在行列的组合中又得到了补偿，在里弄行列组合中，一般会镜像排列，使建筑在整体布局上依然呈现出向对称的三合院形式靠拢的趋势。这种操作在潜意识中是以另一种方式对传统中轴对称的回归。

②平面流线

路径 路径的组织结构是串联的模式，房间与房间之间直接相接，不通过走廊等交通空间联系，呈现出一种穿套的组织关系。这一点与传统合院中房间之间的串联方式很类似。

序列 建筑平面的前后两部分划分明显，中间有明确的转换（以楼梯和后天井为标志）。前区主要体现礼仪，包括主入口—前天井—客堂的空间序列，主入口居中，与客堂朝向前天井一侧的四扇大门居中相对，使前天井的围合感、仪式感、完整度加强。这一序列的绝对尺度不大，室外与室内空间互相融合，相辅相成。后区与生活功能相关，主要作为厨房、储藏间等辅助空间。后区的中轴限制减弱，空间根据需要灵活布局，后门入口也开在了偏心一侧。早期的里弄前区、后区以"正屋"和"附屋"的两个体量明确分开，后期逐渐合并到一起，但是前后划分的模式被保留下来（图3-15、图3-16）。

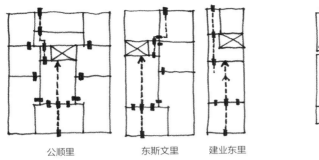

公顺里　　　　　东斯文里　　　　建业东里

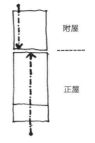

图 3-15　路径组织：穿套的路径模式（左）

图 3-16　入口与轴线的关系（右）

③建筑立面

早期的里弄延续了很多中式传统元素，内部装饰繁复，尤其是天井四周，多采用木雕装饰，而外部的石库门造型较简单，封闭的墙体仅有少量的装饰。发展到后期，外部的石库门逐渐降低了高度，装饰上也更为西化，但内部的天井周围依然以木雕为主，以院为核心，营造了一个属于内部的怡然自得的小天地。中西方建筑语汇的复合使里弄内部与外部形成了一定的反差——西式的外表和中式的内瓤。

（2）巷弄

①巷弄结构

里弄内的巷弄基本以鱼骨状结构为主，形成主弄加支弄的等级结构。随着用地的延伸发展，也有十字形、井字形、口字形等多种形式出现。

里弄的主弄是供人、车来往的干道，一个里弄单元至少设置一条主弄，有的设置多条。它的位置一般布置在用地的中央或交通繁忙处。主弄与街道相交点是里弄的进出口，有些设有铁门或木栅门。

支弄比主弄狭小，是连接主弄与各个建筑单体之间的通道，像毛细血管一样伸展到里弄内的各个尽端。有的支弄是尽端式的，有的在尽端会被加设的环形支弄连通（图3-17）。

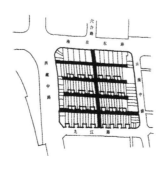
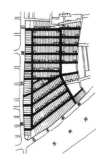

图 3-17　巷弄的几种组织形式

②巷弄尺度

　　"早期石库门里弄的路幅宽度，总弄需符合消防要求，一般在4m以上，支弄只求能通行人力车，一般在2.5m以上，后门相对的后弄，可压缩至1.5m；新式里弄民居时期，小汽车已经流行，质量较高的民居已配有车库，一般总弄在6m以上，支弄在3.5m以上。"❶巷弄呈现出狭长的基面形状，两侧建筑的高度一般为两至三层，在7~11m之间，所形成的巷弄空间的高宽比远大于1，给人一种安静、私密的空间感受（图3-18~图3-20）。

图3-18　巷弄高宽比（宝兴里与立贤里）（左）

图3-19　宝兴里内部支弄（中）

图3-20　立贤里内部支弄（右）

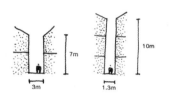

　　这种边围尺寸下，观察者只能注意到边围的立面细节，如巷弄内两侧建筑的门、洗手池、花池、座椅等，而很难看到边围的全貌，例如屋顶元素在巷弄内很难被注意到。巷弄内部因其近人的尺度，在院门口、巷弄转角等处有利于形成一些自发的交往空间。

③巷弄形态

　　巷弄两侧界面主要由连续复制的建筑立面构成，主弄和支弄两侧界面的形态存在差异。

　　支弄尺度狭小，两侧界面由建筑单元的南北立面构成，界面的连续性强，给人安全感和私密感（图3-21）。主弄尺度较支弄略大，由建筑单元的东西向山墙面和支弄口交替构成，有些会加设过街楼将两侧的建筑行列连接起来，主弄的空间富有节奏感（图3-22）。与支弄相比，主弄的界面形态更具有公共性，主弄内随处可见社区的公共宣传栏、快递点等，与支弄的生活氛围有所差别。巷弄的界面形态韵律感很强，均质地向远处延展。

❶ 沈华.上海里弄民居[M].北京：中国建筑工业出版社，1993.

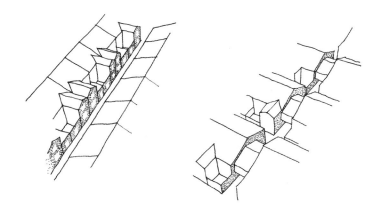

图 3-21　宝兴里支弄两侧界面形态（左）

图 3-22　宝兴里主弄两侧界面形态（右）

巷弄最基本的功能是联系各建筑的交通空间，但是其承载的不仅仅是交通，还有社区内的起居活动。建筑连续而密集地排列，容纳了浓厚的生活气息，很多居民把起居生活扩展到了支弄内，使支弄成为家一般的存在，也是邻里交往的场所。

最常见的设施是每家每户后门旁的洗手池，标志着后门的位置所在，使支弄产生了方向感。巷弄内的二楼、三楼多架设晾衣架；自家门口摆放的座椅供人们休闲聊天，随处可见的花坛旁躺着乘凉的宠物猫狗。弄堂空间一定程度上弥补了室内居住空间的不足，将部分起居生活转移到了户外，使弄堂更加生活化、内部化。有些巷弄可以狭窄到极致，但仍然不影响居民在其中进行日常洗涤、晾衣等活动（图3-23）。

洗手池

座椅与晾衣架

花坛与停放的车辆

图 3-23　上海宝兴里巷弄内的陈设

综上，巷弄是组织里弄空间的骨架结构，巷弄空间具有私密的空间尺度，适宜起居与邻里活动，内部常常被各家各户的生活所"侵略"，巷弄承担了传统合院中的"院"的角色。此外，巷弄的骨架结构具有主弄—支弄的层级体系，从外部街道经由巷弄路径到达自家门口，形成了完整的路径秩序，这是对空间深度的塑造，使里弄具有从公共到私密的空间过渡。

3.3.2.2　结构组织

里弄的空间结构可以分为两个部分：外部的围合式商业单元和内部的行列式居住单元。两部分的有机组合构成里弄街区。

里弄的内部住宅与外部沿街的商铺分别由中国传统居住单元与西方的开放城市界面转译而来，周边式与内部行列式相结合，内外兼顾，实现了空间结构与功能形态的复合。

（1）外部围合式布局

建筑单元在构成外围体量时，由于建筑前区朝外，直接面向街道，所以取消了前区的天井或庭院，使室内外的出入口直接面向街道。建筑单元被镜像均质排列，构成连续的街道界面。在街廓转角处进行切角处理，周边连续的沿街建筑是对城市开放的（图3-24）。

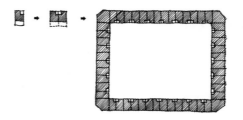

图3-24　外部围合式建构

外部围合式体量具有双重作用：一是对城市空间的贡献，连续的界面限定了街道，底层的商业丰富了城市功能；二是对内部居住区形成了保护边界，从这个角度来说更像是传统的围墙在近代里弄的转译，给人以安全感。外部围合体量的价值十分重要，在建构城市街道空间的同时，也保证了弄堂内部的安宁。

（2）内部行列式布局

内部的行列式布局规则比较简单，建筑单元被镜像复制，形成一排排均质的单元。这些建筑单元前区毫无例外地朝南，每个建筑均为南向入户，这与传统的生活习惯相符。传统的里弄住宅在发展过程中由于客观条件的限制，缩减了开间数量，单开间的里弄通常是不对称的，而镜像排列使不对称的单元又组合成了对称的布局，在某种程度上再次体现了对传统中轴线的坚持（图3-25）。

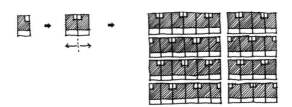

图 3-25　内部行列式建构

线性体量被平行复制，形成了一条条的支弄，再由南北向的主弄将其串联起来，有主有次，由此形成了鱼骨形的空间结构，使内部的行列结构具有了等级性。由于内部的行列式大多被外部的商业单元环绕和庇护，使内部的树形系统能够完整。

此外，在列与列平行复制的过程中，前后两列的单元是错位的关系，由此带来了这一列的前门与下一列的后门错开，这种布局在狭窄的支弄里更高效地利用了空间，使门前使用空间更充裕，是一个充满智慧的细节。因为支弄是各家门前重要的家务与交往空间。

3.3.2.3　路径组织

（1）外部路径——均等性

街区外部围合式体量的路径呈现均等性。底层的商业单元容纳了餐饮、零售、服务等多种业态，不仅为里弄内部居民服务，也为城市人群服务。因此路径的组织与西方城市街坊相似，这些单元底层直接面对街道开门，各户商业单元是平行均等的路径组织，公共性与可达性较强（图 3-26）。

商业单元的楼上用于居住，与欧洲城市不同的是，它的组织路径在内部，也就是单元的背后，由支弄进入后门通往二楼的居住空间。这部分居于商业单元楼上的居民依然可以享受从街道—主弄—支弄—后门—楼梯的空间过渡，这种路径模式也是对居住安全感的一种回应（图 3-27）。

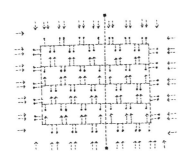

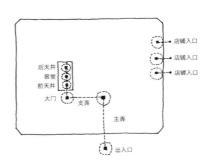

图 3-26　内部树形、外部均质的路径结构（左）

图 3-27　进入住宅单元和商业单元各自的路径序列（右）

（2）内部路径——等级性

内部行列式的路径组织具有等级特点，总体结构是鱼骨状结构。弄堂出入口—主弄—支弄—建筑出入口，层层递进的关系使空间具有了等级，产生了从公共到私密的逐级过渡。建筑物朝向公共空间是一种建筑的外化，反之则是内化的表现。里弄内部的居住单元开口均朝向支弄，而支弄属于邻里空间，城市性较弱，所以里弄内部行列式的路径组织具有很强的内向性，传统合院中的树形路径结构在里弄中得到了继承。

3.3.2.4　功能结构

近代上海独有的社会环境造就了城市的商业氛围，城市中遍布了无孔不入的商业设置，不单在公共建筑的建设中，在市井乡间也散发出典型的商业城市特征。

里弄作为当时上海最普遍的居住类型，将居住与各种商业活动融合在一起。沿街的外部单元开放度高，因为具备商业条件，通常底层开设小店做生意。沿街业态有餐饮、零售、美甲、理发、琴行、烟纸店等。沿街的店铺公共性强，对本弄居民或者是街上的行人都能提供服务，形成了非常普遍的沿街店铺模式（图3-28、图3-29）。

图3-28　里弄的功能结构模式（左）

图3-29　宝兴里外边界商业功能（右）

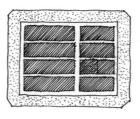

里弄的内部因空间尺度宜人，有利于形成居民交往的空间。邻里之间相互熟悉，形成了天然的社区边界，建立了一个相互守望的监视体系，起到维护社区安全与阻挡陌生人的作用。

卢汉超曾经这样描述里弄内的居民生活：在夏夜，就像我们所看到的，里弄中满是外出乘凉的居民。在这样的情况下，陌生人或不寻常的事情很容易引起居民的注意。在这里，"邻里监察"并不是有组织的行为，但却是的的确确存在的事实。……盗窃行为在里弄住宅区很少发生，部分是因为绝大

多数家庭每时每刻都有人——主妇、女佣、祖父母、小孩在家，部分是因为
弄堂里每时每刻都有各种活动在进行着。 ❶

　　从外面的街道走进弄堂，就仿佛进入了一片安静祥和的小天地，邻里
生活闲适安逸，和外面嘈杂的街道形成了鲜明的对比。这是空间尺度突然
缩小所带来的益处。独居老人、退休人员、失业者等，白天会徜徉在弄堂
口、自家门前的弄堂里或是街坊内较为开敞的地方，下棋打牌或者喝茶聊
天。内部的社区认同感很强，陌生人一进入弄堂就会被邻里的眼睛审视，
外来人在这里显得很突兀，难以避免被内部居民询问，社区内部人群十分
稳定（图3-30）。

图3-30　弄堂内的
自发活动

　　近代上海，在纯居住的里弄内部，也常混杂各种商业活动，一般以商号、
公司、诊所、裁缝铺、公共浴室、小仓库居多。*"石库门里弄里还间或夹杂着*
不少学校。坐落在弄堂里的小学很受人们欢迎，因为孩子们上学方便……这
一类学校通常将石库门的客堂间和卧室改成教室，厨房和亭子间作办公室，
前天井当操场可能太小，但是孩子们的户外活动完全可以在弄堂里进行。" ❶
　　因为地理位置更为私密，内部小商业活动的服务范围与里弄的单元范围一
致，这与当今的现代小区很相似。今天的里弄内部这些服务性的功能有些已经
移出，有些仍旧保留，如社区中心、老年人活动中心等。在所调研的吉安里社
区内，就隐藏着一处社区活动中心，和居住建筑没有不同，只是置换了功能，
并且将建筑出入口做了翻新。在这条支弄内的社区中心门前，人们聚集成小团
体聊天、休息，甚至有其他弄堂的阿姨也会来凑热闹（图3-31）。一个里弄社

❶ 卢汉超，霓虹灯外：20世纪初日常生活中的上海[M].段炼，吴敏，子羽，译.上海：上海
　古籍出版社，2004.

区，集居住、商业、服务、休闲于一体，将部分城市公共需求容纳进来，具有一定的功能完整性。

图3-31　上海宝兴里弄堂内的社区功能

老年人活动中心　　　　　教育学校　　　　　老年活动中心前小聚会

综上所述，里弄的内部构造完整、严谨且秩序感很强，它是内部行列式与外部围合式两套系统所建构的。城市街道—主弄—支弄的多层级路径系统，巧妙地诠释了城市、邻里、家庭三个层级的空间，构建出了一种半开放的社区综合体。对内，将传统城市中的合院精神保留了下来——巷弄空间成为另一种形式的"院"，承载了小社群的交往。

3.3.3　里弄的外部关系

内外兼顾是里弄突出的价值体现，也是中西方城市文化融合的关键所在，内部空间构成完整而系统，展现出内部秩序的坚守，而外部对城市的回应又十分积极。构成的层次较为简单：里弄街坊——城市街区（图3-32）。

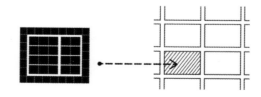

图3-32　典型里弄街坊的构成层次

3.3.3.1　里弄街坊的内外

（1）外边围主动塑造

里弄在行列式复制的过程中，尽端的单元为了迎合城市空间，会转换方向，朝向街道。这部分单元取消了前面的天井或庭院，使建筑外墙直接临街道开门，一层用于商业功能，背面为二楼住宅入口（图 3-33）。这种布局使得原本朝向街道的山墙或者是围墙转换为面街的商铺，增加了城市街道的功能多样性与丰富性，同时也塑造了城市街道两侧的完整界面。现存里弄中，沿街形式变化为商铺的情况明显较多，为不设商铺的两倍左右❶。并且这种形式并不是后期改造的，而是建设初期就规划好的。

　　如淮海坊的临街单元，其布局不仅朝着街道的方向，同时建筑单元的轮廓也随着街道形态而改变，多个单元共同拼合成一个弧形的界面，迎合了街道的走向，完成了对城市空间的塑造，同时也形成了内部居住区的保护边界。昌兴里布局采用同样的逻辑，将外圈紧紧包裹，在转角处设置圆角，在弄堂口设置过街楼将界面补充完整，都是有意识地在营造城市空间。襄阳南路 306 弄在行列式与斜角街道相接处，也采用了同样的策略（图 3-34）。建筑界面的退界很少，基本是紧邻着人行道，使底层的店铺与人的互动更积极。这些实例明确地展现出里弄街区对城市的贡献，与合院不同，里弄在保证内部的稳定与秩序的同时，采用了另一套系统——外部的围合式商业单元，来构建城市街道的界面形态、提供功能活动等。内与外两套系统协作，使里弄街区成为兼顾内向与外向的一种空间类型。

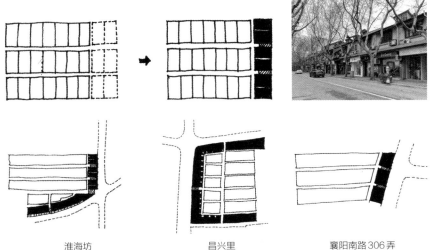

图 3-33　沿街单元转向城市空间（以上海西成里为例）

淮海坊　　　　　　昌兴里　　　　　　襄阳南路 306 弄

图 3-34　里弄的沿街建筑转向街道

---

❶ 张晨杰. 永不消失的里弄[M]. 南京：东南大学出版社，2018.

（2）视线联系

里弄边围作为内部与外部的交界，其内外的联系可以从行为联系和视线联系两方面来讨论。里弄的出入口在主弄与城市街道的交叉处，甚至有些支弄也会直接通向城市街道。这些出入口在街道上看较为隐蔽，隐藏在围合式体量中，仅底层作为出入口，二层以上为过街楼。弄堂口在城市环境中显得尺度小，造型也不突出，使出入口被很好地保护起来，很少有陌生人走进，给弄堂内部的居住环境提供了一个安全有效的屏障（图3-35）。

图3-35 上海宝兴里隐蔽的出入口

弄堂口与建筑立面统筹设计　　　　　隐蔽的弄堂口

而视线上，里弄沿街体量的二、三楼居民可以通过开窗与街道进行很好的视线交流。外围的沿街体量，除了底层的商铺外，楼上的居住单元均有朝向街道的窗户，也有朝向弄堂内部的。这一点与合院完全封闭的围墙大相径庭。视线上的交流使里弄的城市性提升，内部的居民可以享受城市环境的丰富与活力，同时也为街道带来了生气。

视线上的交流和行为上的屏蔽使里弄成为一个天然的多层级社区综合体。这种阻隔外部的方式恰到好处地为内部提供了安全感，也实现了城市与里弄的互动关系。

（3）行为联系

每个弄堂设置多个大门与城市街道相接，使内部社区和街道有足够的交流，街道上开口越多，人们越方便步行到达城市空间。每个里弄街区有两套组织路径：一是沿街商铺从街道直接开门进入；二是内部的居住单元以主弄作为主要的内外交通联系。内部通而不畅，巷弄适合慢行，不利于快速通行，可以有效避免陌生人的穿越行为。鱼骨状的主弄与支弄形成了具有深度的路径体系，这种路径结构与合院十分相似，都是以营造深度为目的，也塑造了心理上的安全感。

　　反过来看，相邻街区的弄口之间往往位置对应，在城市交通干道之外建立了次一级的半开放通路，像毛细血管一样扩展着城市网络。巷弄狭窄的尺度屏蔽了陌生人，但熟悉该街坊的人可以利用次级巷弄迅速穿行于街坊之间，不同里弄街区之间没有绝对的隔离，也保证了街区与城市之间的互相融合（图3-36）。

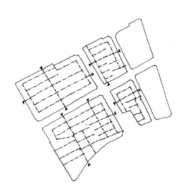

图3-36　多个里弄单元之间的交通联系

3.3.3.2　里弄之间的街道

　　里弄街廓平均边长为100m，街廓组合后构建了小而密的路网体系，成为第一级道路系统。内部的主弄之间互相不封闭，虽然狭小但仍旧可以通行，构成了次一级的毛细血管般的路网，为街坊内部的居民提供了方便（图3-37）。

　　街道具有步行友好的尺度，街道宽度较窄，一般为10m左右，不利于快速通行。街道两旁的建筑界面多为2~3层，与街道宽度形成了近似于1的高宽比，使空间体验亲切而舒适，不会太过拥挤或者过于空旷（图3-38）。街道两侧的界面完整，连续性强，使街道空间被挤压、限定，具有图形性。街道的意义不止于组织交通，临街的商铺与人行道共同形成了底层的积极界面，容纳人们停留、活动。

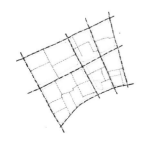

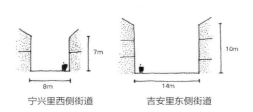

宁兴里西侧街道　　　　　吉安里东侧街道

图3-37　密路网的构建—大小两级道路系统（左）

图3-38　街道的高宽比（右）

3.3.3.3 里弄构成的城市街区

早期的里弄规模不足以占据整个街区，到后期逐渐扩大，多数里弄形成完整的街坊。街坊的尺度大致控制在70~100m，与欧洲的老城区街坊尺度相近，尺度宜人，适合步行。细密的路网结构为城市贡献了大量的步行出入口，吸引人们到街道上来，增加了社交活动的机会。尽管里弄内的建筑与巷弄有些复杂曲折，街坊的轮廓多数为较规整的方形，在街角处的建筑体量会形成弧线，使街角空间柔和过渡。里弄小尺度的街坊和规整的形状是对城市友好的体现（图3-39）。

传统城市中，墙体是实现"分隔"与"围合"的主要元素，墙对城市空间的组织是决定性的，到了近代，里弄的外边围继承了墙体的边界作用，将一个个区域包裹起来，但不同之处是，里弄的边界是建筑实体而非线性的墙，它可以为街道提供支撑，这是吸取了西方城市文化的优点。边界的连贯性为内部的居住系统提供了严密的屏障，形成了闹中取静的内部世界。走进弄堂后，尺度的缩小使人的内心马上安静下来，内部怡然悠闲的世界与外部街道形成了对比。

西方的城市街坊是由外部向内部延伸，先用建筑体量将街道限定出来，再考虑街坊内部的空间利用。中国的传统街坊是从内部出发，以满足院墙里面的小世界为前提。里弄在中西方文化的结合下，将内外分别考虑，各自建立适宜的系统之后再融合起来。内外两部分分别是对中国传统空间内向文化和西方外向城市文化的巧妙吸取，成为兼顾公共与私密的完整空间体系（图3-40）。里弄并非完全是中式的延续，其对城市空间的积极贡献是中国传统城市所不具备的。

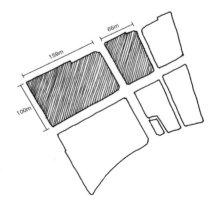
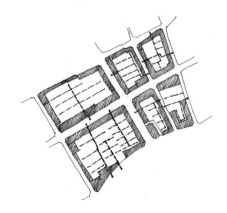

图3-39　街坊尺度（左）

图3-40　里弄内外两套空间系统（右）

3.3.4 里弄小结：内外兼顾的双重应对

里弄住宅的演变过程最形象化地构成了中国社会形态的转变与人们生活方式转化的缩影，生动记录了从脱胎于中国传统文化与自然经济形式的封建家族一步步转变为现代社会结构与经济秩序下的现代城市家庭的过程❶。在这一转变中，生活模式和经济模式都有明显的改变，中国传统空间文化也有了延续与发展。始终被强调的内部秩序在里弄中顽强地存在着并产生了变体——由每家的独立合院转换成了多层级的巷弄。外围建筑吸取了西方城市的开放界面，用商铺取代了传统街坊的围墙，向城市空间开放的同时保护着内部的居住单元。里弄街区将现代城市的开放性与中国传统空间的内向性巧妙融合，构建了内外兼顾的双重结构。

3.4 居住类单元——里院的空间建构

诞生于青岛的里院建筑作为近代另一个重要的城市空间类型，在西方空间类型的本土化转译过程中比里弄贯彻得更加彻底。西方的空间类型不断适应本地社会生活，形成了一种稳定的空间类型，它兼有东西方建筑的特点，并在民国时期成为普通商业与居住建筑的主要形式。

3.4.1 里院的类型提取

"里" 在中国古代是居民聚居之处，在青岛指居民院。在《青岛市志·城市规划建筑志》中被称为周边式住宅。不同于上海的石库门建筑起源于租界区内，青岛的里院式住宅诞生于20世纪初德租时期的大鲍岛。其与里弄的相似之处在于都是为了解决居住问题，都借鉴了西方商住式公寓楼的特点，不同之处在于上海早期石库门的住户都是富有的商人或者大户人家，青岛的里院住户大多是处于社会末端的穷苦市民和底层劳工，由于覆盖范围广，近代青岛虽然经历战乱，但里院文化和里院住宅一直没有停止发展。

青岛在1897年被德国武力占领，德国本着长期经营的打算，致力于将青岛建设成远东最有影响力的军事和自由贸易港。青岛的规划建设人员都对本地情况十分了解，所以结合了欧洲当时先进的规划理念以及中国本土的文化，产生了东西方两种类型的混合物。里院街区根据尺度大小可由一个或多个里院单元构成（图3-41、图3-42）。无论在空间、交通还是功能意义上，院落都是里院单元平面组织的核心，这与西方的Block有很大不同。

---

❶ 李彦伯. 上海里弄街区的价值[M]. 上海：同济大学出版社，2014.

图3-41 青岛大鲍岛地区由里院构成的城市肌理

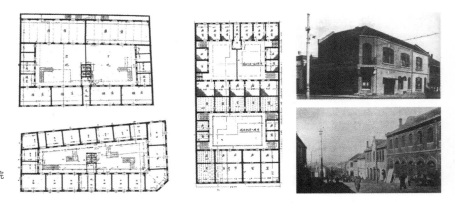

图3-42 典型里院示例

总结里院的典型特征，抽象出空间图式，如图3-43所示。

里院总体上可以描述为周边式的街坊单元，外部围合，限定街道，并且朝向城市开放。建筑出入口朝向院落，由连廊串联起来，再通过院落通道通往城市。临街建筑下店上宅，非临街建筑大部分用于居住。每个小院落内的建筑、生活、交通均围绕院子向心展开。多个小院落并联，整体形成围合式的街坊。

里院在东西方文化作用下产生了两套建构逻辑，外部开放的界面以及内部向心的院落。外部围合式顺应街道空间，提供商业服务功能。内部以院落组

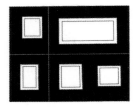

图3-43 里院空间图式

织建筑，为邻里生活提供共享空间。开放的外边界与向心的院落式空间分别是西方与中国空间文化的转译与吸收，形成了独具一格的里院空间。里院街坊在传统与外来空间文化的同时作用下形成，在特殊的历史时期留下了特殊的类型。对里院的建构机制解析从内部构造和外部关系两方面展开（图3-44）。

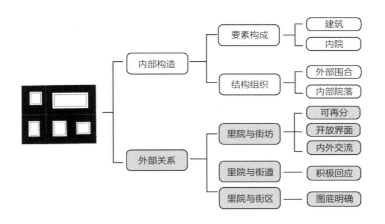

图3-44 里院的空间建构分析框架

3.4.2 里院的内部构造

3.4.2.1 要素构成

里院建筑是采用围合内院的方式所形成的一种可供多户共同居住的建筑组合体，里院大多平行于街道而建，所以外轮廓形态多样。里院街区的构成分为两级系统，首先由建筑以围合式布局形成一个院落式的里院单元，里院单元被平行复制进而组合成里院街坊。所以研究里院街坊，先要将其拆解为里院单元，再进一步拆分为建筑、内院等基本的构成要素。

建筑 围合构成里院单元的基本要素。

内院 里院单元塑造的核心，用以组织交通以及承载主要起居活动（图3-45）。

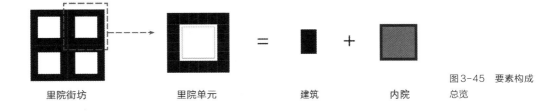

里院街坊　　　　　里院单元　　　　建筑　　　　内院

图3-45 要素构成总览

（1）建筑

①平面布局

里院建筑以房间为基本单位平行复制，以外廊串联起来，每一间的进深在3~4m，面宽在2~5m不等，房间的宽度可根据使用需求灵活分隔，一般每一间房供一户人家居住，厨房和厕所为公用的，多设在每层的转角处或者单独设置在院落中，里院并非像里弄那样是成套的居住单元。

每一个里院单元内的建筑多为二至三层，建筑围绕庭院布局，开口朝向内庭院。底层若为店铺除了设有朝向院落的入口外，也对街道开门。二层以上为住宅，面向院落一侧设置外廊，院落内部设置楼梯，连接至每一层的外廊，院落成为组织交通的枢纽，住户围绕庭院展开日常生活，是邻里的交流空间、集体生活场所、仓储场地和露天作坊。无论是空间、交通还是功能，院落都是单元组织结构的核心，继承了中国合院的内向性传统。这与欧洲街坊内部被动生成的杂院属性完全不同（图3-46）。

 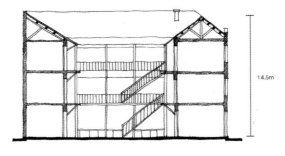

图3-46 典型里院单元平面剖面（即墨路13号）

建筑以条形为基本模式，可组合成L形、U形、口字形等多种形态的里院单元（图3-47、图3-48）。现存的里院中，仅有单侧建筑的里院很少，因为这种形式产生的围合感不够，U形和口字形的比较多，U形的里院一般为三面建筑，第四个面为邻院建筑的后墙。有些里院单元具有多进院，类似于传统的合院布局，但换作以集合住宅的多层建筑体量来组织。里院单元以围合成完整的院为目标，每个单元内四个方向的界面，如果没有建筑体量则由围墙代替，将院落围合完整。

虽然欧洲的街坊也有内院，但大多是根据通风采光的需求而被动设置的，不是主要的活动场所，更不用作交通组织的枢纽。这是有无子系统控制空间的关键，也是中国空间的内向特征体现。

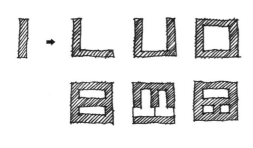

图 3-47　典型里院
建筑形态（左）

图 3-48　典型的口
字形单元（右）

　　里院单元从近代发展到现在，是一个逐渐变化的过程，好多 L 形的里院，
后期加建为 U 形甚至是口字形，也有些里院将楼梯和卫生间等位置进行适当
调整，而产生多种变体。

　　里院大多对外封闭，交通组织是内向的，仅留一到两处通道（街道与院
落之间的门洞）与外界连通，通道作为整个里院单元的对外接口，成为内外
交流的中转站。类似于上海的弄堂口，形成了公私的隐形分界，许多院落正
对门洞设置影壁，使视线不能直接贯通内院。进入院落后再进入各家各户，
或者通过楼梯和连廊进入二层以上的空间。里院单元成为里院街坊中的子系
统，子系统使街坊产生了嵌套的结构，变得更为内向化。

　　②建筑立面

　　里院的建筑立面以欧式的风格为主，采用三段式的立面划分：底层多以
石材作为基础；中部以门洞、窗洞的造型填充，窗洞以拱形和方形居多；顶
部多采用坡屋顶，有些屋面上伸出的烟囱也会活跃立面（图 3-49）。德租时
期末青岛的许多里院建筑立面已经走向更为现代和简洁，这种现代的立面风
格在后期里院立面的改造更新过程中也一直被使用。外部立面的西化与院落
内部的中式空间结构形成了强烈的对比。

图 3-49　典型里院
立面

（2）内院

①院落形态与尺度

院落的基面形状以矩形居多，少数由于地块的不规则而出现多边形。院落形态基本上完整度较高，图形感较强。小型院落平面尺寸在10m见方，大型院落可达20m见方。地面铺装较为简单，没有过多繁复的纹样，以砖石为主整齐拼贴。现在的里院内多已破败不堪，院落内自发加建了很多临时建筑，使多数院落的形态较难辨认。

里院单元内建筑高度与院落宽度之间的比例基本保持在1∶1，空间尺度宜人。如即墨路13号和青城路3号的院落宽度在11~12m，建筑三层高，檐口到地面的距离为11~13m；天津路23号院落较大，接近前两者的2倍，所形成的高宽比小于1，视觉感受较为宽敞。适宜的高宽比营造了人性化的院落活动空间（图3-50）。

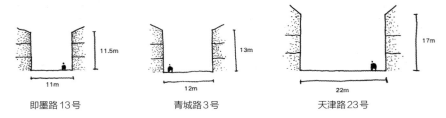

图3-50　院落高宽比举例

即墨路13号　　　　青城路3号　　　　　天津路23号

②院落边围

里院单元的院落从剖面上看有三个空间层次：建筑—连廊—院。连廊对营造院落的亲切感发挥了很大的作用，在里院单元内，建筑朝向内院开门，二层以上用连廊环绕起来，形成了一圈各家门前的灰空间。这些廊架充当了古代建筑与庭院之间的过渡角色，加强了空间序列的层次感，类似于徽州天井四周的回廊，也可以看成是北京四合院抄手游廊的演绎。廊架在造型上颇具有中式风格，"德租时期形成的斜撑式、雀替式、垂花式等廊架样式，在民国时期得到继承和推广"❶。连廊有时也会结合楼梯元素共同造型，使交通空间也成为邻里交往的平台（图3-51）。

在这里，人们可以晾衣、煮饭、乘凉，孩子们跑上跑下地玩耍。连廊的存在使建筑与庭院之间形成了一个中间层次，构成了室内空间——连廊灰空

---

❶ 金山. 青岛近代城市建筑：1922—1937[M]. 上海：同济大学出版社，2016.

间——院落室外空间的序列。灰空间使室内与室外更好地融合，形成了丰富的建筑"前区"。这一序列继承了传统合院中的室内外融合的空间关系（图3-52）。

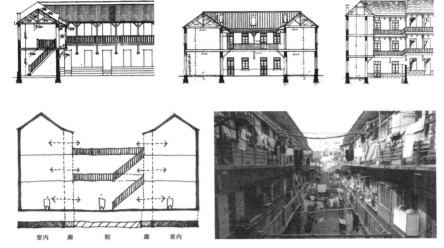

图3-51　几种典型的连廊形式

图3-52　建筑朝向院落的空间层次

3.4.2.2　结构组织

（1）空间结构：建筑单体——里院单元——里院街坊

　　一个完整的里院街坊的空间结构具有两个层级，与传统合院街坊类似，里院街坊也是先从构成"小单元"开始的。由建筑构成里院单元，单元再组合成街坊。在一个街坊中，可以只有一个里院单元，也可以有多个里院单元。实地调研中，大部分里院街坊是由多个里院单元拼合而成的。

　　每户家庭以"间"为组织单元，而非像里弄那样的成套住宅，间与间连接成线性的建筑体量，成为最基本的零件。接下来围合成"子系统"——里院单元，里院单元背靠背并联进而组成街坊。子系统将院落空间突显出来，用以组织交通流线、承载起居生活（图3-53）。

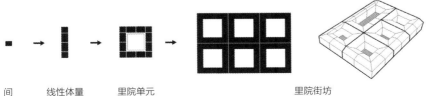

间　　　线性体量　　　里院单元　　　　　　　　　　　　里院街坊

图3-53　典型里院的平面组织逻辑

子系统的重要性可以通过下面的案例予以论证。位于即墨路与芝罘路东北侧的两个里院单元在1929~1941年前后三次的改建过程中，不断在围合院落方面进行改进（图3-54）。位于即墨路与芝罘路路口东北侧的南侧地块的沿街前楼建于1904年，1929年第一次改建时，沿地块边界加建侧翼与后翼，并在庭院中设置楼梯来组织垂直交通，1930年的第二次加建把院落的东侧也闭合起来，将半围合的院落补充成完整的环路，至此南侧地块的院落已经塑造完毕。同时在这一次的加建中，在北侧地块原有的西翼二层建筑的南侧加建条状建筑，形成L形格局，与南侧的院落形成背靠背的关系。第三次改建于1941年完成，在北侧地块增补东翼，同样形成了一个闭合而完整的院落空间。在三次改建中，先后完成了完整的、成套的里院单元的建造目标，这说明图示在标准的里院单元建设中有强烈的指导作用。

西方的空间文化被中国本土"围合成院"的执念持续消化。里院通过对院落尺度的调整和院落叠加组合，满足不同功能和规模的需求，延续了中国传统院落理念，也吸收了西方城市公共思想，产生了里院这种中西方结合的空间模式。

（2）路径组织

空间结构上是子系统拼合而成的组织方式，与之相应的路径系统也是如此。在每个街区内部，单元与单元之间是背靠背组合，有些直接贴在一起，有些会留窄缝用以通风，单元互相之间很少连通。每个单元以中心院落组织

图3-54　里院单元空间增长方式：以围合院落为目标

1929年第一次改造　　　　1930年第二次改造　　　　1941年第三次改造

通往各家各户的交通路径，再作为一个整体以门洞通道与外部城市街道相连，与传统合院中的树形路径结构异曲同工，多个树形路径平行互不干涉，形成一个个向内的交通系统。居住建筑的开口都是朝向内院而非朝向城市，建筑的前区朝向一个内部的空间，城市性较弱（图3-55）。

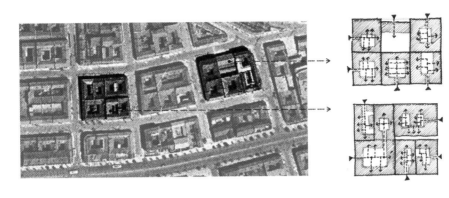

图3-55　即墨路北侧两个街区的路径组织：以院落为中枢来组织入户路径

里院街区的底层可做店铺或者住宅，如作为店铺，其前门直接面向城市街道开门，公共性较强，形成了良好的底层积极界面。如果底层作为住宅，则并入内部的路径子系统，从院落内部进入。而二层以上基本为住宅，同样通过院落内部的路径系统到达，保证了沿街的居民依然可以享受从街道—门洞—院落—楼梯—入户的多重空间层次，保证了私密性。交通组织体现了与欧洲街坊外向文化的主要差异，欧洲的围合式街坊每一个建筑单元的开口均是朝向街道的，从城市公共空间直接进入住宅，并没有"院落"这一中间层次的过渡。

（3）功能结构

里院街坊作为一个商业功能与居住功能的结合体，按功能分两种类型——独立使用的独院与出租给多家商户与住家的杂院。独院一般规模较小，房间大小依据使用需求而定；杂院一般规模较大，以房间为单位出租，一层出租给不同的商号，二层为城市中下层居民提供住房。每一个院落子系统拼合在一起，共同形成了外圈商业，内部居住的整体结构。

与里弄的功能结构类似，其外部的商铺为城市服务，现在大多数里弄的底层商铺经营零售业、餐饮业、服务业等；当时的里院底层店铺对外和对内均有开口，可以同时兼顾外面的生意和院内的生活，早期的里院店铺的伙计就住在店里，或者是同一个院落内，有种"前店后宅"的意味。现今的里院由于居住空间不足，底层店铺朝向院内的开口已经被封堵并加建一些临时的构筑物，用以增加使用面积，对外的商店流线和内部流线被彻底分开了。

里院内部为邻里的主要起居空间，因院落空间丰富的层次和宜人的尺度，承载了居民大多数的户外生活，有些大型的院落内景观良好，利于形成交往空间。里院的内部居民在外廊之间搭绳子晾晒衣物，在扶手台上晒蔬菜，家庭主妇在院内煮饭、洗衣的同时可以照看在院子里玩耍的孩子，连廊和院落是室内空间的延展，居民们俨然已经将院子当作了整个邻里单元的家（图3-56）。里院没有成套的住宅，厨房和卫生间都是公用的，有些设置在院中，有些设置在建筑的角落，这些公用的设施也增加了邻里交流的机会。

图3-56　里院内的功能活动

在连廊上晾晒　　　　在连廊烹饪　　　　　在院内活动

3.4.3　里院的外部关系

里院街坊的内外两套建构逻辑中，外部系统对城市的作用是受到西方城市开放的空间文化影响而产生的。但里院在街坊的构成中具有子系统——里院单元，这一点与里弄不同，却与传统合院街坊更接近：里院单元—里院街坊—里院街区（图3-57）。由于子系统（里院单元）的存在，里院街坊对城市空间的塑造作用相比于原版欧洲围合式街坊也发生了一定的变化。

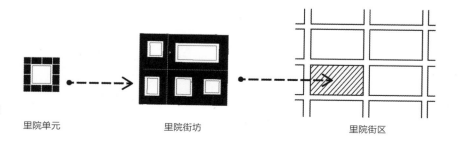

图3-57　典型里院街区的构成层次

里院单元　　　　　　　　里院街坊　　　　　　　　　　里院街区

（1）里院街坊的内外

一个里院街坊通常是由多个里院单元集合构成的，单元的划分基本上依托地块的划分，也会有多个地块共同形成一个单元的情况，这与土地的所有权相关。每个里院单元自身围合出中心院落，较大的地块内往往围绕两处甚至多处院落布局，以提高建筑密度。单元之间平行并置，几乎不发生关系。

多数里院单元之间是背靠背紧贴着的，之间共用一道墙体来分隔。由于里院街坊中不同位置的里院单元采光条件差异较大，临街的房间朝向街道和庭院双向开窗，采光条件好，被夹在中间的里院只能依靠院落采光，所以有些不临街的单元在南北向之间也会留一条很窄的采光天井，在朝向窄缝的墙面上开窗洞用于采光通风（图3-58）。

图3-58 里院街坊内部单元之间的拼合方式举例

里院街坊的外边界是开放的，沿街的建筑均朝向街道开窗，内部的住户可以和街道上的事物进行很好的视线上的交流。底层的店铺同时对外开门，使整个里院街坊实现了与城市公共空间的互动。这种边界的开放属性是半殖民地城市空间单元的特点。这一特点与传统城市中以合院为基本单元所构成的封闭街坊截然不同，此时的空间单元对城市公共空间具有了一定的营造作用。

里院街坊内部的子单元通过一处或几处底层的门洞与外部城市空间相连，这些开口连接的是院落内的尽端空间，仅通往各家各户，而无法走到下一个院落中去，所以街坊内部的穿行很少发生，保证了每个小院落内部的私密性。每个院落与外部相连的门洞在造型上也很低调，无论方形或拱形均没有过多的装饰，尺度也很小，与沿街的店铺大门连成一片，有效地屏蔽了外来人的进入，同样给内部的人带来安全感（图3-59）。对于里院单元内部而言，入口的位置一般会设置在正中，或是放在偏离中心的边角，让出核心位置给店铺。

图 3-59　典型里院街坊入口

（2）里院街坊之间的街道

里院街廊连续界面限定了清晰的街道形状，并且形成了人性化的街道尺度。芝罘路北段街道宽度12m，两侧建筑两层高，形成了约0.7~0.9的高宽比，与之相交的即墨路东端街道宽15m，两侧建筑三层高，同样形成接近1的高宽比，适宜的尺度产生了城市慢生活。底层的商铺为街道带来活力，形成积极界面，满足了街坊邻里之间的生活需求（图3-60）。

里院的沿街立面多为坡屋顶，由于是单元拼合而成，形成了分段的立面效果，进一步缩小了街坊在视觉上的尺度，并产生了多样性。青岛地势起伏大，同一个街坊的不同方向经常会产生高差，为了使商铺更便于为城市服务，底层沿街的商铺需要与街道标高保持平齐，所以同一个街坊内的各里院单元经常会产生高差变化，表现在沿街立面上为阶梯状（图3-61、图3-62）。

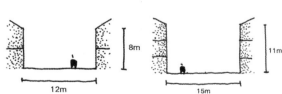

图 3-60　典型街道空间尺度

图3-61　青岛海泊路20世纪初街景（左）

图3-62　青岛安徽路现状街景（右）

（3）里院街坊构成的街区

里院街坊的尺度较小，平均50~80m，街道宽约12~15m。建筑平行于街道而建，街坊之间互相挤压，限定出边界明确的街道。街坊的轮廓以方形为主，少量有不规则的街坊，偶有不同街坊拼合之间形成的小块空地，如四方路和黄岛路交界处的三角形区域，在初建时作为街心花园使用，颇有欧洲城市的意味，现今已经被用作建设用地。

基于网格和道路形成的小尺度街坊，外部特征几乎是西方的翻版，但街坊的内部却完全不同。街坊的内部继续切分为一个个平行的院子，作为组织内部空间的核心，内部院落的形态十分完整，形成由内向外的发展逻辑。因此从形态上看，里院空间建构上更重视内部，内向性的空间文化始终影响着城市的建造（图3-63）。

图3-63 青岛里院区域的城市肌理及典型单元

相比之下，西方的街坊无论是从形态上还是使用上，都更加重视外部。比如德国的几个城市，从柏林、美因茨、慕尼黑等城市的肌理中可以看出，街坊的外边界十分整齐，严格地限定出街道与广场，营造了具有图形属性的城市空间。而街坊的内部空间零碎而杂乱，没有特别的生成逻辑，只是为了追求土地的合理利用和通风采光等基本需求而被动生成的建筑排布，这与里院主动追求围合成院的态度是截然不同的（图3-64）。

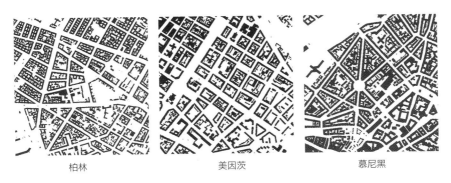

| 柏林 | 美因茨 | 慕尼黑 |

图3-64 德国城市的肌理

传统社会以家庭为单元，城市空间中承载了多个平行的自给自足的小团体，起居工作都在合院内完成，缺少公共生活，也不参与公共空间的塑造。这种文化惯性在近代以某种程度延续，小单元依旧没有解散，以院为核心，以邻里为团体，空间依旧以小而全的单元来组织，体现为对院落的坚守。

但不同的是，近代受西方城市文化的影响，产生了对城市有积极作用的街坊外界面，形态及功能迎合城市，让近代城市变得更有活力。随处可见的小商业增加了城市功能的多样性。小尺度密路网与开放的单元边界相辅相成，单元之间互相配合，对城市空间积极建构，里院街坊对城市空间的塑造能力是很强的。

3.4.4　里院小结：院落的延续与街墙的塑造

技术更新是突变的过程，而文化和思想的惯性是绵延不断的。里院最具有代表性地反映了西方的街坊被中国文化所消化转译的全过程。里院最核心的建构逻辑是营造了两套空间系统，分别满足开放和内向两个需求。其外部展现出围合特征，对外开放且有效塑造城市空间，同时其内部又以院落为核心组织空间，形成多个平行的院落系统，继承了传统城市丰富的内部世界，将以家庭为中心的合院转化为以邻里社区为核心的里院单元，内向性的空间文化在这个没有屋顶的"厅堂"中延续着，实现了与传统的对话。

3.5　非居住类单元——近代大院式园区的空间建构

近代大院式园区这种空间类型最主要的特征是以围合的大院形式组织多个公共建筑，从而形成特定的空间秩序。由于本书关注点在于具有城市空间塑造能力的空间单元，这种空间类型比独立式建筑更能够反映建筑与空间的组织关系，从而更有助于揭示传统院落空间在近代的演变。

3.5.1　大院式园区的类型提取

晚清民初时期，以半殖民地城市为开端，中国逐步走向了现代化进程，建立了一些官办的工厂和企业。这一阶段的商品经济不发达，为满足劳动生产的需求，大多数企业必须自建住宅等配套设施。例如江南机器制造总局（现江南造船厂），其在建立初期基本承担了住房、学堂等功能。在发展过程中不断占地，修建办公房舍、仓库、官员公馆、洋匠住楼、工匠住房和增建厂房。

　　不仅是洋务企业，各类民族企业在组织生产时也会考虑这一问题。如1914年塘沽的久大盐业公司、济南仁丰纺织厂等单位，也纷纷在厂区内兴建医院、住宅、食堂等福利设施。20世纪30~40年代，中国银行为其雇员提供住房、网球场、礼堂以及教室等，并将职员的日常生活绝大部分置于其协调之下，公与私、个人与职业的大部分界限都已荡然无存，其城市生活方式与1949年以后的单位有着惊人的相似❶。单位化社会在国内外均有出现，一般发生在工业化和城市化的初期，但所发展的深度和广度有所不同。在中国，这种单位联合体的模式在生产生活一体化方面比苏联走得更远❷。

　　由此可见，在近代中国工业化的初期，就已经出现了单位大院的雏形，并且其基本模式与1949年之后的范式十分相似。这里探讨的也是近代这一雏形的基本形态模式。形式上一部分要素与新中国成立后的单位大院相近，但"单位"并非近代时期的主流概念，并且为避免与单位大院的概念混淆，所以选择"大院式园区"来概括这一类型。

　　"中学为体，西学为用"的理念一定程度上映射在这类城市空间单元中。这种类型形式上以围墙围合出大院，与院落的原型类似，并且对于传统礼制所产生的轴线序列有很强烈的继承性。近代大院式园区的固化程度还远低于新中国成立后的单位大院，因此展现出更强的丰富性与多样性。典型类型可以分为政务类、办公类、新式教育类，以及工业类（表3-3）。

---

❶ 参考柴彦威，肖作鹏，刘天宝，等. 中国城市的单位透视[M]. 南京：东南大学出版社，2016中相关论述。

❷ 参考 Weiping Wu，Piper Gaubatz. The Chinese City[M]. Abingdon：Routledge，2013中相关论述。

表3-3 近代大院式园区分类及典型案例

分类	代表案例
新式教育、医疗 [中央大学旧址（现东南大学四牌楼校区内）] 近代新式大学主要以园区的形式建设，主轴线明确，且主楼及大门多为校园的标准配置。其中最重要的建筑分布于主轴上，其余分布于四周，颇具新中国成立后单位大院的布局风格。而建筑单体多采用西洋化风格与技术	 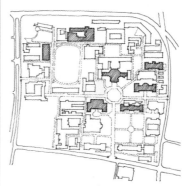
政府机关 （南京总统府旧址） 政府机关类的大院以南京最多，包含了军事机构、政务机构、研究所、文化机构等功能单位。园区布局基本延续传统的轴线关系，而建筑单体风格多变，以南京总统府旧址为例，经过清末和民初几个阶段的建设，建筑有传统样式也有西洋样式。但几次加建均在几条主轴线的控制框架内展开	 
工业 （福州船政局旧址） 工业类园区结合了功能性与仪式性。如1866年由左宗棠设立的福州船政局，工厂区、住宅区、政务区几个区域分区明确，并且各自按功能需求排布。其中与礼仪性相关的建筑体现轴线的控制性	 

将各类园区综合比较进行抽象，提取空间图式，如图3-65所示。

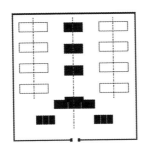

图3-65　近代大院式园区空间图式

　　轴线序列是这一类型的关键词，规模小的园区用一条南北纵向主轴来组织建筑和重点空间。其他建筑用辅助的次轴来组织，一般多条轴线呈平行的关系，也有部分呈现垂直的关系。围墙是另一个重要的空间元素，围墙划定园区范围，建筑退居围墙之后，围墙的形式呈现多样化。

　　功能分区可分为核心功能区、居住区、附属区。功能区（办公类的主楼、工业类的工厂）位于园区最核心的位置，常与大门和主轴搭配。居住建筑位居其后，构成前工后寝的格局。附属建筑位于园区外边围，多与围墙相接。

　　从城市角度看，园区之间的联系与互动较少，早期的园区多建于偏远地带，周边的城市环境比较荒凉，所以有扩展的条件，很多园区边界不规则，有些独立占据整个街坊，有些与其他园区背靠背相连共同构成一个街坊。

　　基于大院式园区空间的基本特点，在所调研的多个代表性案例中寻找并提取其在类型学方面的特征，并进一步从内部构造与外部关系两方面深入展开，以探求其空间机制及其与传统的关联（图3-66）。

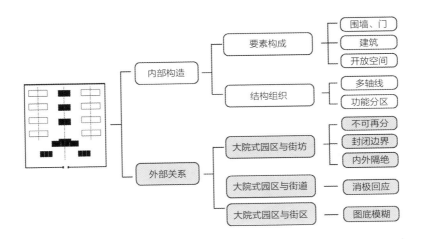

图3-66　近代大院式园区的建构机制分析框架

3.5.2 大院式园区的内部构造

3.5.2.1 要素构成

近代大院式园区的空间构成要素主要有围墙、门、建筑和开放空间四部分。

围墙 边界要素，限定园区的物质空间范围，形成固定领域。

门 边界上最为重要的形象标识，与围墙或沿街建筑相结合，是内部空间与街道接驳的端口。

建筑 园区内的主要构成，按不同功能设计，可分为厂区、办公区、居住区、配套区几种类型的建筑。

开放空间 园区内的户外空间，如重要建筑的前区广场或者是生活区域的休闲院落等空间。

（1）围墙

近代的大院之所以被称为大院，正是由于围墙的存在。清末民初阶段，新的空间类型涌入，模式尚未成熟，还缺乏经验和建设思路，多数由西方的建设技术主导，结合一定的中式建筑布局文化，而围墙的要素也是在摸索中慢慢稳定下来。

在清末民初的过渡阶段，以洋务运动为代表的中国资产阶级改良派开始了对西方现代化的主动吸收。江南机器制造总局就是当时模仿西式工厂建造的，建筑布局和功能设定均采用西式，但是围墙围合以及突出的大门这两个要素，依然能够明显让人感受到传统公建大院的空间特征（图3-67）。

此后随着现代化城市发展，更多的类型产生，新式学校、医院、政府办公楼等以建筑群形式出现的城市空间单元类型，大多被围墙所环绕。如北京协和医院，其病房采用西方的多翼走廊式布局，且功能上也参考了西方医院的模式，但整个医院仍旧被围墙包裹起来（图3-68）。

图3-67 江南机器制造总局整体被围墙包裹（左）

图3-68 1922年北京协和医院首层平面图（右）

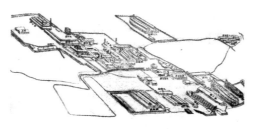
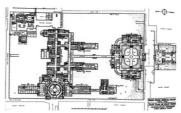

（2）门

门是这一时期非常重要的空间要素。它的重要性在某些具有特定功能的园区中甚至超过了围墙。在近代对于某些传统院落式公建的改扩建多从门开始，如南京总统府旧址，原址为清两江总督署，1929年拆除其辕门，新建了这座西式门楼（图3-69）。门并非仅仅一扇门，而是按照一座建筑来设计，与建筑一样具有相当的体量与功能。这座门楼有三段式的立面，拱券加柱式的细节均吸取了典型的西方古典门廊式建筑的风格，这与当时西方建筑文化的传入有很大关系。虽然造型上是西化的，但其空间观念上依然延续了传统的合院公建赋予门的象征意义。

门成为一个建筑园区的对外形象。由于建筑多是退居于大院之内的，门成为大院与城市相接壤的最直接的联系所在。此时的门成为院、府、园的前序标志。

新建的大院式园区也对门的设计同样十分重视，以新式大学校园的大门最为典型，如建于1933年的中央大学旧址（现东南大学四牌楼校区内）南大门，采用西方古典建筑样式，成为校园主轴线的重要标识。同样，金陵大学旧址（现南京大学鼓楼校区内）、金陵机器制造局旧址的大门（图3-70）等，也都成为重点设计的对象。

图3-69　南京总统府旧址门楼（左）

图3-70　金陵机器制造局旧址大门（右）

（3）建筑

现代化技术和西方文化与中国本土建筑理念发生碰撞，使近代的建筑具有几种中西方融合的风格：一是建筑功能排布西方化，但外观继承传统，如江南机器制造总局等；二是建筑风格与建设技术西方化，但总体布局延续旧制。如建于1907年的清陆军部和海军部，平行的左右两条轴线上的建筑均以对称式布局，沿南北纵轴线布置，总体布局沿用了传统方式。按照清《嘉庆会典》规定，各省文武公廨一般都设辕门、仪门、大门和大堂、二堂。从清陆军部和海军部的总平面图也可看出是依据传统的衙署布局来建设的，在建筑群落布局上遵循轴线等级与序列关系。但建筑单体风格吸收了西方文化的影响，采用了西式的三段式立面以及巴洛克的装饰线脚（图3-71）。

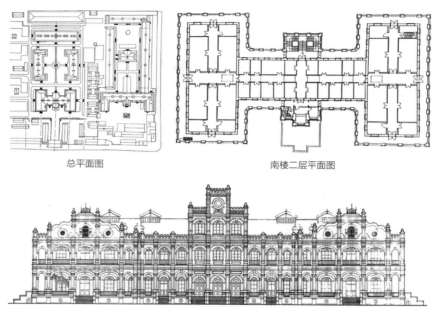

总平面图　　　　　　　　　　南楼二层平面图

南楼立面图

图3-71　清陆军部和海军部旧址（1906年）

（4）开放空间

开放空间一般为小型的广场，主楼前一般以圆形或方形的广场或景观来塑造仪式感，与西方用喷泉水景等圆形景观来营造重要建筑前的庄严与宏伟十分相似（图3-72）。这一手法又与中国院落的作用有重合之处，通过院落尺度的变化来衬托建筑的重要性。同时，广场上的景观元素多为对称

图3-72　中央大学旧址（现东南大学四牌楼校区内）大礼堂前的喷泉

布局，以完整的几何形居多，更加彰显主楼在空间中的重要地位。

某些前广场衔接了大门与主楼，在仪式性较强的广场前通常会设置林荫大道来连通大门，形成大门—大道—广场—主楼的序列空间，俨然是传统公建大院中的仪门—大门—二门的序列关系的转译。这些要素横亘在主轴线上，沿轴线展开。与传统城市空间类型不同的是，序列的营造不再依赖于墙和门，而是视野开阔的广场与景观，在这里广场替代了院落。

3.5.2.2　结构组织

清末民初时期西方科学技术刚进入中国，带来了强大的冲击，建筑布局在既有的礼制序列基础上产生的功能性需求复杂了很多。新兴的工厂、学校、医院等空间类型涌现，传统的小尺度院落布局很难满足需求，必须进行改变。

（1）轴线序列布局

传统官式建筑的轴线关系、等级秩序和部分建筑语言在这一时期的建筑布局中得到了延续。轴线序列的延续在研究所、行政机关、大学以及纪念性建筑群中表现最为突出。这一时期的大院虽然还未形成完全固定的空间秩序模式，但轴线序列一直被强化。

中央大学旧址（现东南大学四牌楼校区内）的轴线关系与传统院落式无异。中轴线南北向贯通，统领了整个大院的空间秩序，重要的建筑横亘在主轴线上，形成一进一进的空间序列层层展开。而主入口—前广场—主楼的前序空间，基本上奠定了新中国成立后单位大院的空间模式雏形。广东官银钱局旧址的建筑模式以功能性回字形建筑为中心，四周环以院墙，整体以两条南北轴线统领空间的布局；福州船政局旧址以功能性空间划分为先，各功能模块再以轴线进行组织（表3-4）。

（2）传统空间文化与现代功能之间的妥协与调和

传统空间文化对空间秩序的组织主要有三个特点：围合的边界、院落式布局、轴线序列。这三个特点在近代的大院式园区中有不同方式的延续：首先，围合的边界最简单地沿用下来，近代产生的新式大学、工厂、政务机构等均有围墙来围合；第二，院落式布局在这一时期的空间组织中换了种方式，新空间类型与新功能要求更大的建筑尺度和院落尺度，所以院落转换为较为宽大的建筑前广场或者建筑组团之间的绿地；第三，这一时期的大院式园区保留了轴线秩序，与新中国成立后建设的单位大院对于轴线的延续相同。

表3-4 平面布局中轴线控制的序列秩序

平面布局	案例特征	平面布局	案例特征
	中央大学旧址（现东南大学四牌楼校区内） 以中心连接大门的轴线为主，其他建筑平行于主楼，且形成多个次轴线。辅助功能的建筑退居外围		**国民政府外交部旧址**（现江苏省人大常委会办公楼） 一条轴线统领全局，串联起两座主要建筑及圆形的前广场
	南京总统府旧址 清代两江总督府延续下来的院落式布局和轴线控制原则，在民国时期加建的建筑顺应轴线关系扩展，并增加了多条次轴，与主轴呼应		**国立中央研究院旧址**（现中国科学院南京分院） 主轴上串联起主入口及入口前的大道，南北轴线延伸，与两条次轴呼应。轴线上的建筑及前广场均对称布局
	福州船政局旧址 前区为工厂，后区为学堂以及住房等，其中以衙署与天后宫构成的轴线对称最为严整		**广东官银钱局旧址** 中心钱币厂和银币厂形成院套院结构，办公区居前侧，与工厂分为两个区域，工匠房环绕四周

功能分区大体遵循前工后寝的模式，以功能性建筑为主，占据园区内最佳位置，而居住类和配套辅助建筑则居于靠近围墙的次要地位。功能需求较强的类型，如工业类园区，以功能优先，各区内适当考虑传统的轴线关系；功能需求较弱的类型，如学校、研究所等，以轴线礼制优先，功能上基本按重要性级别以中心向外围的顺序来安置。

西方工业革命之后，功能为先的建筑设计原则被吸收进来。现代化的功能对于传统中国来说是全新的，传统建筑形式已不能适应新兴的工业功能，所以在建筑平面上多参考西方已有的同类型建筑。如广东官银钱局、福州船政局、金陵机器制造局等工厂的厂房设计就是如此。虽然功能性增强了，但在面对文化的作用时，很多西方的建筑类型也遭遇了本土化的改造。

例如在19世纪末广东官银钱局的规划布局中，主要厂房借鉴了英国城市常见的四边围合的布局方式。由于造币的工艺流程要求较高，需要使用首尾相接的连续空间，所以为满足功能需求，形式上借鉴了英国伯明翰造币厂。但这种围合式的建筑在中国本土的改造中发生了改变，钱币厂和银币厂形成两座围合式建筑嵌套布置，与中国传统所习惯的院套院结构一脉相承。同时，在主轴线前序加入了大门，在四周加上了围墙，围墙形成了大院空间，这与英国的造币厂直接面对街道开放的形式是截然不同的，空间的组织逻辑发生了根本改变。像传统的院子一样，广东官银钱局旧址面向城市的依然只有大门（图3-73）。

英国伯明翰造币厂　　　　　　　　广东官银钱局旧址设计图

图3-73　广东官银钱局旧址的布局与英国原型的对比

西方移植而来的建筑类型在本土化的过程中做出的改变正是传统城市空间文化基因的作用力使然。在不影响使用功能的前提下，对传统城市空间的集体记忆又出现了。

3.5.3　大院式园区的外部关系

新空间类型的涌现，使城市空间类型的丰富性与多样性迅速增强，与传统城市由单一院落组成的形态不同，近代城市产生了多种单元拼贴而成的城市肌理。一个大院式园区根据规模和功能的不同，可占据局部街坊、整个街坊或者多个街坊。近代早期的园区多为新建，并且远离老城区，其周边的开发程度相对较弱，所以尺度较大，常常占据整个街坊（图3-74）。

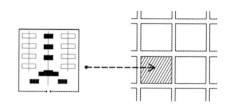

图3-74　近代大院式园区构成街区的层次

3.5.3.1　大院式园区与街坊

大院式园区内部按照自身的轴线秩序和功能排布来安置建筑，因此对街道界面形态的考虑比较少。并且以围墙作为外侧边界，无法为城市活力提供支撑，导致城市多样性和交往性不足。

如国民政府外交部旧址（现江苏省人大常委会办公楼）办公大楼所在的大院，占据了整个三角形街坊。由于建筑延续轴线传统，前后楼遵循了严格的纵轴对称关系，建筑居于地块的中心位置，前后均有尺度较大的开阔场地共同形成虚实结合的序列关系。但是站在城市的角度来看，建筑的布局并没有顺应街坊轮廓和街道的走向，高度上也缺乏统一的控制，又因为建筑与建筑的间隔很大，建筑隐在围墙之后，与城市街道之间有一定的距离，从街道上看形成断断续续的界面，街道空间并没有被限定出来（图3-75）。

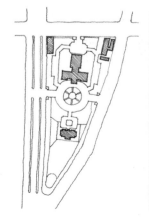

图3-75　国民政府外交部旧址（现江苏省人大常委会办公楼）所在街坊（建筑布局与街坊形态关联很弱❶）

---

❶ 平面图为20世纪30年代的建设状态，照片中半圆形建筑为后期加建。

大院式园区由于仅有大门对外，常常像一个悬挂在街道上的袋状空间。由于围墙的限定，使路径结构变成了树形结构，从大门进入内部路径系统后再通过内部的交通来继续深入，通向各处建筑。这种内外联系的效率是极低的，墙的存在限定了人的行为，并且产生了大量的内部道路，这些内部路与城市不直接相连，使用率较低，经常造成空间的浪费（图3-76）。

图3-76　凹入街坊中形成袋状空间的中华民国临时参议院旧址

3.5.3.2　大院式园区与街道空间

由于内部轴线秩序的主导性加之封闭的外围墙，决定了这种空间单元对街道的主动塑造能力是很薄弱的。气派的大门和封闭的围墙与城市街道相连接，内外的交流性非常弱。如中华民国临时参议院旧址的园区大门，将左右两侧的街墙打破了，大门的存在使建筑无法连续，形成了一个高度上的凹陷，造成了街道空间界面的断裂（图3-77左图）。

从形态上来看，围墙是面向街道的第一层级，而建筑在第二层级，削弱了建筑对于街道空间的塑造作用，缺少围合的街道使空间变得零散，无法形成适宜的高宽比。另一方面，建筑退居围墙之后，使建筑和围墙之间形成了一个夹缝，变成了园区内部的消极边角空间，经常用作停车区或者堆放杂物，造成空间的浪费。此外，不同的单元之间由于围墙的阻隔和尺度上的距离，失去了像欧洲的街坊那样互相配合的机会（图3-77右图）。

这种内部秩序主导的建筑布局满足了礼制和功能需求，但对于城市街道的塑造却是非常被动的。这种类型的城市空间单元经复制后形成的街道缺乏界面塑造，不适宜步行，久而久之成了纯粹的交通空间。

图3-77 大院式园区对于城市街道的消极应对

中华民国临时参议院旧址园区大门打断了街道的建筑界面

国民政府外交部旧址（现江苏省人大常委会办公楼）外界面的围墙及大门

3.5.3.3 大院式园区构成的城市街区

　　早期出现的大院式园区由于功能需求和尺度需求，选址偏远，周围多是未建设的土地，其规划的边界往往比较自由。如1865年清政府于南京聚宝门外建立的金陵机器制造局，为新兴的工厂类型，用地的边界十分不规则。从早期的照片资料来看，并没有整个园区的规划概念，只是依照功能从一角开始建设，并且仍然是传统院落布局，以封闭的院墙来面对城市。后期逐渐发现由于功能使用上的不便，吸取西方的建设经验，将小尺度的传统建筑拆除，于民国时期增加了很多厂房建筑。这种推演式的建设过程必然缺乏对城市空间形态塑造的考虑。

　　类似的问题也出现在校园规划中，以内部轴线秩序为出发点来做规划，从中心向外围推演，从而被动形成了园区边界，也就是断裂的城市界面。如岭南大学旧址、燕京大学旧址等校园规划（图3-78）均是以满足内部的轴线秩序为方案的出发点，而对于城市街道比较忽视。从燕京大学旧址规划总图中明确可见的纵横轴线是规划思路的核心，轴线序列反映了礼制方面的需

图3-78 1926年趋于成型的燕京大学规划图与鸟瞰图

求。但校园的边界却十分不规则，且用围墙封闭，与城市接壤的建筑也缺少界面的梳理。同时校园的尺度很大，围墙内均为内部道路，可达性较弱。形成的原因一方面是由于周围缺少建成环境，无法形成参照和配合；另一方面是缺乏对城市公共空间重要性的认识，而这正是传统中国所缺少的空间文化。

随着城市区域不断扩张，很多大院式园区所在位置逐渐城市化，但是空间的组织模式并没有本质改变，仍然是以围墙来面对城市的封闭式单元。这种城市空间单元最初的模式也决定了其内部会形成独立管理的地带，缺少与城市公共空间的交流，互相之间封闭的界面也无法产生形态上的配合。新中国成立之后的单位大院基本延续了这种建设模式。不可否认，这种模式受到了传统城市封闭文化的深远影响，其在近代和现代的逐渐固化与稳定也说明它符合中国本土文化的价值观。

3.5.4　大院式园区小结：围墙内的序列化空间建构

近代的建筑始终围绕中西合璧这一话题展开，建筑单体形式的西方化是明显且多样的，钢筋混凝土结合大屋顶等传统形式，抑或巴洛克风格结合中式装饰线脚等。但在对待城市空间的态度上，对西方文化的吸收更多地表现在居住类城市空间单元。而在公共建筑方面，传统的轴线序列和围墙仍然占据上风，在大院式园区空间秩序中得到了充分的体现。西方城市的街墙文化仍然没有被吸收进来。大院式园区这种空间单元所建构的城市肌理图底关系呈现出模糊零散的状态。

3.6　本章结语：中西方价值的结合——对城市空间做出回应

近代中国在被动西化的过程中，产生了一系列新的城市空间单元类型，独特的建构机制来源于中西方空间文化的巧妙结合。这种结合在住宅和公建两种建筑类型中有所差异。

（1）居住类单元：内外并重的复合空间建构

里弄和里院作为代表，展现了欧洲街坊的中国化过程，同时也完成了传统空间文化的近代延续。里弄和里院用不同的方式演绎了内外兼顾的空间系统，两种看似形态不同的城市空间单元实现了相似的空间价值，继承了内部的完整系统，同时也在一定程度上改良了营造外部的机制。外部开放界面实现了对城市公共空间的积极回应，明显受到了西方城市文化的影响；内部院落继承了中国传统空间的精髓，营造出丰富生动的邻里空间。外表看似西方化的城市空间单元实际蕴含着深厚的传统价值。

（2）非居住类单元：礼制序列的延续与现代化需求的调和

建筑群体的序列化与围墙化让我们看到近代城市仍然走在继承传统的道路上。在建筑单体满足功能需求的同时，建筑群体布局延续了传统的礼制象征——轴线序列关系。现代科学技术的"新"与传统空间秩序的"旧"在近代的大院式园区中进行了彼此的调适，并且成为新中国成立后单位大院空间建构的雏形。

（3）中西方空间文化的巧妙结合

中西方文化的碰撞造就了近代城市空间单元独特的魅力，帮助我们重新审视文化传统的重要价值。在日益开放的现代城市建设中，传统空间的价值以另一种隐性的表达方式获得了生命的延续。正如哈森普鲁格眼中的中国现代化进程：中国实际上一点也没有西方化。相反，它会大量消费西方产品——并彻底"消化"它们，用它们来建立一个新的世界—新的，但仍然是中国的[1]。

---

❶ 迪特·哈森普鲁格. 中国城市密码 [M]. 童明，赵冠宁，朱静宜，译. 北京：清华大学出版社，2018.

文化基因再现：现当代"院"的全新演绎

新中国成立后随着国民经济的恢复和发展，城市建设全面展开，大量的农村人口涌入城市。社会体制的改革使城市空间的类型也发生了改变，这种改变与近代西方影响下的改变又截然不同。这一时期，城市空间变得多样而复杂，中国城市空间建构的逻辑又以一种全新的面貌呈现。

4.1 现当代城市的变革

综观新中国成立后中国的城市化进程，大致以改革开放为界分为两个阶段。第一阶段是新中国成立后的起步阶段，1953年第一个五年计划确立了中国计划经济体制，城市建设方面的突出特点是资金尽可能集中，由国家统一安排与划拨。城市化操作的主体是政府，其动力主要是政治性与社会性，而非经济性。回溯传统城市的管理方式，计划式、分配式的城市规划逻辑一直是中国城市的显著特征，传统城市已然奠定了基调——城市是治国的工具，因此"分配式"与"划拨式"一直存在于城市管理的意识形态中。

在这一阶段，"单位"开始登上历史舞台，单位大院也在全国范围内大规模出现，成为城市的主要构成细胞。在计划经济驱动下，社会主义大家庭代替了传统的家族，单位大院也取代了传统合院。大院这个大尺度的集体空间内包罗万象，容纳了工作、居住、服务、休闲等生活所需的全部功能，继承了传统合院内向的空间传统，成为不假外求的小世界。同时，单位大院以大家庭的姿态管理着其内的"单位人"，单位也成为单位人的精神寄托。虽然从形态上看大院与传统的合院差别很大，但"院"的文化基因得到了隐性的延续。

第二阶段是从1978年经济体制改革至今，在市场经济和现代工业的冲击下，中国的城市化进程迅速加快，城市面貌产生巨变，涌现出许多新类型。摩天大厦组成的CBD、独立式地标建筑、大型产业园区、现代居住小区（以下简称"小区"）等城市空间单元在填补着亟待开发的闲置土地。传统合院和近代街坊逐渐成为历史，大量的现代主义建筑产品被引进。引进的西方产品被不同程度地本土化，建成品并非最初的西方原型，它们或多或少地被中国文化同化，成为中国式的空间产物。"中国空间"以一种看似全新的面貌出现。

4.2　现当代时期的城市空间单元

新中国成立后，城市空间单元多元化发展，从形态上可以归纳为两大类：一种是独立的标志性建筑，如文化场馆、摩天楼、商业综合体等；另一种是以单位大院、小区为代表的组团式单元。前者是图底关系中的"图"，承载吸引人的功能；后者是城市空间的"底"，占据大量的篇幅，决定了城市空间的基本肌理。居住类单元以小区为主要模式迅速扩展，成为主要的居住形态单元。非居住类单元以单位大院为主，其他现代主义的独立式建筑也相继出现（表4-1）。

表4-1　现当代城市主要的城市空间单元类型

	单元类型	主要分布	特征	产生背景
居住类	小区	广泛分布	传统文化基因再现：围墙、行列式、向心结构	受市场经济及土地改革的影响，结合西方邻里单位概念所产生的类型，在本土化过程中反映出一定的传统空间的当代表达
非居住类	单位大院	广泛分布	传统文化基因再现：围墙、轴线序列、院落、功能自给自足	计划经济的社会细胞和城市细胞，集体主义的空间模式，再现了传统的"大家庭"
	独立式建筑（文化建筑、摩天楼、商业综合体等）	广泛分布	互无关联的独立建筑	受现代主义发展的深远影响，追求自我宣言式的建筑表达

4.2.1 居住类单元

改革开放以来，小区席卷中国城市，成为新的主流居住形态。大量的房地产以大尺度、大街廓的方式开发，使小区也具有了"圈地自治"的特点，每个单元内部规划独有的公共空间与公共资源，使中国的城市片段化、单元化甚至堡垒化。小区在一定程度上延续了单位大院的形态特点，围绕内部空间秩序展开——相似的楼群、内部的中心、交通环路、围墙等要素都印刻着单位大院的空间特征，不同之处是当代住宅的私有化概念更加清晰，单位集体的概念转换为邻里关系。

小区在形态类型上主要有行列式、点群式、围合式等，总体的布局模式相近，外围有明确的边界，内部形成中心邻里空间，整体依然是向心式的秩序逻辑。小区是构成当代城市形态最普遍、最大量的城市空间单元类型，这种城市形态的形成与传统文化的影响密不可分。小区承载了大部分市民的居住需求，人们对这种形态的喜爱透着传统文化心理潜移默化的影响。

4.2.2 非居住类单元

（1）单位大院

新中国成立之初，单位成为社会经济的运行主体，由此产生的单位大院成为单位体制的物质空间载体，城市居民分布在各个单位大院中生活。这一阶段，单位大院成为国家政治、经济和社会结构的基本组成细胞和运行单元。这种形式是20世纪50年代意识形态的缩影，展现出计划性和独立性，单位大院提供一整套工作和生活福利设施，形成了一个个自给自足的社区单元，人群的划分也依托于单位组织。

单位像极了传统时代的大家族，不同的人群归属于不同的单位，同一单位的人其生活、工作、学习都在这个集体中完成。单位大院的物质形式也与此相匹配，一般具有明确的围合边界，形成封闭且独立的领域，像一个独立的城中城，仅通过少量出入口与城市街道等公共空间联系。传统的轴线序列和封闭的围墙等空间要素在单位大院中再次呈现。到20世纪90年代后期，虽然部分单元大院在市场经济体制的背景下有解体趋势，大院边界也逐步走向开放，但总体上看，它仍是构成当今中国城市最重要的城市空间单元之一（图4-1）。

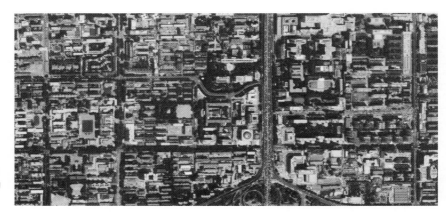

图4-1 北京城局部：
多个单位大院构成的
肌理

（2）独立式建筑：文化建筑、摩天楼、商业综合体等

中心区出现超大体量的商业综合体在中国城市中比较常见，这些综合体多以"内街"或者是"内中庭"的形式来组织店铺的布局，通常在功能上也是集购物、餐饮、休闲、教育于一体的综合场所，大多数中国人逛街就等于逛商业综合体，开车进入商场的地下车库，进入商场完成吃饭、看电影、购物、亲子教育、美容健身等一系列活动，这一套休闲娱乐的过程可以与城市空间不发生关系。而分散在街道两侧的小商业、小餐饮业似乎总是冷冷清清，不被青睐。

城市CBD如上海陆家嘴，由标志性的超高层办公建筑构成，城市空间单元表现为没有关联的独立建筑。成群的摩天楼是现代城市的代表。但巨大的街道尺度、快速的道路交通、单一的办公属性呈现出对步行的不友好，使这一片区缺少人文关怀。

文化建筑如博物馆，有些也被院墙围绕起来，或者是掩映在绿化隔离带中，如上海人民广场绿荫中的上海博物馆，或者是各城市新区的美术馆、博物馆也是如此，远远地退到街道隔离带之后。这些文化建筑也充当了地标的作用，宏伟是关键词，如辽宁省文化场馆群——省博物馆、省图书馆、省科技馆、省档案馆等。这种以设立体形式出现的公共建筑，占城市空间的一小部分，是图底关系中的图类城市空间单元，并非城市空间的主要构成单元。

4.2.3 小结：现当代城市空间单元类型筛选

（1）居住类单元的选取

当今多元的城市空间类型中，单位大院和小区最具有典型性。小区无疑是居住类空间单元的代表。它是现当代中国城市形态的主要构成，且小区的类型学特征十分明显。

（2）非居住类单元的选取

单位大院作为非居住类单元的代表类型，是新中国成立后城市中的主要构成。虽然单位大院也包含了居住功能，属于混合性的单元，但其以非居住功能为主，故被归为非居住类单元。

这两种空间类型的产生时间虽然不同，但却是塑造现当代城市形态的关键要素。通过对这两种空间单元的深入解析，能够让我们看到内向性空间文化在现当代的重新演绎。

4.3　居住类单元——小区的空间建构 ❶

改革开放后，城市中最主要的空间单元就是小区。近三十年来，作为商品房的封闭式小区几乎发展成唯一的住宅形态，也是中国城市建设的主要模式，一种新的空间类型在改变着中国城市的样貌。

4.3.1　小区的类型提取

门禁社区是一种全球性的居住现象，世界各地的门禁社区所呈现出来的相似形态特征使其成为空间全球化的又一典型案例。这种居住产品在我国通常被称为"小区"。"从1991到2000年，上海83%的居住小区均以某种方式被封闭起来，同期我国广东省封闭了54000个小区，覆盖70%以上城乡面积及80%以上人口。"❷小区也与单位大院的规划理念一脉相承，均以独立完整的内部系统来组织空间。小区的行列式形态不仅成为郊区新建大型住宅区的标准形式，同时也是老城区传统住宅、工人新村的主要形态。

小区最早是从西方引进的，20世纪80年代初在美国开始出现，在我国几十年发展过程中，接受度非常高，扩展速度远超过美国，大多数城市的居住形式均以小区为主，已然被转化成了中国式的居住产品（表4-2）。我国的小区在本土化过程中形成了自身的特点，表现在空间形态、人群结构以及功能使用、管理方式等诸多方面，也体现在发展过程中使用者对这种空间类型的主观态度。

---

❶ 由于本书第2~4章均以居住单元在先，非居住单元在后的叙述顺序展开，且各章的结构保持一致以便于横向比较。故本章也先以居住单元（小区）进行讨论。但小区的产生时间晚于单位大院，因此在本部分的论述中会提及单位大院的一些产生背景。

❷ 缪朴.城市生活癌症——封闭式小区的问题及对策[J].时代建筑，2004（5）：46-49.

表4-2 小区的典型类型

类型	平面布局	轴测图
行列式高层小区： **北京通州新城高丽园** 南北朝向和围合中心是小区规划的主要原则，边围以围墙或底商环绕，对内部形成保护。高层小区建筑间距较大，且多呈错位排列		
行列式多层小区： **上海浦江镇茉莉公馆** 多层行列式小区，建筑间距较小，总体依然遵循南北朝向和围合中心的原则。多层行列式的建筑体量尺度更为灵活，因为空间利用率不如高层，所以近年多应用于城市外围区域		
点群式别墅小区： **上海碧云别墅** 别墅小区由点式低层独栋建筑组成，排布更为灵活，城市空间单元的整体感较弱，但同样会营造中心景观，小区环境较为私密，边界多被浓密的绿化环绕，领域感和神秘感更强		
点式高层小区： **沈阳克莱斯特国际花园** 点群式高层与行列式高层布局相差不大，因为建筑体较高，间距较大、交错布置。建筑单体平面呈向心式结构，边界与内部高层建筑体量差异较大，很难有机融合		

小区的本土化差异很大程度上受到了传统文化的影响，门禁社区不应被认为是20世纪新出现的现象，早在里坊制时代的中国，已经将居住区围以高墙。从文化的角度来看，"小区"是中国传统空间的一种透视。不同地域不同类型的小区，总体上的空间组织方式是统一的。

综上所述，总结出小区的空间图式，如图4-2所示。

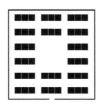

图4-2 小区的空间图式

首先，不同造型的点式或板式的建筑单体成为小区的基本构成要素，同一个小区内的建筑造型趋同；其次，这些建筑单体遵循严格的南北朝向，以效率化的方式排布，局部删减或增加楼栋，以形成中心邻里共享空间；最后，靠近外部街道的建筑很少形成连续界面，整体以围墙或局部设置底商作为小区边界。气派的小区大门作为内外的唯一接口，从大门进入后，内部以独立于外部城市空间的树形结构路径组织交通。

小区大多占据整个街廓，其内部空间结构的组织模式较为固定：小区内部单栋建筑形式可分为点式、板式等，根据日照和容积率需求，以高效率的行列式布局，同时共同围合共享的中心开放空间。以围墙或者底商将小区围合起来，内部独立的路径系统组织交通，形式突出的出入口大门象征着小区内部业主的权力，内部造型得到充分的关注。通过对小区单元的内部构造和外部关系的深入解析来进一步呈现其建构逻辑（图4-3）。

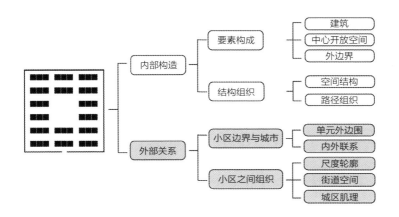

图4-3 小区建构机制分析框架

4.3.2 小区的内部构造

4.3.2.1 要素构成

小区内部构造简明清晰，主要由建筑、中心开放空间和外边界三种要素组成（图4-4）。

建筑——住宅 小区内部的主要实体要素，居住建筑多为板式、点式，服务设施形态灵活。

中心开放空间——绿地、景观 小区内最重要的中心共享空间，供邻里居民休闲活动。

外边界——围墙、底商 小区的内外边界，外边界设置的出入口大门成为小区的标识。

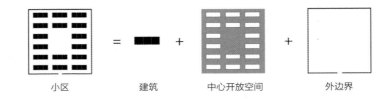

图4-4 小区要素构成总览

小区　＝　建筑　＋　中心开放空间　＋　外边界

（1）建筑

小区内的建筑形态大多以某种标准类型进行复制。以平行排列的板式住宅或围绕核心筒的塔式住宅为主，其中板式的居多，建筑的布局根据日照排列，保证空间利用率最大化。由于是单元拼合，所以灵活性很大，在适当的位置增加或删减单元，可以形成长短不一的建筑单体平面。建筑布局多为南北朝向。户型成为一个小区评价指标里的重中之重，户型在当前房地产市场上常常以几室几厅几卫的形式来描述，结合其面积、层数等指标，成为当今人们对住宅的基本描绘方式。建筑的造型优劣以及小区布局等要素的重要性则远远排在户型之后。

由于户型的重要性，户型成为建筑形态的主导，大多数的建筑平面是由内而外生成的，即先确定户型产品，再由户型进行组合。点式住宅多为一梯三户或者一梯四户，板式住宅拼合成单元后再进行平行复制。无论是点式或是板式，建筑的外轮廓多为不规则几何形，凹凸不齐，平面轮廓完全由内部空间需要来决定，主要是各房间的采光通风、尺度进退等因素，为了满足条件，造型上甚至形成很多狭窄的天井和凹槽（图4-5）。

上海华丽家族花园（高层）

1. 起居室
2. 卧室
3. 厨房
4. 厕所

上海纯翠苑（多层）

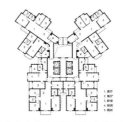

上海东方曼哈顿世纪豪庭（高层）

图4-5 板式与点式
住宅典型平面

这种复杂的平面轮廓带来了立面造型的繁复，导致住宅的立面通常会牺牲美学逻辑，完全被平面需求所左右。另外，由于住宅的层数多由规范指标来确定，所以同一个立面造型做好后，在中间的标准段增加几层或者减少几层即可完成其他的建筑立面，同一个小区中不同高度的建筑共享相同的立面造型，只是层数和单元数不同。并且建筑立面的颜色、材料、造型等都是相似的，小区的标识性与整体性比较强，即通过大量相似建筑来营造群体印象。这种手法与传统建筑如出一辙——建筑之间造型相似，而塑造重点体现在群体组织。不同小区之间的立面会有明显的区分，有时候在同一条街道上可以看到同时出现多个形态差异很大的小区，使街道界面显得有些割裂（图4-6）。

图4-6 小区内趋同
的建筑造型

　　将中国主流的小区住宅建筑与西方的住宅建筑进行对比可以看出，中国住宅建筑形式表现出对城市美学品质的消极回应。西方的临街建筑用精美立面朝向城市，为此可以牺牲建筑内部的功能。如欧洲城市中住宅的窗是同样大小的，这是为了使朝向街道的立面具有规律的节奏。从城市视角出发来设计建筑，很少受限于建筑使用功能的约束（例如将卫生间的窗户缩小等），建筑立面的形式逻辑并不以满足功能作为首要条件。西方的建筑在城市设计层面会对檐口高度进行统一，实现近人尺度的街道界面的整体性，呈现出较高的美学品质。这些建筑设计的出发点更多是站在城市空间的视角来考虑的。

　　中国的住宅正相反，首先，住宅建筑常常被设计在围墙之后；其次，住宅的立面大多根据功能需要而来，不同的采光、通风、节能等需求决定了建筑立面的凹凸以及开窗尺度；最后，建筑缺乏城市设计层面的控制，对于塑造街道空间的界面缺少营造，大多被围墙阻隔，对街道封闭。建筑互相之间缺少配合，如立面的划分、高度的控制、转角的变化等，都较为被动，呈现出以功能和空间利用率优先的组织模式（图4-7）。

图4-7 中西方住宅建筑设计对城市空间的回应度比较

上海典型街道：内部功能主导的立面　　　　斯德哥尔摩典型街道：美学主导的立面

（2）中心开放空间

　　小区无论规模大小，在中心永远会保留一块儿绿地，作为小区的共享中心，尺度形态各异，根据小区具体情况呈现出多样性。中心开放空间在小区内的地位堪比古代的庭院，对它的营造也成为小区设计的重头戏。几乎每个小区的中心开放空间都倾注了设计师大量心血，在选购住宅时开放空间的绿地景观也是很重要的考量因素。绿地景观形态多样，基面形状大多不规则，绿地的边围是模糊的界限，总体上被住宅楼环绕，住宅楼是一栋一栋的，形成了中心绿地四周不连续的边围，开放的边界保证了每栋住宅楼都有贯通的路径可以到达中心绿地。

　　中心开放空间大多包含几个要素：硬地区域，配有休息座椅等设施；绿地景观，包含植物、草坪或者水体等景观元素；运动设施，包括健身器械或者塑胶跑道等。图形的设计是重点，经常采用复杂的曲线造型将绿化、水体、硬地、连廊、游乐设施等元素整合进来，极尽造型手段，可见中心开放空间在小区中的重要性。小区会将这个 "中心" 进行扩展，不仅仅是绿地景观和活动场地，围绕中心的开放空间会增加健身会所、幼儿园、社区服务站点等多种功能设施（图4-8）。

景观水体（上海瑞虹新城二期）　　　硬地区域（上海建设新苑）　　　　健身会所（上海大华碧云天）

图4-8　小区中心开放空间丰富的要素

　　广场、绿地、游戏场、运动场、会所等公共设施被圈在围墙里，成为邻里之间专属的服务，这些设施具有城市公共属性，原来外部的公共生活被 "赶进" 小区内部。由于小区内部使用人数有限，对激发社会各群体的交流是不利的，这种做法与传统合院的逻辑相承，追求内向发展的丰富空间。而与传统不同的是，小区内部的共享空间所服务的对象由家庭变为邻里，使邻里空间获得了准城市意义。

（3）外边界

①围墙

　　围墙作为小区面向城市的主要边界，其形式多种多样，凝聚了设计意义。现今大多数的围墙都是栏杆或者绿篱等形式的，少数配以实墙面。围墙高度多在2~3m，与古代的合院外墙尺度相似，完全超过人的高度。由于大多数小区都是高层住宅，小区内的住宅依旧会透过围墙与街道产生视线交流。从城市空间来看，围墙在建筑和街道之间筑起了一条线，这条线从城市形态上来看是很弱的，对塑造空间所起的作用远不如建筑实体，但是这条线却使小区和城市之间的到达路径、空间序列完全改变了，原本可以直接面对街道的建筑被围墙阻隔，使得建筑的出入口均朝向小区的内部空间，而非城市空间。人们从自家的私密空间通往街道所经过的空间层次变多了，使建筑的城市性减弱（图4-9）。

②**底商**

有些小区将围墙进行了"改良"，以单层或双层的底商建筑取代了纯粹的围墙，将原本冷漠的围墙赋予了一定的商业功能。在形态上看，底商似乎显得有点多余，严格的南北向建筑与不受朝向影响的带状商业结合，像是小区建成后被动加上去的"括号"，并非整体统筹规划的结果。商业设施一定程度上抵消了由围墙和大门带来的视觉上的屏障效应，隐藏在带状底商后的小区的封闭感减弱了，同时底商的存在给小区的建筑群体增加了商业服务功能，更能增加城市活力。但由于底商建筑低矮，与后面的高层住宅鲜有联系，在形态上难免牵强，对街道空间的塑造依旧很弱（图4-10）。

图4-9　沈阳某小区围墙作为小区边界（左）

图4-10　上海某小区以底商作为小区边界（右）

从传统城市中可以找到一些根源，在唐宋城市变革中，开放的街市逐渐取代了封闭的坊墙，但是在沿街店面的背后，紧贴着店面的依然是高墙所围合出的四合院，是围墙而非住宅本身直接面对街道，表面上看起来热闹的街市其实也是一层表皮，与内部结构是脱节的。与今天的小区底商做法如出一辙，沿街的商业界面与住宅建筑的关系只是生硬的叠加而非有机的结合。

③**大门**

小区被封闭的外边界包裹，内外联系仅通过小区大门。所以大门成为内外交流的必要接口，地位十分重要，是领域的象征，也是小区的"门面"，大门造型似乎比建筑立面更为重要。这种现象不仅出现在20世纪90年代、21世纪早期的小区中，在近年新建的小区也同样延续着这种风格，模式上没有过多的改变，只是大门的造型逐渐现代化（图4-11）。

沈阳兴东苑（2000）

上海建设新苑（2005）

上海大华碧云天（2019）

图4-11 小区气派的大门造型

　　小区大门气派的造型和夸张的体量早已超过了它本来需要承担的功能，有些大门甚至有2~3层楼高，宏伟壮观堪比单位大院。守卫森严程度与小区的价格成正比，成为小区展现自身价值的窗口。大门对内部居民来说是一种象征，是物权占有欲的体现，对外部居民来说是一种排斥和区隔，营造距离感来阻隔陌生人。此外，大门为到访人员提供标识性，由于进入小区必须先通过大门而非直接进入建筑，找到小区的入口十分重要。大门同样容纳了门卫、保安、停车管理、收发快递等功能，其内容远超过一个普通的出入口。大门逐渐建筑化、功能化，也包罗了许多精神意义。

　　类比传统空间中的院门，其意义同样非凡。古代的院墙高筑，内部的建筑对外不可见，外面的人识别各家各户主要通过院墙上的大门。如徽州民居，每家的财力地位都体现在大门的装饰上。由此衍生出多种级别、多种形制的大门做法，小区大门也是如此。"门"作为贯通与分隔内外两个领域的重要元素，在空间文化中占有重要的地位，对大门的重视从古代合院到里弄、单位大院、小区均有所体现，一直延续至今。

4.3.2.2 结构组织

（1）空间结构

　　小区空间布局简单明确，纵观中国各个城市所开发的小区，其空间结构大多采用固定的模式。小区的空间构成总结为三个主要步骤：首先，点式或板式的建筑单体以行列式布局形成组群，建筑单体的排列依赖经济最大化原则，地块的容积率和日照要求是最直接的影响要素；其次，在行列式基础上，中心部分减掉几栋，形成中心开放空间，成为社区邻里的共享中心；最后，是边界围合，边界可以是围墙或者底商的形式，将小区内的居住建筑包裹起来，形成完整的街坊单元（图4-12）。

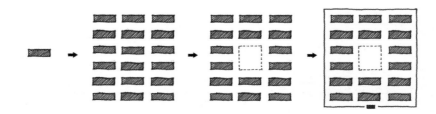

图4-12　小区空间
结构生成

①行列式布局

总体上看，行列式布局原则被广泛应用于小区规划中。在行列式的大原则下，为避免单调和枯燥，设计师也会对行列式布局进行改良，将横平竖直的建筑进行弯曲或者扭转，产生形态造型上的变化来增加空间的丰富性。由于传统建筑坐北朝南根深蒂固的范式，已经超越了单纯的日照通风需求，成为一种空间文化，在潜意识上形成惯习来指导实践。这种朝向的需求始终影响着中式空间的布局，尤其是住宅建筑，而行列式布局刚好以最简单的方式迎合了这种朝向范式，成为小区布局形态的最主要方式。行列式布局对于城市空间的塑造显然是不足的。严格的南北向行列式布局形成了大量东西向的山墙面，导致城市界面断断续续，对街道空间缺乏限定（图4-13）。

图4-13　小区的行
列式布局

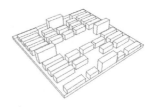

上海浦东新区　　　　　　　茉莉公馆小区　　　　　　小区轴侧

②形成中心

小区的中心区域通常会予以留白，形成开放空间。多数是以中心绿地的形式出现，供小区内居民休闲活动。中心空间是整个小区的灵魂，其地位堪比传统合院的院落空间。小区内的建筑布局都会受到中心空间的影响，像无形中的磁铁，吸引着建筑形态来迎合中心。

如青岛的湖光山色小区就是一个典型的建筑被中心"吸引"的案例。靠近湖水的内层建筑均朝向中心微微偏折，形成了放射状的圆形，围绕着中心景观，在湖水的边缘点缀了幼儿园等服务设施，与湖水结合形成共享空间。湖水作为中心空间是一个可见而不可达的虚空，像古代园林的中心景观，环绕而行却无法深入其中（图4-14）。"中心"已经成为文化符号，它的价值被推上了神坛，对中心的追求不仅是物质上的，更是心理上的。

图4-14　整体布局形成中心（青岛湖光山色小区）

③边界围合

封闭式的小区是当今我国大多数城市居民的居住方式。在美国起初仅为了安全而实施的封闭社区在中国被广泛推崇，但封闭是否真的对防范犯罪起到实质性的作用至今争论不一。在增加了封闭围墙之后有些社区确实犯罪率下降了，但这不仅得益于围墙起到的作用，更多的是因为安保监视巡逻的作用，所以围墙除了物理的隔离之外，提供的更多的是心理上的安全感。

小区的外边界有两种形式，即围墙或者底商，将小区内部的居住建筑包裹起来，设置出入口与城市相接。其本身的体量对空间的塑造很弱，但对限制行为路径和心理归属的作用却很强。小区有了围墙后，实现了内部独立，为内部的丰富世界加上了一层心理防护。

（2）路径组织

小区内部的路径系统独立于城市，自我闭环，仅通过出入口与城市街道相接。封闭式的小区对于城市社交生活显然是不利的，街道是我国城市公共空间的主要形式，要增加街道的活力首先是增加步行入口，让小区内的居民以最方便快捷的方式来到街道，完成城市性活动。美国城市设计理论家雅各布斯认为："最好的街道在它们的边缘上都有一种透明感。"但封闭的外边界将这一透明感大大地阻隔了。

围墙圈起的内部交通又一次形成了树形结构，小区环路就是通往城市的树干，连接着作为"枝叶"的宅间路。每个居民从自家的私密空间到达街道需要经过家门—单元门—小区门等一系列的空间序列，增加了步行的长度和所经过的空间层级，降低了便捷性（图4-15）。有些居民楼紧邻着街道，但由于有了围墙，出入口又很少，街道成了"可见不可达"的区域。经常会看到在同一个围墙两侧有两条平行的道路，一条是城市街道，另一条是小区内部道路，这不仅造成了浪费，也使建筑离城市更疏远了。这些冗余的隔离对内部的私密性是有利的，但对城市空间的塑造是消极的。

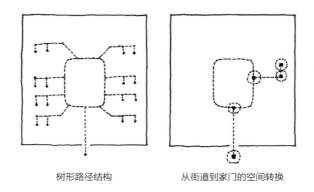

图4-15 小区内部路径系统

树形路径结构　　　　　从街道到家门的空间转换

综上所述，小区的空间结构以行列式为主，中心营造极为丰富，突出内部世界的重要性，以一种新的看似现代的形态展现了对传统文化基因的继承。其严格的南北向行列布局、中心的营造、封闭围合的边界、一应俱全的服务设施都在努力建立一个独立于城市的内部系统，这也是对传统内向秩序的重新转译。

4.3.3　小区的外部关系

小区是当代城市中最普遍、数量最多的构成单元，不同于传统和近代的小尺度地块建设，追求效率的当代城市中多是大街廓、大地块统一开发，使多数小区占据了整个街廓，尺度巨大且封闭，形成独立的城市空间单元（图4-16）。封闭的小区单元以同构的方式在城市中复制，各自内向发展而忽略了对城市空间的塑造。

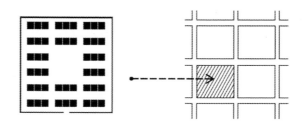

图4-16 小区街坊的构成层次

（1）小区与街坊

作为城市空间的基本构成单元，小区呈现出与城市空间被动相接的形态。单元内的建筑远离街道并被围墙隔离，围墙和底商跨越了建筑实体成为第一层屏障。墙体限定了人群的流线、空间层次、使用路径等，但墙体由于是非实体要素，对三维空间的塑造效果很弱。建筑退守在围墙的保护之内，本应承担的塑造街道空间的功能似乎被弱化了。同时，小区内建筑单体的形态布局遵循内部秩序，如经济效率与日照要求、南北朝向以及围合中心绿地等，为了满足这些条件，建筑单体的布置常常忽视了城市空间的形态。尤其是与街道接壤的边界部分。例如前文提到，许多小区的建筑单体会进行弯曲和扭转，以形成丰富的形态。但这些扭转从建筑黑白图看来是明确的向心秩序，但若将其置于城市环境中，作为城市中的一个构成单元，其建筑形态与街道空间形成了多个夹角，很生硬地与街道直接相连，并没有照顾街道空间界面的完整性。

由于我国小区占地面积大，为节约门卫成本又必须减少开口，通常沿小区的商业街道每隔150~200m才会有一个道路交叉口，如果是非商业街，道路交叉口之间距离有时可长达500m（即整个小区的边长），所产生的如堡垒一般的封闭体，将城市空间割裂，阻碍了街道脉络，使城市居民到达街道的便捷性降低，进而降低了城市的活力。

（2）小区与街道空间

大量的如城中之城般的封闭小区将城市占领，一个小区内多则容纳几千居民，大量的居民被限制在封闭的城市空间单元中。小区外大量封闭的围墙，将内部居民与城市街道连接的行为流线阻断，导致即使在城市人口密度较高的中心区也出现了无人行走的街道。此外，小区的建筑形态各自为政，难以形成连续而清晰的街道空间。建筑越是贴近地块边界，越能更好地塑造街道，街区的公共性也更强。而小区的建筑多是向后退，与地块边界之间形成较大的空隙，这些空隙造成了城市空间的瓦解，街道缺少了边界的限定，空间就变得松散，失去了宜人的尺度和形态，更难赢得人们的青睐（图4-17）。

图4-17　小区围墙
外无人行走的人行道　　上海真朋路人行道无人使用　　上海场联路某小区外无人行走的
人行道　　上海瑞虹新城小区外人行道旁
被车占领

　　由于单元本身内向发展，每一个都是完整而独立的，缺少了单元与单元之间的互动，使单元之间的街道在尺度和形态上也都少了很多限制。当代城市漠视步行空间而着重发展车行交通的主流思想也是产生街道问题的原因，加上小区多以大街廓、大路网开发，反过来迫使人们更多依赖车行，使步行空间更加被忽视。甚至不少居住区围墙外缺少公共功能，久而久之被停车占用，使街道空间对行人更加不友好，由此造成恶性循环，使街道活力进一步丧失。

（3）小区构成的城市街区

　　从前所述的小区空间结构可以看到，首先满足的是内部秩序，而对外部秩序漠不关心。如从沈阳浑南新区大量并置的居住小区所形成的城市肌理中可以清晰地发现，单元各自围绕中心，环以封闭的围墙，营造一个个城中之城。单元与单元之间被宽阔的道路隔开，并且街道的两侧建筑界面几乎没有任何关联：一侧是绿地，另一侧是东西向大量的山墙面形成的断裂的城市界面，或者一侧是行列式形态，另一侧是点式排布，单元形态之间缺少配合与对话（图4-18）。

图4-18　多个小区
并置所形成的肌理
（沈阳浑南新区）

从社会层面来看，中国城市居民缺乏一种视城市公共空间为己有来爱护的意识，公共意识的缺失导致人们对公共空间的公有本质看得很淡薄。小区为居民提供了活动场地、景观绿化（甚至是健身会所和幼儿园等），供内部人员使用。个性化和多样化的空间实践更多地存在于单元内部，导致城市中的广场和公园缺乏关注和建设，公共空间的消退和萎缩进一步助长了单元内部的发展，如此产生了恶性循环。没有连续的建筑界面来限定，街道空间也无法识别，以致更大范围的图底关系模糊。

当代小区内向封闭的特质决定了空间单元的外部关系必然是消极的，单元面向里而背朝外，多个背朝外的单元并置在一起，互相之间缺少配合，缺少交流，各自的形态各自营造，缺少联合起来为城市服务的态度。这种内向的城市单元显然没有对建构城市公共空间起到积极的作用。

4.3.4　小区小结：以邻里为核心的城中堡垒

小区这种类型展现了空间单元对内部秩序的执着追求，是传统空间本质的一种当代再演绎。小区内部的向心、封闭等属性映射出传统合院的影子，内部秩序的独立与完整性使空间向内发展，而忽视了对城市的塑造作用。传统以家庭为中心的院落空间转变为当代以邻里为核心的小区单元，以具有一定城市性的丰富内核（中心开放空间）再现了传统院落的精髓。内部自给自足的小社会失去了为城市服务的机会，形成了互不交流的城中堡垒。

4.4　非居住类单元——单位大院的空间建构

单位制是中国计划经济时期社会运行的最主要组织模式。单位作为一个社会体，内部形成了自治性，这种封闭而自足的集团成为当时社会结构的主要构成单元，而单位大院正是这种社会单元的物质化表达。单位大院在几十年发展中形成了特定的形态类型特征，这种类型从某种程度上反映了现当代中国城市环境的空间文化特质。

4.4.1　单位大院的类型提取

新中国成立初期，单位成为计划经济制度下的特殊产物，单位大院成为国家政治、经济和社会的基本组成细胞和运行单元。"单位"顾名思义就是一个个的单元，以单元的逻辑来组织社会运转。在当时的城市社会结构中，几乎每个人都隶属不同的单位，单位不仅是工作的地方，也是集众多功能于一身的城中之城。

　　单位大院承载着国家自上而下的宏观秩序，是国家联系个人的中间纽带。单位就像是一个大家庭，其中的成员在社会、政治、经济各方面对其有强烈的依赖，在空间上体现为一个独立的自治体，其内部具有系统性和完整性，互相之间彼此割据。

　　单位根据形制可分为国家机关单位、事业单位、企业单位、军事单位等，根据建制和占地规模又可分为大、中、小不等。具体来看，表现为各级政府的党政机关、科研院所等研究部门、大专院校等教育单位、医疗卫生机构、军事大院、工厂等生产单位，等等。对各种功能的大院进行列举后对比可知，功能性质完全不同的单位大院，存在着相似的空间布局（表4-3）。

表4-3　单位大院的典型类型

类型	平面图
学校大院 　　各大专院校自新中国成立以来基本保持着最初的空间状态与运作模式。西安交通大学的布局较为典型，主楼、礼堂等重要建筑横亘在中轴线上，两侧布置次要的行政楼及教学楼。围墙环绕，封闭内向	 西安交通大学
机关大院 　　机关大院整体形象更为庄严，中轴线明确且不可撼动，主入口与中轴线相对，营造较强的礼仪性。前侧为行政区，后侧为学员区与教授寝区。整体空间具有朝向中轴的"势"	 北京某机关大院

类型	平面图
工厂大院 　　工厂大院的礼仪性较弱。右图北京某拖拉机站大院的南侧是生产车间，依然是轴线对称布局，北侧和东侧是起居生活区。整体较为低矮，以行列式建筑为主	北京某拖拉机站
企事业单位大院 　　右图沈阳某设计研究所规模较大，布局较为复杂，整体以行列式布局为主，以东西分区，东侧为工作区，西侧为居住区，中间穿插服务设施，大门朝向东侧，与主楼轴线垂直	沈阳某设计研究所

　　单位大院的空间类型较为复杂，变化也较大，总结共同的秩序特征，提取单位大院的空间图式，如图4-19所示。

　　单位大院根据规模可以分为整体型和分区型两大类。整体型大院将工作、生活、服务等全部功能集中设置于同一大院中，被院墙限定，基本规模较大，内部分区以模块化形式组合，不同功能和性质的大院模块的数量和规模不同，最主要的是工作区（根据工作性质不同分办公、科研、教学、生产等）与生活区两大部分，其余辅助配套点缀在生活区和工作区内，或是分布在两大区域的侧面。分区型的大院整体布局形态与整体型的相近，只是其中被一条或多条城市道路分隔开，呈现出多个区域（主要为工作区和生活区）的布局形式。

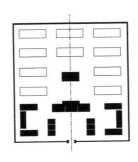

图4-19　单位大院的空间图式

单位大院的基本特点概括为：一个高墙围合下的自治秩序空间，内部具有完整的建筑布局系统，并且围墙提供了封闭而安全的领域边界，使内部能够按照单位自身的意愿自由发展。单位大院内部两个主要部分是工作区和生活区，其布局上也围绕这两部分展开，内部秩序的组织具有明确的轴线，重要建筑以中轴线布局，次要附属建筑分成组，或形成小轴线，分布在后侧或两侧。在建筑之间必要的位置设置广场等开放空间。主入口十分突出，一般靠近工作区，与工作区的主楼、广场结合，形成仪式性入口。其内部秩序塑造了一个系统化、等级化的集体主义小社会。

单位大院的外部以封闭的姿态面对城市，与城市之间缺乏联系，大院之间也缺少互动，呈现各自为政的状态。有些独立占据整个街坊，有些与其他大院"背靠背""肩并肩"相连，共同构成一个街坊，还有些不规则形状的大院被其他外部的城市建筑包围，以"斑块"的形式镶嵌在街坊中。

基于此空间类型的基本特点，本书在所调研的多个代表性单位大院中寻找并提取其类型学特征，并进一步从内部构造与外部关系两方面深入展开（图4-20），以此揭示单位大院的空间文化及其与传统的关联。

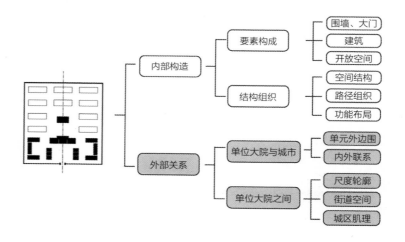

图4-20　单位大院建构机制分析框架

4.4.2　单位大院的内部构造

4.4.2.1　要素构成

单位大院主要由围墙、大门、建筑和开放空间四部分构成。

围墙　最外围的边界要素，限定大院的物质空间区域。

大门　单位大院的主要出入口，多与围墙或沿街建筑结合设置，是大院内外的主要联系途径，也是单位大院的形象所在。

建筑 单位大院内的主要实体，根据功能不同有多种类型，最主要的是工作区与居住区两大区域的建筑，其中工作区的主楼是单位大院中最重要的，也最有特征性的。

开放空间 单位大院内的外部空间，如广场、绿地、活动场等，与建筑实体结合布置，形成模块化的组团。

（1）围墙

单位大院最显著的特征是围绕的高墙。其最初的形成是从土地划拨开始的，给不同规模、不同性质的单位划拨城市土地，用围墙将土地圈起来，划定出权力控制的领域，再在院内进行工作、居住等功能建设。在这些墙体所划定的区域内，单位的准则与规范至高无上。围墙明确地划分出单位空间的内与外，也在行为上限制了外界的干扰，为内部营造了一个安全而封闭的环境，独立于它周围的城市。在资源紧缺的时代，围墙保证了单位内部资源和土地不被外界侵占。单位是独立的小社会，加上传统院落的影响，使单位大院形态的出现顺理成章。围墙在传统城市中的重要地位在单位大院中被重新演绎。

纵观中国历史，墙在界定社会空间时被广泛使用，因此墙也是空间文化的象征。传统的院落以墙体作为保障，来强化和再生产儒家思想所要求的有差异的家庭社会关系。现代的单位大院内同样有一套复杂的社会组织，需要一个独立的领域来实现小社会的运作，墙在功能上实现了领域的建立，也具有相当强烈的文化象征意义。

不同大院之间的围墙封闭性很强，多为实体材料砌筑，在高度的设置上保证视线被完全阻隔，行为上无法翻越，有些围墙上方还设置了铁丝网、监控等进一步防卫，俨然使大院成为一座堡垒。后期的大院随着内部人口结构的改变和内部服务设施的逐步市场化，使围墙逐渐虚化起来，由封闭的高墙转为半封闭的围栏或者绿篱等。但是随着外部高墙作用的弱化，内部分隔墙的作用逐渐强化起来。大院中形成了"院中院""墙中墙"的次级结构，进一步划分出领域空间，使单位内部的贯通性下降，尤其是涉及机密和安全的敏感行业，其内部的各区域更是被严格划分，围墙限定了内部各个准入等级不同的区域，与传统的院墙作用相同。准入性出现差异，权力在空间上通过墙的围合表达出来（图4-21）。

图4-21 大院内以
围墙划分空间

领域划定　　　　　　　　　　外围墙划分空间　　　　　内部围墙进一步划分空间

　　观察沈阳某设计研究所的总体布局平面图，可以发现"院中院"的结构
十分清晰。最外部的围墙明确地限定出大院自身与周围环境的界限，大院西
侧围墙另一侧是隔壁单位大院的住宅楼，两侧的住宅楼隔墙相望，路径与服
务设施不互通，形成背靠背的局面。此外，内部各功能模块继续以围墙进行
划分，多个模块之间互相隔离，尤其是东侧的办公区和厂区，与西侧的居住
区之间有严格的界限。整个园区占地范围很大，但仅仅中间南北向主路可以
贯通，其余区域大多被围墙包裹，只能绕行（图4-22）。

图4-22　沈阳某设
计研究所的外部围墙
与内部的墙

后期随着改革开放，研究所内的居住区逐渐市场化，居住区大门对外开放成为常态，所以外部陌生人也可以进入，但工作区多了一层围墙保护，没有相应的权限很难进入。同时，为了保证内部员工的福利，运动场和公园等服务设施也被半开放的围墙环绕了起来，增加门卫看守，仅员工可入。

墙是分隔空间领域的主要手段，而分隔的目的是形成一个独立的社会空间范围。外部的墙划定了空间领域，而内部的墙区分了人员的等级属性，也把内部进一步分隔成小单元。

传统时期公建大院中的墙系统（最外层的大墙和内部划分各功能院落的小墙）形成了多层级院落，也是等级秩序的象征。中国传统文化自始至终依靠"墙"这一要素划分集体单元中的空间和社会权属。新中国成立后，墙系统以同样的方式在单位大院中又一次展现出来。

（2）大门

自古以来，门的重要性不言而喻，门可以展现出建筑的性格——欢迎、拒绝或是神秘等。一个建筑组团、社区、邻里单位的范围边界通过大门来限定，大门具有划分边界的重要意义，也提示了主要的进入路径。

单位大院的门一般有两种——正门和次门。正门是主入口大门，一般正对着单位的主要办公区域，是单位的脸面，它标识着单位的属性、身份、地位。正门一般也是单位整体空间布局轴线的起始点，它连接着入口广场和主楼，形成仪式序列，与传统公共建筑的中轴线类似。相比来说，次门更多地服务于内部的使用者，多是生活服务区的出入口，次门相对比较低调和简单，功能性较强。

正门代表仪式性，次门代表功能性，分别对应着大院的办公区和生活区与外界的连通方式，也对应着传统空间中的前朝和后寝。传统公共建筑中，正门连通着中轴线，与正殿相连，而偏门或者后门则是寝殿和辅助院落的出入口。正门和次门展现出空间的等级性，有强烈的内外秩序区分。

以沈阳某设计研究所为例，由于单位规模过大，设置了多个出入口大门，主楼前的1号门是最严肃宏伟的，门禁最为森严，紧邻着主楼，供接待领导和主楼办公人员使用；4号门是综合性大门，员工上下班和内部居民均可以使用，是比较主要的门，造型也相对正式；5号门是为居民区单独开设的，靠近菜市场，只有门禁无大门造型，是辅助性的小门。从三者的差异也很明显地看出空间等级的差异性。门是进入领域的权力象征（图4-23）。

1号门（主楼前）　　　　4号门（工作区与居住区交界）　　　　5号门（居住区）

（3）建筑

①公共建筑

办公区是单位大院内的主要部分，根据大院的不同性质，公共建筑有行政办公楼、生产工厂、教学建筑等。其功能形式多样，大部分集中在与主入口相连的"前区"，与后方的生活服务区分隔。

公共建筑的布局中最有代表性的是主楼，主楼是一个大院的门面，主楼可反映单位的性质和地位，一般是单位的主要行政办公机构，多与党政职能相关，其他的公共建筑功能更为具体，与所属单位的具体功能相关。这些建筑位于主楼之后，对于大学来说，这些建筑包括礼堂、教学楼等；对于工厂来说，包括车间和厂房。单位的主要目的是将劳动力以单位的形式组织起来，日常生活围绕生产需求，主次分明，再次呈现了"前朝后寝"的传统空间模式。

主楼横亘在中轴线上，是轴线序列的开端，也是整个单位最重要的建筑（图4-24）。主楼多采用中轴对称的形式（直到今天大多数的政府办公楼也多采用对称式的造型），为了展示主楼的宏伟，大多数主楼会有一个中心体量，位于轴线正中，如果主楼的功能较复杂，在中心体量的两侧扩展旁翼，容纳次级功能。而位于中轴线上的其他次级重要建筑，也大多以对称的形式进行

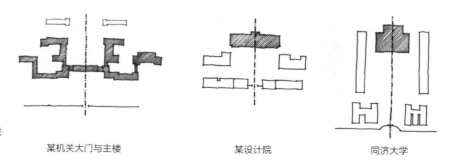

图4-24　轴线串联起来的大门与主楼

某机关大门与主楼　　　　　　某设计院　　　　　　同济大学

设计，如西安交通大学中的图书馆等，以突出中轴线的可识别性，也是对传统空间中轴对称的一种继承。对称的建筑更具有礼仪性，更能彰显权力（图4-25）。

图4-25　西安交通大学中轴线

②生活区建筑

生活区是单位大院中的配套设施，为员工提供居住、生活福利等各项配套服务。新中国成立初期的单位大院提倡"先生产再生活"，生活的条件定位标准较低，仅满足基本需求，标准化的重要意义在当时的城市住房中也表现得十分突出，标准化的建设具有高效性，满足了"一五计划"的建设需求。

由于住宅需求量大，传统的单层院落住宅显然不符合时代的需要，于是国家建筑管理部门开始改良并提出两种最基本的住宅形式——宿舍式和单元房式。宿舍由面向走廊的多个单间构成，共用洗手间、厨房等公共设施；另一种单元房由两到三套住房构成一个单元，共用楼梯和出入口，每套住房可为两居室或者三居室，一般供几户居住，住房内有相应的厨卫等设施，再以单元为模块平行复制形成板楼（图4-26）。

20世纪60年代宿舍建筑示例，整层共用厨房和卫生间

20世纪60年代典型单元房示例，一梯三套的标准段组合

图4-26　新中国成立初期标准化住房示例

居住建筑一般采用简单高效的行列布局，随着时间发展不断加建，点式住宅或者其他形式的住宅零星出现，居住区呈现出复杂的形态。为了节约，早期的住宅建筑很少有内外装饰，外表极其简朴，住宅建筑的标准化一方面是为了降低成本，同时也促进了日常生活的集体化❶，单元房是单位大院集体化生活空间的一部分。房间内既是卧室又是起居室，生活空间十分狭窄，只满足了基本的生存条件，而将其他空间压缩。在大院中，个体被均质化，个人的行为被抽象和剥离出来，人们在狭小的居室里睡觉，在食堂吃饭，在澡堂里洗浴，在礼堂里进行文化教育，个体的行为以集体方式高效处理，使每个人像零件一样为单位服务，大院居民的生活和工作、娱乐都是被计划好的，按照一定的规则被纳入一个完整系统中。

单位以集体的形式将人们组织起来，消解了个体的独特性和差异性，这种组织模式让我们联想到传统社会中的家庭系统。在古代，家庭是社会的组织单元，家庭是一个共同体，在家庭中，个体的隐私被消解。到了单位大院时代，家庭这一组织单元被扩大为单位集体，但基本模式似乎没有根本改变。

随着生活条件逐渐改善，住房的条件也出现差异，尤其是今天依旧在使用的大院空间，等级秩序表现明显。居住在单位大院内常常需要搬家，原因是居住建筑的标准不一，划分的依据是员工在单位中的职位级别，每个级别的员工有配套的居住标准，多以平方米数的大小来划定（图4-27）。如沈阳某设计研究所某职工陈述："科级、副处级、处级领导所配备的住房大小等级严明，现有住房每隔几年会随着职位的升高而进行调整，如调配不开则以金钱的形式予以补贴。长期以来，在大院内部大家习惯性地会将各个居住组

图4-27 沈阳某设计研究所职工居住建筑

20世纪80年代建设的60m²职工居住建筑

2019年新建未完工的88m²职工居住建筑

❶ 薄大伟. 单位的前世今生：中国城市的社会空间与治理 [M]. 柴彦威，张纯，何宏光，等译. 南京：东南大学出版社，2014.

团冠以类似于'所长楼''独身楼'一类的名称来予以区分。"❶

居住建筑的等级划分反映了单位的行政结构，等级秩序反映出内部子系统的完整稳定性。回溯传统合院中同样具有等级秩序的划分，院落序列内外有别，甚至每进院中正房、厢房、后罩房均有所对应的家庭成员居住。例如，正院处于整个院落序列的中心位置，其中的正房也是家中最尊贵的居所，一般是当家主事的老爷居住，而当少爷成长为老爷，则搬入正房，等级秩序严格有序，与单位大院内的搬迁如出一辙。在合院，空间等级系统的界定规则源于儒家伦理观念中的长幼尊卑。到了现代的单位大院，等级划分依托单位中的行政等级，家庭关系转换成了单位集体关系，但秩序内核依旧保留下来。

（4）开放空间

①广场

单位大院中的广场与欧洲城市中的广场有所不同，大院中的广场不对城市开放，形态规则，多为方形，且对称布局，大多以烘托重要建筑为主要目的，主要设置在主楼前，烘托主楼的仪式性，同时与大门结合形成轴线序列的起始点。广场是大院中最重要的开放空间，广场与主楼构成轴线上虚实交替的空间转换。

②绿地景观和活动场地

绿地景观和活动场地等室外开放空间，是大院中较为休闲的区域，与广场相比少了庄严感和仪式感，很少对外开放，仅为院内人员休闲使用，形式可以为运动场地、绿化水体、休闲健身广场等，多位于大院的居住区，或者是居住区与工作区共用。其形态多样，没有过多的限制，也展现出非仪式空间的自由度。边界的不定性是这种开放空间的特点，没有西方的广场那样被建筑界面限定的严格边界，多数的边界都是开放的（图4-28）。

单位大院中的建筑多为南北向的行列式，造型也较为简单。因此通常用绿化、游廊、景观等活跃空间氛围，避免形式上的枯燥呆板。如中央党校当时的设计就是基于此考虑，其中的建筑大多是重复的类型，这样便于施工，

---

❶ 2019年，被采访人正经历单位的住房调整，单位新建设的每套88m²的集体产权住房正是为员工准备的，没有享受到应有住房条件的职工按照轻重缓急依次排序挑选。近些年这种集体住房越来越少，现有单位集体产权的住房也逐渐并入市场，允许进行买卖交易。

而在开放空间中下足了功夫，设计师戴念慈解释道："我们的传统建筑物按其单个房屋的形式来说，都是大同小异的，但是实际上中国院落却真是丰富多彩，很有变化。这应当是我国传统建筑的高明处。"❶

图 4-28 大院内的开放空间

同济大学入口广场——仪式性　　　　　　　　上海大学中心景观空间——休闲性

开放空间作为各个模块中建筑组团布局的核心，起到统领各组团的作用。在单位大院特定的位置设置开放空间，并环绕其布置建筑，类似一个开放的院落，成为小社群的活动空间。这些开放空间仅仅服务于周围的邻里或同事，而与城市空间相隔甚远，所以公共性较弱，在外部的城市空间中很难感知到。

4.4.2.2　结构组织

单位大院内四种要素有机组合在一起，形成了一定的内部空间秩序，也使单位在平面形态上具有了区别于其他空间类型的可识别性。其空间结构、路径组织、功能结构几个方面展现出了一个完整的独立空间系统来组织内部空间。

（1）空间结构

对单位大院的空间结构进行拆解，首先，用墙体围合，将大院空间限定出来，内外明确进行分隔，单位大院的规模通常较大，墙体是识别单位大院领域范围的关键要素。其次，以轴线序列组织内部空间，主楼横亘在主轴线上，形成了整个大院空间的定海神针，将空间的核心锁定。然后，围绕主楼，沿轴线方向或者向轴线垂直方向展开，排列主要建筑，烘托主楼的地位，建筑多朝向主楼，形成众星拱月之势。一般来说这些建筑都是大院内的工作区或者是生产区，处于大院整体布局的"前方"，与主入口相连。最后，

---

❶ 戴念慈. 一个社会科学学院的规划和设计 [J]. 建筑学报. 1957（1）: 14-26.

居住区部分布置在轴线的"后侧"，顺应轴线规律，以较为经济的方式排列，与前方的工作区建筑形成前工后寝的格局（图4-29）。

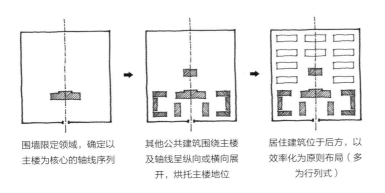

围墙限定领域，确定以主楼为核心的轴线序列

其他公共建筑围绕主楼及轴线呈纵向或横向展开，烘托主楼地位

居住建筑位于后方，以效率化为原则布局（多为行列式）

图4-29　空间结构组织

　　单位大院的空间组织是从轴线开始的。尤其以主楼为核心的中心轴线为典型，形成大门—前广场—主楼的空间序列模式。这种空间布局一定程度上受到了"一五"期间苏联的影响，但更多的是对传统空间模式的继承，轴线序列是传统空间文化最重要的表征，对比古代的衙署、宫殿、祠庙等公共建筑，大门—前院—仪门—主殿院—主殿的仪式序列在大院中完整地延续下来（图4-30）。主楼好比正殿，主楼前左右两侧的配楼与主楼围合出的前广场形成第一进序列。规模较大的单位在轴线上除主楼外还会安排其他的重要建筑，同样横亘在轴线上，与其前方的广场结合，形成了一进一进虚实结合的段落。如西安交通大学和北京某机关大院的平面布局中所展示的轴线的控制力，南北贯通整个大院，主要建筑横亘在轴线上，形成的一个个序列空间，

图4-30　单位大院轴线序列与传统轴线序列对比

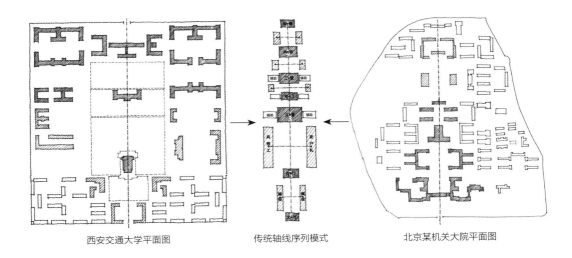

西安交通大学平面图　　　　传统轴线序列模式　　　　北京某机关大院平面图

与传统的公共建筑群中一进一进的院落极为相似，也印证了中国的轴线序列是空间文化中最重要的特征之一，在当代的空间布局理念中不断被继承。

由于轴线的重要地位，又多位于大院的中心，大院内部往往更重视中心部分的塑造，从中心依托轴线开始布置重要建筑，逐渐向纵横两个方向扩散，将辅助性和边缘性的建筑（如锅炉房、澡堂等）放在外围。显然，从大院内部的视角来看，中心是里面，靠近边界的部分是"外面"。这种视角使靠近边界部分的空间形态常常被忽视，形成消极的死角，而这些部位恰恰紧邻着围墙以及外面的街道空间，站在城市空间的外部视角，这些围墙内的消极区域恰是建构城市界面的重要位置。单位大院的内部轴线秩序是主动营造的，而对于与城市街道所接壤的外围空间却是被动形成的，展现出城市空间单元对内部的重视多于外部，表现出内向发展的营造倾向。这些单元组合起来显然无法对城市空间产生积极作用。

单位大院由于功能的复杂性，其分区也有多种变型，但总体上可以归纳为两种（图4-31）：一种是中轴与两侧布局模式，以重要建筑为核心的工作区放在正中前侧，沿轴线向北扩展布置次级重要建筑，居住区安排在轴线的两侧。如北京某机关大院的布局，将行政楼与教学楼安排在轴线上，轴线最北侧以教授住宅收尾，呼应了在传统空间中的"寝殿"居于中轴线之尾的布局模式，轴线两侧是学员和职员的住宅及食堂、锅炉房等辅助设施。另一种是前后布局模式，重要建筑居中靠前，次级建筑沿左右展开，形成前区。居住及辅助建筑位于后方，如西安交通大学的平面布局模式，学生宿舍安排在校园南侧，与北侧教学行政区以礼堂为界分开。

单位大院的前后分区来源于两种空间传统，一是以模块化、单元化来组织空间的理念，分布在大体系之中的一个个小的模块像多个不同功能的院子，统领各自空间内的小集体，再统一为大集体；二是受到"内外有别"的

图4-31 前后分区的布局方式与传统建筑"前朝后寝"布局对比

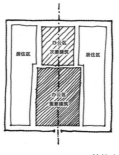

单位大院的典型布局

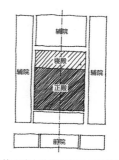

传统公建大院典型布局（崇善寺）

礼制思想影响，使轴线上、轴线外以及轴线的前后方位上的建筑均被差异化处理，由最重要的主楼区向其他方向有序扩散，随着重要性的降低，建筑造型的庄严程度和功能属性也逐渐发生变化。等级化序列造成了内、外、前、后不同方位的空间，给人不同程度的心理安全感，使空间产生指向性。

（2）路径组织——树形结构

整个大院内形成独立的路径系统，围墙的内部交通与外部交通不共享，仅通过几个出入口予以连接。进入大院后，主次干道纵横交错，构成交通网络串联起各功能区域，形成路径骨架；各建筑入口作为末端的枝叶连接到枝干骨架上，才能与外界连通，建筑无法直接与外界相连。这一路径组织模式使建筑物的可达性降低，嵌套在单位大院子系统的内部，与城市空间在一定程度上脱离（图4-32）。

单位大院的树形结构路径体系使其内部交通免受外界的干扰，有效地保证了内部的独立性。大院内部的交通系统由相关部门管理，减少了市政管理的压力。例如同济大学内部空间车行交通由专门的保卫处负责，并且道路名称也没有与外界城市街道接轨，统称为内部道路。校园尺度较大，占据了整个街坊，边长约800m，形成了巨大的孤岛，内部独立的路径系统脱离于城市街道网络，使城市交通在此处被阻断了，车辆行人只能绕行。同时，在这样大尺度的街坊内仅几个大门联系内外，校园边缘靠近街道的建筑无法直接面向街道开口，而是必须通过大门，再通往城市街道，内部的学生无形中多绕了很多路（图4-33）。

树形结构中只有主枝干能够与城市相通，内部的枝叶末端建筑很难参与城市空间中，降低了建筑的城市性。这种结构的形成离不开传统文化的影响。传统合院中多进院落之间也是靠树形路径来组织的，院门是唯一能与城

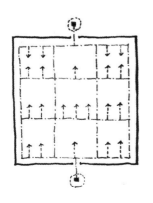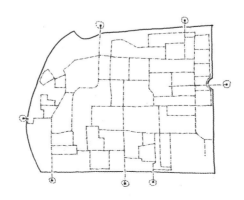

图4-32　路径结构（左）

图4-33　同济大学内部路径（右）

市相联系的开口。从社会结构来看，单位大院的模式完美契合了计划经济单位制，单位内部的使用者以"一个整体"面对社会，这个整体在古代是家庭，在现代转化为单位。

（3）功能结构——多样复合

单位大院内部功能齐全，是一个完整的小社会。不同的功能区块有不同的作用，主楼及大门具有仪式性和辨识性，是大院的门面；工作区和居住区承担大院的主体功能，服务设施如健身房、礼堂、食堂、医院、活动场地等设施为整个大院内的员工服务，是使用频率最高的空间，多位于工作区和生活区的交界处；其他一些后勤辅助功能区则被安排在最边缘靠近围墙的位置（图4-34）。

大院的功能复合性为内部居民提供了归属感，居民大部分的日常起居、工作文娱都得以在院内解决，因此大大减少了居民外出的频率。虽然减轻了交通压力，但是将人群限制在固定的空间区域里面，也削减了城市公共空间的活力和人际交往的机会。

这种现象也与社会体制相关，国家的建设投资策略是促使单位向小而全发展的又一重要因素。国家将资金直接投资到单位，各种行政和规划决策都在单位的内部进行，使城市和单位之间有效脱离了。在城市建设和单位建设

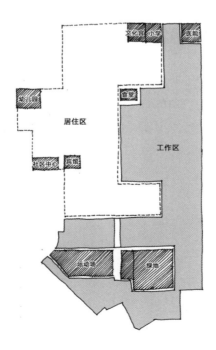

图4-34 功能俱全的大院（沈阳某设计研究所）

- 幼儿园：位于居住区，对外不开放，仅服务于内部员工。

- 食堂：兼顾餐厅和超市功能，位于工作区和生活区交界处，方便服务。

- 文化宫、小学、医院：靠近居住区的同时临街布置，同时对外开放，但对内部员工提供优惠政策。

- 运动场、绿地：由于需要较大的场地尺度，位于整个大院南侧较深入的位置，离主体核心区有些距离，设置门禁，仅对内部开放。

之间形成了缺口。单位只管单位内部，政府又把公共设施、公共服务的需求
转嫁到单位里面，使城市公共层面的建设被忽视。

单位大院继承了传统，完成了院文化在现代的全新演绎。内部空间组织与
传统空间理念一脉相承——轴线序列、对称布局、前朝后寝等建构机制都在大
院中重演。从社会层面来看，单位内部形成了一个自给自足的社会集体，生
活、工作、服务一应俱全，减少了与城市之间的交流。传统城市空间中以家庭
为核心的庭院空间转变成以单位为核心的大院空间，单位大院内部的建筑布
局、交通组织等均遵循自身的秩序逻辑来组织，而忽视对城市空间的
塑造。

4.4.3 单位大院的外部关系

作为城市社会组织也是空间组织的基本单元，单位大院赋予了中国城市
新的特质。单位大院根据规模和属性不同，可占据局部街坊、整个街坊或者多
个街坊。由于其自给自足的结构，单位大院大多以完整街坊的形式出现，其内
部无法再继续划分为独立的子单元，可以将其看作一个整体。空间单元再进一
步复制构成城市街区，单元之间基本不发生关系，各自向内发展（图4-35）。

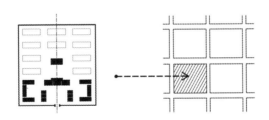

图4-35 单位大院
构成街区的层次

4.4.3.1 单位大院与街坊

（1）外边界对城市的消极应对

单位大院最外层边界是围墙，将大院与城市道路或者其他地块分隔开。
早期的大院围墙多是实墙的形式，后来随着改革开放和市场经济的发展，院
墙逐渐虚化，换成了栏杆、绿篱等形式。院墙的虚化使内部的建筑更多地暴
露出来。由于围墙大多较为低矮，高2~3m，围墙限定的更多的是内外相通
的行为路径，而限定城市空间的能力较弱，居于围墙后的建筑是定义街道空
间的主要实体。如前所述，从内部秩序出发，大院靠近围墙的边界被认为是
"后面"，一般安排辅助性建筑，并且这些建筑的排布多是朝向中心而背向围

墙方向，所以，这些建筑对城市空间的营造是十分被动的。

例如同济大学的总体平面图中可见，靠近围墙的临街建筑，所展现出的形态没有特定的秩序，有些建筑与街道垂直或平行，有些斜向相交。并且建筑之间的间隔也不规则，全凭内部使用需要来设置，而很少考虑城市街道的需要。并且建筑退守在围墙之后，与城市街道之间有一定的距离，定义空间的效果就更弱了。这些间隔分散的建筑难以形成清晰连续的街道界面，对城市空间的建构是消极的。从街道视角来看，建筑的立面造型和高度上也缺少统一的规划，多个形态各异、高度各异的建筑体并置在一起，形成参差不齐的城市界面（图4-36）。

图4-36 同济大学边缘界面与城市的关系

（2）独立街坊或局部

一个单位大院独立占据街坊的情况居多，也有的单位大院占据街坊的局部，其他部分由其他的大院或者其他类型的建筑组成（图4-37）。由于大院的复合性，大院所在街坊一般尺度较大，少则几百米，多则近一公里。由于大院的封闭性和整体性，城市交通无法穿越其间，使路网无法继续细分，造成了城市网络的断裂。

图4-37 大院与街坊的关系

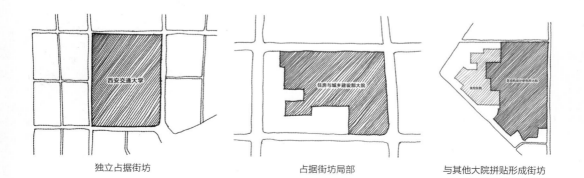

独立占据街坊　　　　　　　　占据街坊局部　　　　　　　与其他大院拼贴形成街坊

　　单位大院临街的边界一般较为规整，顺应街道的走势，形成平行于街道的轮廓。非临街的边界常常呈现出不规则的几何形态，造成不规则边界的原因很复杂，地块产权的变动对其有很大的影响。总体上看，非临街的边界在形态上缺少主动的塑造，似乎是被动形成的，这个边界的形态也对大院内部空间没有过多的影响，反正其边缘本就是不受重视的区域。

　　传统城市中的公建大院也是如此，主轴和次轴的建筑依次排列，向南北和东西两侧扩展，扩展出去的最外围边界往往是被动生成的，因为对于建筑群体内部来说，外边界是"背面"，不需要精心塑造。

4.4.3.2　单位大院与街道空间

　　由于大院内部秩序的主导性加上封闭的边界，使这种空间单元对城市公共空间的建构很难产生积极影响。城市空间由大大小小的单位组成，表现在街道空间上则是大量的墙与门的交替出现。大院之间所形成的街道空间也基本是纯粹的交通空间，缺少了单元之间的互相配合，街道的尺度也是根据交通的需要来设置，而与空间单元的形态无关，异常宽阔的马路尺度失调，很难形成具有活力的人性化空间。由于缺少了单元之间的互相配合，使城市变得消极。

　　此外，围墙的背后是边缘化的空间，或者是建筑的背面，是被动生成的，没有主动形成对街道界面的连续性塑造。如同济大学靠近四平路一侧的围墙内部是废弃的停车场，在内部看来是消极的空间，但是却直接面对着城市，显得很被动（图4-38）。

图4-38　单位大院封闭的边界形成的消极街道

沈阳某单位大院外的街道　　　　　同济大学的围墙与建筑　　　　　同济大学围墙内废弃的停车场

4.4.3.3　单位大院构成的城市街区

　　早期的单位大院由于其封闭性和完整性，对城市设施的需求不高，选址较为偏远，很少在城市中心。很多大院周围多是农田、绿地和少量的建筑。如北京某拖拉机站在20世纪50年代建设时的选址就选在了开阔地带，选择了南苑区红房子以西，新兴村以北的位置，该地交通便利，南面有少数住宅，其余皆为空地及农田，仅东北面有池塘一片。围墙圈起的是未被建设过的土地。少了周围既有城市建筑的制约，大院的建设更为自由。整体规划完全依照自身的组织逻辑（图4-39）。

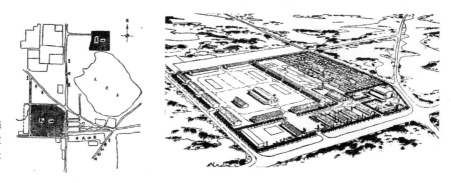

图4-39　北京某拖拉机站选址（图中左下角深色区域为选址处）与鸟瞰图

随着城市区域不断扩张，很多现存的大院已经被囊括进城市中心地带，但是大院的模式并没有本质改变，仍然是以围墙来面对城市。最大的改变是一部分大院的边界轮廓呈现出不规则的几何形态，一些临街边界被商业建筑替代，或者是与其他相邻的聚落共同生长相互挤压导致的，有些单位大院靠近边界区域的地块产权归属十分复杂，边界轮廓在几十年发展中经过多次改变是正常的。

单位大院的土地性质决定了它们互相之间的背离关系。在计划经济体制下，单位大院的院墙往往是土地划拨的界限，由于单位大小不一，地块面积和形状也多种多样。每一个大院内部成为一个独立管理的区域，根据内部的需求自由布置建筑，而很少考虑与院墙外城市空间的关系。这种建设方式也决定了其对城市空间的忽视，大院之间各自封闭，彼此之间以墙相对，不可能发生相互作用。单位大院对内是一个复合化开放空间系统，对外则是独立而封闭的堡垒。例如北京城中单位大院集中的区域，在各自为政的大院空间所拼贴出来的城市形态中展示出一种整体的无序性和小组团的有序性。几个大院之间各自围绕内部轴线展开建筑布局，互相之间虽然肩并肩紧密相连，但是各个大院之间的建筑体没有任何关联性。临街建筑各自为大院的内部造型服务，难以限定出连续而清晰的街道空间（图4-40）。

由于单位大院的独立性，在城市发展进程中具有深层次的稳定性，大院直到今天仍然是城市构成的主要空间单元。单位大院封闭式空间组织方式形

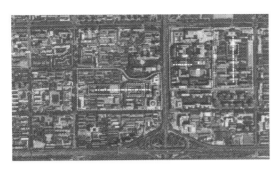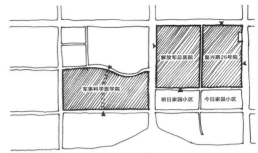

图4-40　大院单元所构成的街区（北京军事科学医学院大院附近区域）

成了以自我为中心的空间形态，院墙使内外封闭，缺少对临街界面形态的主动塑造。建筑造型以内部秩序为准，导致大院与大院之间在形态上缺少关联，难以配合，以致所构成的城市界面模糊。街廓尺度巨大，割裂了城市网络，多个大尺度的街廓并置在一起，造成了街道空间消极，影响街区的活力。

4.4.4　单位大院小结：系统化的内部秩序空间

　　单位大院是现当代城市中的主要非居住类构成单元，其丰富性和完整性使其成为自给自足的城中之城。传统空间文化的重要特征在单位大院空间布局中一一展现了出来：严整的中轴线串联起大门、广场、主楼序列，前朝后寝的分区模式透露着内外有别的等级礼制，五脏俱全的服务设施营造了内向的小世界，封闭的墙体将外部的一切隔绝。

　　从传统以家庭为基础的社会模式开始，发展到现当代时期的以单位来组织和安顿个体，社会和空间的组织结构具有一定的连续性。传统时期儒家思想遵从的是礼教伦理，现当代时期的单位所体现的是社会主义的集体关系，两个时期分别产生以家庭为中心的院落单元和以单位为核心的大院单元，单位大院具有了传统"大家庭"的意义。这种文化的传承归结于一种模仿效应，是在完全不同的社会语境中一再唤起院落式空间结构的文化记忆❶。单位大院作为新集体的家园，"单位人"可类比"家人"，在社会政治条件巨变的环境中重新被组织在一起。由单位大院衍生出的大院文化是以单位为纽带的集体主义精神文化，与传统家庭文化不谋而合，院落在当代以大院的形式再次被演绎。

---

❶ 薄大伟.单位的前世今生：中国城市的社会空间与治理[M].柴彦威，张纯，何宏光，等译.
南京：东南大学出版社，2014.

4.5　本章结语：传统文化基因的现当代再现——被动的城市空间

在经历了近代西方文化短暂的冲击之后，中国现当代的城市空间再次回归了内向的传统，顽强的文化基因以新的面貌再现。单位大院和小区作为新中国城市建设中最主要的空间单元，它们的建构机制有很多相似之处，虽然时代背景、社会发展有差异，但其所展现的内向特质将两者串联了起来。

（1）小区：向心结构的完整世界

大院和小区都可以概括为围墙包裹下的自给自足的空间系统。墙体在中国城市空间中的强势地位又一次出现了——建构的首要步骤是以墙来限定空间进而形成封闭的单元，再在内部进行系统建构，这让人很容易联想起传统合院的建构模式。小区中永远存在的中心开放空间是传统院落的再演绎，它继承了院的使命，成为邻里之间的精神依托。

（2）单位大院：序列结构的集体空间

在传统中国社会，围墙界定了家长制度的管辖空间；社会主义中国，围墙标识了单位集体的管辖空间。围墙为小团体提供了内部权力实现的载体。围墙内的小世界以自我为中心，以轴线序列组织空间，形成了主次轴线、前工后寝等建构特征，是对传统公共建筑空间秩序的继承，也是对近代大院式园区的延续。

（3）文化基因再现——被动面对城市空间

现当代城市空间与传统相比，空间文化作为隐形的手将看似发生翻天覆地变化的城市形态串联在一起。中国城市空间在形态上经历了巨大的改变，但始终没有放弃过内向性特质。合院精髓以新的方式出现，它演变为大院和小区的小集体中心。大院和小区按照自身内部需求组织空间，而忽略了城市空间的塑造。

文化基因提取：不同时期城市空间建构特征比较

前面对传统、近代和现当代三个时期的典型城市空间单元进行了系统研究。不同时期的城市空间单元看似展现出差异化的形态，但具有一些相似的空间本质特征。本章将所选择的三个时期的城市空间单元类型进行纵向比较，探求时代变迁之下城市空间建构机制的变与不变（图5-1）。

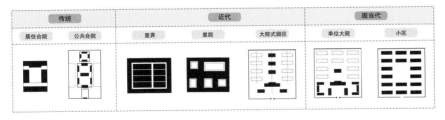

图5-1 三个时期典型城市空间单元图式汇总

5.1 城市空间建构的历时性比较

表5-1梳理了传统、近代和现当代三个时期空间单元的构成要素、结构、功能、社群等多个层面的演变过程，从中可以看出发生变化的阶段主要集中于近代。西方文化传入所带来的改变，最为明显的是对街墙的塑造，具有明确建筑界面的街道空间出现，并且给建筑界面赋予了功能，使其对城市开放。从近代的里弄、里院开始，城市空间单元边界对城市空间进行了主动性塑造。

表5-1　城市空间单元建构机制历时性比较

	传统		近代			现当代	
	合院	公共建筑	里弄	里院	大院式园区	小区	单位大院
建筑指向	朝向院	朝向院	朝向弄	朝向院	朝向院	朝向院	朝向院
核心空间	院	院	弄堂	院	院内广场、绿地	中心活动场、绿地	院内广场、绿地
边界	围墙	围墙	街墙		围墙	围墙	围墙
				改变			
空间结构（拓扑关系）	向心结构	轴线序列	鱼骨结构	向心结构	轴线序列	向心结构	轴线序列
功能布局	等级化	等级化	功能化		等级化 功能化	功能化	等级化 功能化
				改变			
由单元所建构的城市空间	街道封闭 单元之间缺少联系 图底关系模糊			街道开放 单元之间产生联系 清晰的图底关系出现		街道封闭 单元之间缺少联系 图底关系模糊	
				改变			
城市社会生活	基本缺失			少量出现		转嫁于单位	部分转嫁于小区内
				改变			
社群结构	传统家长制		保甲	行会、帮派		社会主义单位制	社区居委会、物业

　　近代是走向现代化的起步阶段，受殖民文化影响，西方城市建设思想的强势进入和科学技术的传入是城市空间产生变化的主要诱因。但总体来看，

传统空间的几大法宝——院、墙、序列结构、向心结构等，在整个历程中仍然具有较强的延续性。

5.1.1　空间单元构成要素的历时性比较

5.1.1.1　院与院的变体

传统的"院"作为空间建构的核心元素，在近代乃至现当代的城市空间建构中仍以不同的形式出现，具有持续作用力。正如西方广场是城市公共文化的产物，无论时代如何变迁，这一传统始终影响城市建设。院落之于中国城市正如广场之于西方城市。院落在各历史时期均是城市空间建构的重要元素。

（1）居住类单元中的"院"

中国的院落是长期封闭的城市传统与家庭文化的产物。传统的院所承载的内容远不止于简单的日常生活，更是成为天人合一的连通点，是建筑与外界取得联系的中介空间。传统的院承载了一家人的生活，也容纳了工作、学习等诸多社会活动，并且经过历史的沉淀，固化为一种空间营造的向心模式。

院文化在现代化的进程中受到了冲击，由于人口剧增，居住空间变得紧凑，大家族模式向小家庭转化。在西方城市文化和资本的作用下，产生了里弄和里院等居住类型。院落由一家人的起居空间转化为邻里的半开放共享空间（里弄的弄堂和里院的内院）。近代的院从形式上看起来与传统的院差异很大，但其拓扑关系仍旧延续了下来。近代的院所服务的群体发生了改变——由家庭转为了邻里。而且，西方的类型在传入过程中被本土化了，看似移植来的围合式街坊和联排住宅，本该朝向街道的建筑却朝向了内部的弄堂和院落。院落不再是欧洲街坊中的邻里后院，而是承载了交通功能的前院。每家每户的出入口朝向院落而非朝向城市，展现了传统向心结构的隐性延续（图 5-2）。

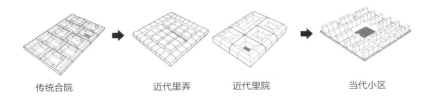

传统合院　　　近代里弄　　　近代里院　　　当代小区

图 5-2　居住单元的"院"历时性比较

近代城市虽然受到西方文化的洗礼，但是人们对院的执念始终存在，从西方传入的空间类型到了中国都被院落化了。院落空间总能够反客为主，那些在西方城市中本来不起眼的后院,在中国却跃升为建筑的核心空间。

类似的现象除了里弄和里院之外,也出现在其他很多城市空间营造的案例中。例如近代上海建造的花园公寓和隆昌公寓,从外部形态上看完全是西方围合式街坊的移植,但其空间的拓扑关系却有很大差异。西方围合式街坊中各个建筑单体朝向街道开口,人们可以从街上走回家中。而经过中式转译的围合式公寓以中心院落为中介空间,作为城市空间和私人空间的过渡。人们要先进入院子,再进入建筑。建筑沿街一侧虽然限定了街道空间的形态,但对城市是不开放的,建筑与城市没有直接接驳的端口(除少量临街店铺外)。虽然黑白图相同,但建筑的指向截然不同。院落又一次成为核心空间,院子里形成了小型的车行环路,与城市街道通过门洞连通,院落内精心布置了景观和休闲设施,成为邻里的交往中心和交通中心(表5-2)。

院在现当代也进行了全新的演绎。中心开放空间的存在是传统生活性院落在当代小区的变体。与近代小尺度街坊不同,当代小区的尺度陡增,每个小区单元能容纳一个较大的社群。每家每户的住房处于更深的层级,院落转化为大社区的邻里空间——小区的中心开放空间,这个邻里空间承载了运动、社交、小型商业服务等功能。

表5-2　西方围合式街坊在中国院文化作用下的转译

案例	内院	临街界面
上海花园公寓 西方围合式街坊,其本土化的结果是建筑入口朝向内部的院落,院落成为生活的核心以及交通的核心空间		
上海隆昌公寓 西方围合式街坊的另一种转译,利用内部的连廊组织交通,串联起各家各户,院落承载了邻里的生活起居及社交活动		

（2）非居住类单元中的"院"

对于非居住类单元而言，传统公建大院中的仪式性院落转化为一个现当代的集体性空间。从形式上看，非居住类单元中的院比生活院落的尺度更大，它们更像是放大的院，并非城市意义上的广场。服务于主楼的前广场更具有仪式性，服务于生活区的中心开放空间更具有休闲性。这些开放空间不与城市直接发生关系，缺少城市公共属性，与太和殿前的仪式性院落异曲同工。这种仪式性的前场空间，其意义一方面是为突出重要建筑的宏伟性，另一方面也是营造空间的序列性。与生活性院落相比，仪式性的院与建筑的互动性降低了，而仪式感却增强了。不变的是这种"院的变体"始终作为空间单元的核心，主导空间的秩序（图5-3）。

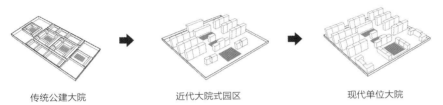

传统公建大院　　　　　近代大院式园区　　　　　现代单位大院

图5-3　非居住单元"院"的历时性比较

5.1.1.2　墙门系统的执念

墙体作为限定要素，将空间分隔成地块，成为中国城市的独特景观。墙体上升到文化符号被学界多次讨论，尤其在西方学者眼中更为明显。他们普遍认为，中国的墙无处不在，从实体的墙到思想上的墙均是如此。

墙这一要素对中国空间的塑造起到了关键性的作用，从传统的合院开始，围墙内的世界成为中国空间的主体，无形的空间被墙体划分成有形的小单元，每一个单元的外边界都展现出封闭的姿态，层层分隔带来了空间的单元化。同时，封闭的边界将精彩的内容隔绝在内，从外界更加难以感知，奠定了传统空间封闭深邃的基调。

（1）居住类单元的边界演变

居住类单元对于墙的执着在传统时期表现最为明显，传统居住合院以围墙面向街道，形成了封闭的城市空间。仅在宋代出现的街市中稍有变化，商业街的出现使居住合院的临街界面变得开放，店铺面向街道，背后与居住合院相连。但城市总体上仍旧是以封闭墙体为主。

近代是产生变化的主要时期，封闭的墙边界开始走向开放。西方城市文化的融入使近代的城市空间单元对城市有了塑造意识，里弄和里院的边围由建筑而非墙体组成，具有功能且对街道开放，形成积极的城市界面。外边界开放的同时也包裹着内部结构，展现出对内庇护的姿态，为内部空间提供了独立性和安全感。城市中开始出现由连续建筑界面所形成的街道，是西方文化在中国土壤上的一次尝试，也映射出了中西文化对于城市空间的不同理解。

反过来看，里弄看似是引入中国的联排住宅，但其外围一圈建筑形成的边界，更像是传统合院围墙的一种变体。外部的围合式建筑保护着内部的行列式，使里弄成为嵌套的房中房。

当代小区对于围墙的坚守更为强烈。墙体的形式成为小区设计的重点，气派的大门成为每个单元的标志，彰显着权力。围墙将内部以行列式组织的建筑群体包裹起来，阻断了与城市空间的交流，内部以子系统组织空间形成自给自足的小世界。某些小区外围以底商代替围墙，临街店面与住宅建筑呈现背靠背的弱关联形态，像是后附加上去的"括号"。这种形式与传统的商业街道不无关系——传统的沿街店铺与其后的合院呈现出附着的形态，更像是居住合院外部围墙的一种特殊处理，缺少与合院形态的统筹考虑（图5-4）。

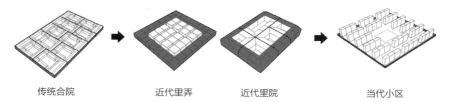

图5-4 居住类单元的边界要素比较

传统合院　　　　近代里弄　　　　近代里院　　　　当代小区

此外，有学者指出围墙和大型小区的出现并非完全同步，增加围墙的做法受到了社会治安、服务设施不均衡、私有物权等多种因素的影响。该做法在20世纪90年代一触即发，迅速扩展至全国，并且一直延续至今，从围墙的广泛适用性来看，其产生更像是传统围墙的再现，反映出大众对于围墙的一种信仰，心里的墙始终没有消退。

（2）非居住类单元的边界演变

对于非居住类单元而言，围墙同样是限定空间的主要手段（图5-5）。传统公建大院奠定了封闭围墙的基础，城市中的衙署、祠庙、寺观、书院等功能性建筑，均以高墙形式为边界，以气派的大门面向城市。其内部无限深远的层层延续，形成口袋状的树形结构，塑造了深秘内向之感。

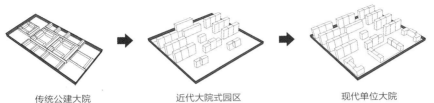

传统公建大院　　　　　　　　近代大院式园区　　　　　　　　现代单位大院

图5-5　非居住类单元的边界要素比较

　　近代的大院式园区对于墙的热情未减，传统的高墙大院仍旧有着极强的生命力。现代化的工业建筑兴起，其布局虽然依托于欧洲经验，但对于围墙却始终没有舍弃。工业生产园区内部以功能性排布为主，增加围墙限定空间边界。事业机关单位、研究机构的围墙与大门更为庄重，与内部的轴线相辅相成，营造仪式感。

　　现当代墙体再次回归，高大的围墙成为单位大院的代言。大门成为感知内部空间性格的唯一视觉窗口，因此这一窗口的视觉形象就变得尤为重要。大门向门楼转化，其体量堪比建筑，并且拥有内部的功能，成为彰显内部权力与等级的象征物（图5-6）。

　　封闭的墙门系统作为城市空间单元的边界与城市空间相接，成为定义空间的首要条件，造就了城市空间封闭、内向的基础，是造成城市性缺失的主要原因，也成为单元向内发展的动因。封闭边界的特质在传统和现当代表现最为明显。

山西晋祠大门　　　　　　　南京总统府大门　　　　　　武义县政府大门

图5-6　从传统到当代的公建门墙系统

5.1.1.3　退居其后的建筑

建筑单体是构成城市空间单元形态的最基本要素，但中国城市中的建筑所具有的城市属性非常薄弱，因为对于城市空间的定义更多依赖于边界要素，而非建筑实体。这种建构特征起源于传统城市，并在近现代的发展中得到了延续。

（1）居住类单元中的建筑

传统城市中以合院作为基本单元，城市空间依赖于墙的定义，建筑在墙体之后。这种要素组织的优先级差异对于城市活力的形成有很大影响。建筑单体服务于院落，朝向院落开口，并与院落有效互动。建筑与城市之间则以院落作为过渡。由于墙体跃升至定义城市空间的要素，而弱化了建筑本体的城市属性。

近代受到西方城市文化的影响，建筑面向城市开放，成为街墙，街道的活力有所提升，而内部的院落也没有被放弃，依旧保留了下来。现当代城市中，居住小区统领了城市，小区的围墙成为大部分街道的边界，建筑退居于围墙或者宽大的绿化带、停车区之后很难感知（图5-7）。

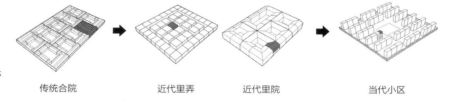

图5-7　居住类单元的建筑要素比较

传统合院　　　　　近代里弄　　　　　近代里院　　　　　当代小区

居住类单元中的建筑单体彼此之间呈现同质性。如传统合院中的建筑、近代的里弄或是当代小区中的住宅楼等，均展现出此特征。随着时代的发展，城市空间单元的尺度逐渐增大，建筑单体的尺度也逐渐变大，而每户所占有的空间逐渐变小。各时期的共性是建筑单体均朝向院落，建筑布局由功能需求主导。

从建筑所承载的居住空间来看，单个家庭的空间越来越小。从古代封闭的院到当代的居住小区，每户之间看似取消了封闭的院墙，但是封闭的院落空间转化为小区集体的邻里空间，仍未面向城市空间开放。而每户的到达路径经历了更多的层次，空间层级更为复杂。

（2）非居住类单元中的建筑

　　非居住类单元中的建筑更为强调仪式性与功能性，以轴线序列为核心组织秩序，借助围墙的保护，在内部形成孤立于外部的组织关系。而建筑的形式与其所处的位置息息相关，控制性的主要建筑居于中心位置，与主要院落结合，辅助建筑退守后方，形式也更为简单，同样展现出等级秩序（图5-8）。

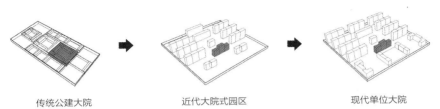

传统公建大院　　　　　　近代大院式园区　　　　　　现代单位大院

图5-8　非居住类单元的建筑要素比较

　　传统公建大院中最重要的建筑居于整个单元的几何中心，以凸显其等级地位。在近代大院式园区和现代单位大院中也同样以主楼居于最重要的位置，并以仪式性前院形成前序空间。

　　与居住单元建筑的共同之处是，从传统到现代的大院内建筑同样面向的是非城市空间，而并不直接面向城市空间。建筑单体对于城市而言层级较深，可达性较弱。单元通过围墙与城市接壤，因而对城市街道空间的限定作用较弱，也难以形成连续的街墙。

　　由于建筑退居其后，直接面向城市空间的是边界要素，使得不同单元之间的建筑相隔甚远，很难产生互动与配合。同时，建筑由于摆脱了城市空间的约束，形式上比较自由。纵观三个时期构成城市空间单元的建筑单体，居住与非居住类单元均呈现出这些特质。

5.1.2　空间单元结构的历时性比较

　　在围墙的庇护下，单元内部布局可以自由地组织。因此造就了传统空间两大"自我指向"的内部秩序：向心结构与序列结构。并且这两种秩序在近现代的建设中不同程度地沿袭下来。

5.1.2.1　向心结构——居住类单元

　　纵观三个时期的居住类城市空间单元，均具有中心营造的空间概念（图5-9）。中心在中国空间文化中占据很重要的位置。《中庸》曰："中也者，

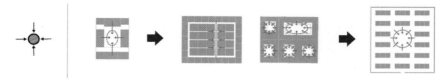

图5-9 向心结构在居住类空间单元中的表达

天下之大本也；和也者，天下之达道也。致中和，天地位焉，万物育焉。"这种解说足以道出"尚中"的目的。中国人对大地平面的理解是八个方位加一个中心，"中"是主要的方位，是人所处的最佳方位。传统合院中最先开始将建筑朝向中心庭院布局，形成全家的生活起居核心。院居于空间的几何中心，其优先地位不可撼动，先有院，后有建筑，它们共同完成合院的向心结构。

到了近代，西方文化的强行植入，使城市外部空间价值被发现。多个地区出现围合式街坊类型，将单元的边界开放，但是内部的中心没有改变。这个内部的中心表现为里弄单元的弄堂和里院单元的内院，这个中心是邻里之间的寄托，也是小集体心灵的归属。中心的存在是中国近代城市空间单元区别于它的原型——欧洲周边式街坊的关键。

现当代时期，在新技术的影响下，空间尺度剧增，城市空间单元的内部结构变得松弛而模糊，但"中心"仍然存在，表现为居住小区的中心开放空间，只是使用者从传统的一家人变成了邻里。这些小集体的开放空间成为单元内的固定配置，出现在不同功能、规模和造型的小区内，给予了小区居民在各自社会群体内的归属感和认同感。

中心的存在形成了一种引力，将空间的"势"向内吸引，使建构逻辑指向内部。中心造成社会生活的内化，承载了一定公共属性的院落在城市空间单元的里面而非城市空间中，使人们的社会活动转移到了单元的内部，进一步促进了内部社会活动的丰富发展。

综上所述，居住类单元大多以向心结构来组织空间，向心结构突出围合性与封闭性，与私密性较高的生活类空间高度匹配。古代合院、近代里院和当代小区均呈现出这种空间结构。

5.1.2.2 序列结构——非居住类单元

传统社会中，讲究尊卑秩序的儒家伦理成为社会组织乃至空间组织的主要原则，在仪式性较强的非居住类单元中广泛应用（图5-10）。在传统公建大院中，严整的轴线序列结构限定空间的等级，树形结构使空间路径产生了

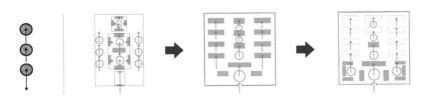

图 5-10　序列结构在非居住类单元中的表达

纵深，打破了平行均等的关系，在城市中形成了无数个深秘的大院。

这种空间模式一直延续下来，近代的大院式园区完整地继承轴线序列，在成组布置的园区结构中，序列原则基本上是组织空间的首要选择。新中国成立后，这一建构机制在单位大院中也一直沿用。单位大院的空间组织再次体现了对序列性的强化，其统领空间的中轴线俨然是传统公建大院中轴线的再演绎。重要的主楼、礼堂横亘在中轴线上，前工后寝，空间层层递进。

等级化使城市空间单元的内部产生了独立于城市的专属路径，这种路径模式降低了从城市空间进入单元的可达性，从而削弱了单元内外的联系。这种特质与单元的尺度也有一定关系，尤其明显地表现在单位大院这样的巨大单元之中。中国城市从隋唐的里坊开始，道路系统一直采用大街廓的树形结构，宽阔的街道面向城市，而单元内部独立组织次级交通。简·雅各布斯认为居住空间与城市空间之间频繁的联系是营造城市活力最为宝贵之处，而这正是中国城市空间所缺乏的 ●。

综上所述，序列结构突出仪式性，强调轴线层层展开的纵深感。非居住类空间单元多以序列来组织空间，古代的公建大院和近现代的园区、单位大院等均呈现出轴线序列的空间布局，这也是与居住类单元的主要差异所在。

5.1.3　城市空间营造的历时性比较

城市空间单元的内部构造呈现了城市微观层面的空间组织关系，而单元之间的关系则体现了中观层面对城市公共空间的建构方式。它们定义了城市街区和街道的形态、尺度、边围，以及其所容纳的城市活动。

纵观中国的城市空间单元，以内部结构为中心的原则使空间单元之间大多缺少有机联系。封闭内向的特质决定了由这些单元构成的街区几乎不会主动建构城市公共空间。由此产生的中国城市公共空间总体上是比较被动的。

● 简·雅各布斯.美国大城市的死与生 [M]. 金衡山，译.北京：译林出版社，2005.

　　传统合院以封闭墙体面对街道，街坊被规划在大街、小街、胡同的三级道路系统里，道路主要满足交通功能，而对其他的公共活动很少关注，由于单元都是背对着城市，所以很难与街道产生互动。由封闭的合院单元背靠背复制形成的街坊，其边界仍旧是封闭的形态，并且街坊的形成是简单的拼贴，而非主动的结构性塑造，由这种街坊同构形成的城市街区表现出较弱的城市属性。

　　到了近代，居住类单元受到西方城市文化的影响，边界变得开放，单元之间的联系随之增强。周边式的里弄和里院对街道开放，连续的建筑界面限定了城市空间，单元之间形成了宜人的街道尺度，内外并重的特质使单元之间相互配合形成互动，由此形成的城市街区也能对公共空间形成主动营造，这一时期的居住类单元比传统时期的外化了很多，这是内外兼顾的建构机制所带来的积极影响。

　　现当代城市尺度有了巨变，街廓尺度增大，建筑高度增加，单元与单元之间间隔较远，使街道尺度失调。以行列式布局为主的小区和大院单元，其建筑布局与造型由自身因素决定，这导致互相之间在形态上缺少关联，使城市界面的建筑呈现被动拼贴状，难以形成清晰的结构。因此城市肌理较为松散，城市空间单元从形态结构上难以辨识。

　　总体上看，由缺少配合的城市空间单元复制而成的城市空间表现出被动性，单元边界以封闭为主，缺少与单元内部的行为联系，这种由单元复制而成的街道其尺度和形态缺乏主动塑造。这些特征在近代相对减弱，单元之间出现了一定的互动关系；在现当代的呈现最为强烈，因此城市肌理也最难以识别（图5-11）。

5.2　城市空间建构中的共性提取

　　通过对城市空间单元进行纵横向比较分析可以发现，中国城市空间建构存在着比较明显的共性特征。人类在建造过程中所出现的许多形式都可以归于"包含着文化价值观的选择"❶，这也是传统的本质所在，只要传统还存在，这种集体的意象就在起作用。城市空间作为社会文化的物质载体，人的活动与所营造的空间环境有着较高的对应关系。

---

❶ 阿摩斯·拉普卜特. 宅形与文化 [M]. 常青，徐菁，李颖春，等译. 北京：中国建筑工业出版社，2007.

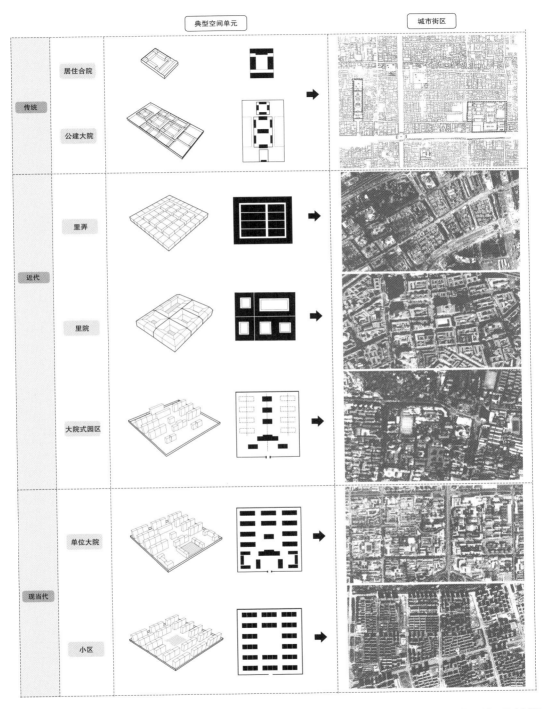

图 5-11　三个时期
空间单元及所建构的
城市街区

厘清空间要素的组织关系是寻找空间建构本质的关键。从城市视角观察，中国城市在中微观层面建构空间的方式具有一定规律，通过空间构成三大要素——建筑、院与墙的关系对比能够清楚地呈现出来。

中国城市空间单元构成要素之间的组织逻辑，如图5-12所示。

a. 建筑单体直接服务于院落空间，通过墙与城市空间接驳，建筑很少直接与城市空间相接。

b. 建筑与建筑之间是分开而缺少关联的，建筑的独立性较强，建筑与建筑之间的连接以院子或单元内部的开放空间为主。

c. 院落成为城市空间单元的主导元素，统领其他各单体建筑。

d. 墙代替了建筑成为限定空间的边界要素。

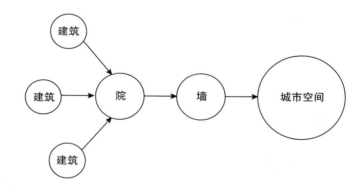

图5-12 中国城市建构的空间要素关系

在建筑、院落、围墙、城市空间几种要素中，围墙是直接与城市空间产生关系的要素，而建筑与院落退居其次。围墙的地位跃升，完成了围合、分隔等定义城市空间的任务，超越了普遍意义上墙体的功能（作为建筑的一部分）。而建筑的地位相对弱化，成为服务于院的空间要素。

将这种规律与西方城市空间单元的组织方式进行对比，这种逻辑关系可以更为清晰地呈现出来。

西方城市空间单元构成要素之间的组织逻辑，如图5-13所示。

a. 建筑单体直接服务于城市空间，形成街墙。

b. 建筑与建筑之间具有强烈的关联性，形成结合体进而共同塑造城市。

c. 建筑背后可能形成功能性的后院（并非必须），作为辅助空间。

d. 很少采用墙体来划分城市空间。

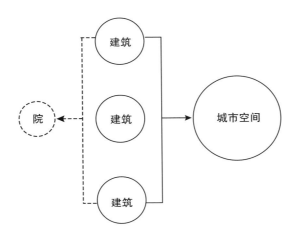

图 5-13　西方城市建构的空间要素关系

通过对比建筑、院、墙三者的地位可以明显看出中国城市空间建构中的独特性。边界要素的地位强于建筑，导致建筑远离街道，退居于第二层次。与建筑发生关联的空间城市性较弱。三者之间的拓扑关系清晰地呈现了中国城市空间建构的基本逻辑。这种逻辑导致城市空间的塑造力不足，也是中国城市空间内向发展的本质原因。这种内向发展的空间文化基因来源于传统时期，再现于当代。

5.3　城市空间文化溯源

所有空间内向的本质来源于社会公共生活的缺失以及相应的城市公共空间的缺失。中国没有公共空间的传统，也没有利用这种空间的惯例，因此也缺少城市中的闲逛行为或者基于公民社会而产生的公共讨论。溯其源头，有多种复杂因素对这一结果产生影响。本节从社会、经济、文化多个维度对空间予以扩展解读。

5.3.1　家庭主导的社会生活

城市空间单元内向发展的特征，其最主要的形成根源是以家庭为核心的传统社会结构。宗法制度源于上古，是古代社会的基础，形成了尊卑、男女、长幼等伦理关系。古代的大家族居于同一座大宅内的不同院落，子女晨昏省视父母，大宅内严格区分内外的准入性。一座宅院像一个小社会，全家人在这个小世界中各司其职，这种生活方式对传统内向院落布局有决定性的影响，院子成为社交的中心点，也是家人的精神依托（图5-14）。

图5-14 作为小社
会运转的家庭空间

婚丧年节时在家中摆席设宴　　　　　　　　　　　院子成为邻里社交中心

　　中国的社会是家族的社会，就是基于这样的小单元而组织起来的。"中国人常自承自己的国家像一盘散沙，每一粒沙屑不是一个个人而是一个家庭。"❶中国人除了家庭，没有社会。在东方世界里"家庭"替代了"个体"成为社会的基本组织单位。以家庭为中心的生活方式使家庭承载了超乎其本来应该负责的内容。社会关系家庭化、伦理化是了解中国社会结构的钥匙。换言之，也就是公共空间私人化了。没有一定的公共空间，也就不可能建立起凌驾于每一个人之上、对每一个人具有同等效力的法律制度。由于彼此的关系太近，无法从中产生中介性关系。人与人之间中介性关系形成的前提是这种关系可以被衡量。这一中介物可以是多样的，既可以是宗教（如西方基督教的上帝），或者是商品（资本），也可以是制度，即社会的公共层面（图5-15）。

　　在西方社会，这样一种中介的形成有其历史渊源，西方社会的公共性最早起源于古希腊的城邦生活，古希腊的民主政体造就了城市文化中的公共精神与民主意识。城邦生活给西方人留下了公共精神的传统，这种公共精神一直影响着欧洲的城市建设，使城市营造更多关注公共空间，广场、剧场、庙宇成为支撑一个城市的最基本要素。

　　反观中华文明，从轴心时代开始，厚重的家庭文化以及伦理核心使中国人自古缺乏社会公共生活，没有建立起公共的概念，缺乏公共意识，所以也不太会营造公共空间。对中国人来说，"公共"是一个外来的现代词语，公共精神、公共意识对于之前的中国人来说都是全新的东西。梁漱溟曾概括中国的文化："中国式的人生，最大特点莫过于他总是向里用力，与西洋人总

❶ 林语堂.中国人 [M].黄嘉德，译.北京：群言出版社，2009.

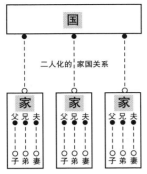

中国社会结构：二人化，直接
化，伦理化，国与家的关系比照
家庭内部人员关系

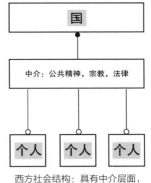

西方社会结构：具有中介层面，
客观的规则与制度将人们间接
联系在一起

图5-15 中西方社
会结构对比

是向外用力者恰恰相反。"❶ 由于人们生活在伦理社会中，伦理对人的约束都
是使人面朝里的，赋予了中国社会内向性的特点。

社会公共性的有无是中西方社会结构的本质差异，也是造成城市空间文
化差异的根本原因。这种差异使城市的物质表达也发生了根本性的不同。中
国城市公共空间品质缺失的现象，是否可以解读为它是构建城市的空间单元
个个"向里用力"的结果？

社会生活与城市空间的融合统一，在古代城市中淋漓尽致地体现出来。
古代中国社会，由家庭构成的小单元被平行复制成为国家，家与国之间是真
空状态，缺少了中介的层次。表现在空间上，院落这种类型的产生，就是内
向社会模式的最直接产物。小单元内部空间精益求精，对城市公共空间却缺
少考量。合院、单位、小区等单元将人们的活动都挪到了内部，家庭或邻里
的内部空间具有了准城市属性，承载了一定城市公共空间的意义。

长期存在的大家族聚居模式使合院的空间模式和"家"的心理文化意
象之间建立了稳定的联系。这种稳定的联系即使在今天的城市中依旧以某
种方式发挥作用，只是属于家庭的单元扩展为属于邻里或单位的大单元。
社会和空间的单元化组织方式依旧延续了下来，中国式的空间组团仍然遍
地开花，"大院""小区"都是一个个稳定的集体。这种社会结构所缺失的
是对公共价值的重视，这也是中国空间建构中对城市塑造力不足的最主要
动因。

---

❶ 梁漱溟.中国文化要义[M].2版.上海：上海人民出版社，2011.

5.3.2 "类家庭"结构的再现

（1）家长制——传统家庭社会秩序

传统城市的社会结构以家庭为单位，儒家礼制是约束社会秩序的主要方式。家之上就是国，家庭的伦理结构与国家的"大家庭"伦理结构在拓扑关系上高度相似。父子关系比照君臣关系，使中国传统社会一直处在以伦理关系解决事务的社会文化中。家庭不仅承载了起居生活等私密活动，也承担了公共职能，是扩大了的家庭（expanded family）❶。传统的"家庭"并非指现代西方意义上的三口之家，而更接近于氏族概念，是一个事业组织。氏族具有政治、经济、宗教等复杂的功能，传统的家庭也是这样，利用亲属组合社群，经营事业，使基本的家变成了氏族。有很多社会现象可以佐证这一点，中国的家庭里有家法，夫妇间相敬如宾，亲子间讲究负责和服从。这些都是事业社群里的特色❷。而在西方家庭团体中，夫妇是主体，子女作为附属，长大成人后就离开了，在他们的社会中，政治、经济、宗教等功能由其他团体来承担，不属于家庭分内事务。相应地自然产生出家庭之外的社会公共生活，这在中国传统社会是少见的。

反映在城市中即是家庭单元的完整化和扩大化。封闭的家庭创造了一个家长权威得以实现的清晰领域，将自己（家庭）和其他社会层次区分开来。在合院内部，家庭组织除了日常起居外，还实现了礼仪、休闲、教育、手工制作等社会行为的发生。传统家庭院落是儒家思想下的领域空间，其空间结构是为了实现有差异化的社会关系——家长为中心，家庭成员呈现等级化关系，个体被弱化且缺少隐私，而集体被放大。

这种社会结构很容易和现代单位大院联系起来，院墙内丰富而多元的微社会好比一个大家庭。

（2）单位制——社会主义大家庭秩序

"如果社会主义单位采取了由墙围合的院落形式，并不是因为单位是儒家思想的遗产，而是因为这种空间形式作为一种技术，可以用来维护集体主义的社会秩序。"❸

---

❶ 费孝通.江村经济[M].上海：上海世纪出版集团，2007.

❷ 费孝通.乡土中国[M].北京：北京出版社，2009.

❸ 薄大伟.单位的前世今生：中国城市的社会空间与治理[M].柴彦威，张纯，何宏光，等译. 南京：东南大学出版社，2014.

　　工作单位作为城市生活的焦点，形成了一种无隐私的小型社群氛围，这是其他现代城市所没有的一种独特的城市体验。社会主义时期的单位制，承包了员工的衣食住行，使员工对于所属单位的依赖性很强。在当时的社会中，一个人如果没有单位，是很难生存的。到了 1957 年，已有超过 90% 的城市劳动力是属于国有或集体单位的。社会的工资、福利通过单位来发放，城市的基础设施与消费场所均转嫁到单位内部建设。"在新的社会主义城市中，日常社会、经济和政治管理的许多方面都托付给了基层单位。❶"

　　把集体置于个体之上的传统趋势又一次出现。个体权力的弱化和小集体的强化，进一步导致了公共层面的萎缩。由于大部分时间都是在自己的工作单位内度过的，人们的外部经验和接触相对较少。他们经常谈论发生在"社会上"的事件，就好像他们的工作单位完全与更广阔的世界分开。

　　在单位中，个体是非匿名的，几乎所有人的隐私都暴露在集体生活的眼睛之下。工作单位的家长式作风渗透到工人生活的各个方面，工人受到单位领导的庇护好比对家长的依赖。传统家长制在脱离了合院这个物理空间形式之后，在单位这个集体系统之下又一次出现，成为新中国成立后社会运行的基本单元，单位大院则是这一社会结构的物质映射。

5.3.3　为治国而出现的城市

　　中国古代早期"城"的出现是作为政治权力的工具与象征出现的。中国两千余年漫长的传统封建社会所采用的是中央集权制，皇帝通过官僚系统对国家进行严格的控制，而城市正是实现这种统治的工具。城市初现时的聚落形态所包含的考古材料通常有以下几项因素：

　　夯土城墙、战车、兵器；

　　宫殿、宗庙与陵寝；

　　祭祀法器（包括青铜器）与祭祀遗迹；

　　手工业作坊；

　　聚落布局在定向与规划上的规则性。❷

　　这些要素清晰地说明了中国初期的城市是为满足政治需求而生，这与西方的起源于商业交易而自发形成的城邦不同。中国城市中各郡县是帝王设立

❶ 薄大伟. 单位的前世今生：中国城市的社会空间与治理 [M]. 柴彦威，张纯，何宏光，等译. 南京：东南大学出版社，2014.

❷ 张光直. 中国青铜时代 [M]. 北京：生活·读书·新知三联书店，2013.

在各地的政治管理要塞，一个城市中最核心的位置正是宫殿、衙署的所在之处（而西方则是承载公共活动的广场），其次是祠庙等礼制建筑所在之地。这些均是朝廷用以控制百姓的手段，可见中国城市的政治性起源远大于经济性起源。

由此慢慢形成了传统时期的社会文化，市民百姓对公共事务、公共空间不关心，由于缺少自由民主思想意识形态的支撑，集权管理方式使中国自古都没有衍生出市民公共生活，也没有如广场一般的城市空间产生。"**因为缺乏政治压力及预算来使地方政府多关心市政功能，市政服务向来'因陋就简'，城市居民只能靠自己（如乡绅募捐）来解决许多日常功能需要，包括治安在内。**"❶今天的城市公共服务虽然比之前进步了，但仍然远远落后于西方城市。"公共意识"在文化根源上的长久缺失，表现在民众对公共区域事不关己的态度，如共享单车的随意丢弃、街道上的乱贴乱画等。

由于"公共意识"的薄弱，使人们转而关注自身，依赖自身家庭来满足生活所需，使小团体内向生长。古代表现为缺乏都市社会生活，百姓们都在院子里进行各项生活之事，城市中最应该具有公共属性的衙署、祠庙、寺观等公共建筑也是在封闭的院墙里，人们需要走进院子再进行活动，街道失去了应有的公共属性。到了现代，自给自足的大院、小区出现，围以高墙内外分隔，忽视与城市的互动，也是将市政服务的压力转移到了各自的小团体中。内部的家庭、单位、邻里各自负责，内部的强势使城市街道的公共服务得不到发展。

到了当代，在资本与市场经济的驱动下，效率优先的建设常常与城市空间的社会价值相冲突。20世纪80年代末土地市场化，大地块出让的模式形成。西方典型街区在1~2hm²之间，而中国的典型居住小区大约为12hm²。大地块出让也带来了一系列城市空间问题，街区尺度失调，路网密度降低，甚至部分公共服务设施也被迫私人化了。

大地块出让的方式从单位大院开始就出现了，这种做法减轻了政府建设基础设施的负担，使得城市的管理和公共设施建设的压力大部分转移到了集体内部。结果是消解了城市公共空间的品质，城市公共活力也受到影响，反之驱使市民越发依赖小区内部的活动空间。以此形成恶性循环，使小区单元越发内向发展。

---

❶ 缪朴. 城市生活的癌症——封闭式小区的问题及对策[J]. 时代建筑，2004（5）：46-49.

　　土地政策出让方式与决策者的意识形态紧密相关，这与上千年的传统观念是不无关系的。自古城市空间和公共性利益在集权统治社会中很少得到重视，导致在快速城市化的过程中，城市公共空间品质在与建设效率的博弈中同样没有占据上风。

5.3.4　空间美学中的时间维度

　　"富于暗示，而不是明晰的一览无遗，是一切中国艺术的理想，诗歌、绘画以及其他无不如此。"❶中国空间的深秘之感首先来源于在空间塑造中加入了时间维度，从一个空间到相邻空间的旅程是建构这种美学的关键操作，所以传统合院中的"穿门过墙"是游览中国式空间的核心体验。

　　这一空间概念在古代绘画中可以得到印证，中国卷轴画的出发点是时间性和故事性的结合。绘画创作以特定的观赏顺序为基础，随着卷轴的展开，一幅幅片段式的场景图展现在眼前，完成逐渐展开的过程。

　　南唐画家顾闳中的《韩熙载夜宴图》充分说明空间的层级在绘画作品中的营造，其从右至左依次描绘了四个场景，在片段化的复杂空间体系中创造出连续不断的画面（图5-16）。在四个场景中，每段场景都是一个独立的空间单元，且有各自对应的视点，随着欣赏过程的深入，画中的场景和地点不断转换，"屏风有规律地沿着四段场景的连接线放置，一方面加强了对空间单元的划分，一方面将其串联成连续的视觉叙事"❷。这种场景式的创作意图，与墙体在合院序列中的作用如出一辙。

　　卷轴画所展现的空间观念是对片段的分离与整合，场景和故事性的转换是营造的重点。与西方的壁画、油画的基本美学取向不同（观者可以同时看

图5-16　顾闳中《韩熙载夜宴图》局部

---

❶ 冯友兰.中国哲学简史 [M].涂又光，译.北京：北京大学出版社，2013.

❷ 巫鸿.重屏：中国绘画中的媒材与再现 [M].文丹，译.上海：上海人民出版社，2009.

到所有的画面）。卷轴画类似于中国的逻辑方式，恰如在连续时间进程里的一次航行；是一幅移动的绘画❶。空间的转换和丰富层级是中国空间观念的重头戏，所营造出的空间是赋予了深度的序列空间，同时也产生了建筑单体的弱化和群体关系的美学塑造。

瞬间直观把握的巨大空间感受，在这里变成长久漫游的时间历程❷。游是这一空间概念的基础，在变化中体现空间的价值。传统空间对纵深感的追求，引发一系列空间现象——轴线序列、树形结构都得到了解释。

此外，分隔物在中国空间中是最重要的存在，没有分隔就无法产生空间的平面铺展，也就无法"游历"空间。《韩熙载夜宴图》中的屏风对画中空间的分隔正如墙在中国空间中的作用，墙把空间分隔成单元，每个片段是独立的构图（图5-17）。

图5-17　顾闳中《韩熙载夜宴图》构图示意图——设想展开手卷过程中的四个片段

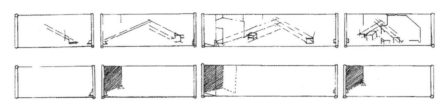

这种美学逻辑在传统空间中表现为墙体的使用，从传统合院到里坊到城市再到国家，将广阔的空间不断分隔，形成相互独立的封闭单元，慢慢沉淀为城市空间营造中的主要方式。墙以不同形式在城市历史中出现，院墙、坊墙、城墙、大院的墙、小区的墙……与之相应的墙内空间也成为秩序营造的主题。

美学观的产生与儒家的等级观念不无关系。中国是伦理本位社会，礼制观念是儒家的基本思想，它教会我们上下尊卑、君臣父子，任何事物都存在着等级秩序。南宋陈元靓的《事林广记》中称"凡为宫室，必辨内外，深宫固门。内外不共井，不共浴室，不共厕。男治外事，女治内事"。内外有别，前堂后寝展现了社会伦理影响下的空间秩序。等级观念在传统空间体系中处处可见，无论是间、房，还是院、宅，各个层级的空间方位均有明确的等级制式来体现使用者的地位差异（图5-18）。

❶ 李晓东，杨茳善.中国空间[M].北京：中国建筑工业出版社，2007.

❷ 李泽厚.美的历程[M].北京：生活·读书·新知三联书店，2009.

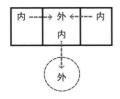

房间内外等级

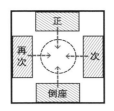

合院中房的等级

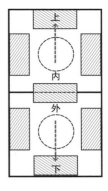

串联院落的等级

图 5-18　合院系统的空间等级差异

平面上的纵深序列是体现空间等级性的最佳方式，因此轴线应运而生。轴线在中国空间中的地位无可比拟，几乎所有的空间建构都要引入轴线。在这条平面展开的线上，建筑横亘其上，视线无法贯通，但空间的深度却由于分隔而层层递进，产生了等级差异，也营造了游历中的时间维度，正如欣赏一幅逐渐展开的卷轴画。

可达性的不同产生了空间的上下尊卑，等级越高则空间越深，空间的不断加深、内化代表着权力层级的不断提升。"庭院深深深几许""深宅大院""侯门深似海"正是对这一空间特征的准确描述，均体现出以"深"为贵、为美的空间建构理念。

5.4　城市空间文化的多维审视

5.4.1　中西方城市空间的本质差异

中西方城市空间的特质具有本质差异。西方的城市空间单元总体可以用"外向"来归纳，周边式街坊在历史上多次出现，这种单元外边界对城市开放，使单元的内外互相交流，同时单元共同配合来定义街道与广场，始终积极建构城市空间，宁可牺牲单元自身的形态，也要优先满足外部城市空间形态的完整性。反之内部的秩序则比较被动，多是由通风采光等功能性因素决定。

中国的城市空间单元营造的驱动力正好相反，单元外边界封闭，使内外隔绝，保证内部的独立性。同时单元之间缺少配合，各行其是，单元优先满足自身内部的秩序形态，而外部城市空间的形态多是被动生成。中西方城市文化的差异造就了对待城市公共空间的不同态度。内部驱动和外部驱动两种相反的作用力，是中西方城市形态产生巨大差异的本质原因（图 5-19）。

　　社会文化、政治体制等因素对城市空间具有决定性的影响。西方城市传统来自古希腊城邦文化，古希腊城市的建立基于民主、集体、公共和自由的理想。对外拥有城墙，对内没有像东方城市一样的分界线，城市空间没有阶级分区，形成城市集体的归属感❶。城市公共空间可以聚集大部分市民，男人们更多地生活在公共场所，贵族也与民众共餐，体现出平等的社会生活态度。古罗马城市文化继承了古希腊文明，开放的城市公共空间同样扮演着重要角色，但由于集权统治的形成，空间塑造逐渐走向威严、理性和壮观。

　　到了中世纪，城市社会秩序的支撑力转变为：贵族、教会和市民阶层。集市广场、市政厅和交通总是相依为伴，共同构成城市和城市生活的中心❶。中世纪的城市空间继承了古典文化中的开放性与公共性，城市秩序有机生长，形式多样又极具整体性。文艺复兴时期随着城市规模的扩大，开始出现了分中心，但城市空间的人性化和场所感仍一脉相承。

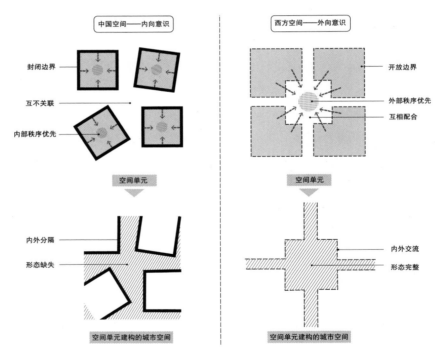

图5-19　中西方城市空间建构的本质差异

　　近现代由于工业化影响，城市建设趋向效率化和理性化，简单的周边式街坊依然是定义城市空间的主力。最典型的代表如巴塞罗那塞尔达街区——

❶ 蔡永洁. 城市广场 [M]. 南京：东南大学出版社，2006.

简单的类型创造出多样性的城市空间。当代欧洲城市呈现出多元化发展，短暂的现代主义洗礼造成了街道和广场空间的解体，欧洲城市及时反思与修正，重新认识传统空间的价值，回归了具有人文关怀的城市空间营造。

与古希腊相比，中国的城市空间文化展现出另一番样貌。中国的社会可以叫做家邦，以家来理解邦。在一个城邦里，社会组织不是独裁的。但是在家邦里，社会组织就是独裁的、分等级的，父的权威天然地高于子的权威❶。中国传统空间始终围绕"家庭"为中心展开，这个"家庭"既是国也是家。皇帝是最高级别的家长，他以独裁的方式管理着"国"这样一个大家庭，与此同构，家长、族长也是统领各自小集体（家庭、宗族）的王。集权体制、社会结构、儒学礼制均一一映射在城市空间的建构中。

城市结构清晰地反映着封建集权文化的影响，是帝王统治和管理百姓的物质手段。由于缺乏民主意识和自由平等的精神，中国传统城市空间明显缺少公共性特征，城市中心坐落着权力机构——衙署或宫殿，目的是彰显统治力量。同时，传统城市将注意力始终关注在以家庭为核心的墙内小世界里。这种空间传统一直延续至今，在近代、现当代都有不同程度的体现，空间单元对城市空间始终表现出消极的回应。

5.4.2　传统文化基因与外来文化的博弈

纵观传统、近代和现当代三个时期的城市空间单元，西方城市文化与现代化技术的影响成为传统空间的最大冲击。这两大影响因素对城市的作用力与本土空间文化展开了博弈。

当一种新的建筑类型从零开始，本土没有参考的经验时，总会借鉴西方已有的经验，如邻里单位思想、工人新村思想、苏联的集体主义等模式。包括里弄在内，也是对西方联排别墅的移植。但是在拿来之后，在进化与稳定的过程中，这些借鉴来的模式逐渐变成了中国式的样子。轴线序列、围合向心、院落的变体都不自觉地再次出现了。"传统"在时代更迭的伊始受到"新"的冲击暂时潜伏了，而在稳定期再现❷。

欧洲联排别墅的入口朝向街道，而里弄的入口朝向弄堂；里院起初是参考德国的围合式街坊，出入口朝向街道，但传入青岛后的里院逐渐演变为以

---

❶ 冯友兰.中国哲学简史[M].涂又光，译.北京：北京大学出版社，2013.

❷ Duanfang Lu.Remaking Chinese Urban Form：Modernity，Scarcity and Space，1949–2005[M]. Abingdon：Routledge，2006.

院落为核心的空间模式，出入口与公共走廊均朝向中心的院。又例如，近代西方联排住宅传入中国后被消化与转译了，上海在近代建设的联排住宅，原本朝向街道的建筑转为朝向院落，内外颠倒了180°，将入口转向内部。院子成为组织各户入口空间的中介和缓冲。这与西方从街道直接进入建筑的拓扑关系截然不同（图5-20）。

图5-20　西方的联排建筑在中国产生的本土化改变（柏林联排别墅与上海里弄的对比）

单位大院的发展也体现了苏联模式的传入与本土化的发展。尽管社会主义的单位起初借鉴了苏联的集体主义模式，但与苏联仍然有很大差异。首先，尽管规划者希望缩短工作地和家的距离，但是生产区和居住区在苏联的城市中仍然是独立的，而非混合的。其次，苏联的居住区中居住着来自不同企业的居民，是一种城市性的产品。最后，由于工作居住的分离，苏联的城市系统比中国的系统更依赖公共交通。❶

另外一个证据是，早期中国全面推崇苏联的超级街块模式，比较典型的案例有北京的百万庄住宅区和长春一汽居住区。但中国的规划者很快发现，这些围合式街块布局使大量住宅的窗户朝西，还有采光通风等问题，所以这种围合式布局逐渐被放弃，说明在南北朝向和围合城市空间这两者出现矛盾时，城市空间被放弃了。苏联的围合式和双围合式被放弃后，逐渐演变为中国的轴线+行列式。对城市界面塑造力的需求被坐北朝南的需求取代。

传入的"新"与传统文化意见相左的部分在发展中逐渐被削弱，而相符合的部分被延续甚至强化。在新与旧的博弈中，两者互相调适与妥协，输掉的往往是城市空间，因为城市公共价值还没有被充分认知。

正如象征着"现代"的城市广场一般，从西方复制而来的广场形式并非

---

❶ Duanfang Lu.Remaking Chinese Urban Form：Modernity，Scarcity and Space，1949–2005[M]. Abingdon：Routledge，2006.

真正意义的广场，脱离了社会属性的广场形式流于大而空。中国广场的"中国性"也进一步说明了一种空间要素无法孤立存在，也并非简单的移植和引入，而是从文化土壤中生长出来的。广场如此，看似从西方引入的"大院""小区"等产品也是如此。引入初期受到时代和经济的剧烈冲击而突然产生，看似简单的拿来，但在稳定发展中，中国性——属于本土的空间建构机制逐渐浮现出来。正如卢端芳所说的"传统的潜伏"，快速更迭社会中的"传统"，在不断变化的历史实践中反复被构建和解构……传统具有自我更新的能力，在政治和社会变革期间，它可能会暂时受到抑制，但很少会完全消失。相反，它倾向于以新的形式在新的环境中重新出现❶。

5.5　本章结语

本章通过对传统、近代和现当代三个时期城市空间单元的纵横向比较，尝试总结中国空间建构机制的共性。在这三个时期中，中国城市空间的内向性作为一种文化基因，以不同的姿态呈现。在对城市空间单元建构的纵横向比较与共性总结的基础上，进一步对其动因进行溯源，传统以家庭为单位的社会结构成为传统空间产生的最主要动力，以至于公共精神始终未得到孕育，而造成对公共空间的忽视。这种建构方式不自觉地延续下来，持续作用于近代乃至现当代的空间形态塑造。

---

❶ Duanfang Lu. Remaking Chinese Urban Form：Modernity，Scarcity and Space，1949–2005[M]. Abingdon：Routledge，2006.

6.1　中国城市空间不变的建构特征

　　通过对城市空间单元的纵横向比较可以看出，中国城市空间的建构存在着贯穿历史时期而不变的文化基因——一种内向的特质。社会结构、政治经济、建造技术都经历了巨大的变革，城市形态也随之产生了很大改变，但是在变化之中，一些共性之处却始终保留下来。现代化的技术和理念是原料，中国在用它们创造着自己的空间。

　　惯习是通过长期无意识的约束纪律而形成的，它始终在不知不觉地作用着。惯习是内化的性格，它们产生于长期的行为实践，并持续指导人的行为。惯习的概念可以来解释反复再现的传统文化基因。这种基因持续影响着中国空间的建构——城市空间单元强烈内向发展，忽视了城市空间的塑造。具体表现为如下四个方面。

6.1.1　领域性："墙"先于建筑来限定空间

（1）城市性的墙，非城市性的建筑

　　中国城市中直接暴露在街道面前的是边界要素，建筑退居于边界之后。传统城市中建筑包裹在围墙系统里，建筑单体之间彼此分开，并按照等级秩序进行布局，形成一套完整的合院系统。墙是限定空间的主要角色，缺少了

墙，空间概念就瓦解了。

由于边界的强势地位，在围墙的庇护下，建筑之间仅通过院落建立联系。边界要素在古代是墙，在近现代可以是围栏、绿化、退界空间等。由于边界的存在，建筑的出入口大多朝向非城市空间——院落、内部广场或其他邻里空间，使建筑与城市之间层次变多、加深，降低了可达性，也削弱了建筑的城市属性（图6-1）。

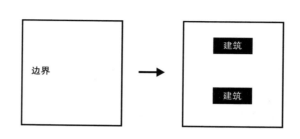

图6-1 先有边界要素限定空间，再布局建筑

（2）建筑布局脱离了城市空间的束缚

由于墙对空间进行了限定，其内部的建筑无须承担限定城市空间的职责。在围墙所保护下的不受干扰的领域内，建筑可以自由排布，随心所欲地形成轴线、围合、向心等自我指向性秩序，这样的建筑布局脱离了城市空间的束缚。不仅是传统合院，单位大院的围墙也是为了更好地"占地"，使内部自行其是；小区的围墙同样也限定了所属业主的心理边界，其所包裹的建筑按需排列，对城市街道形态则缺乏回应。

边界的优先性造成了城市空间的强领域感，首先表现在用围墙来圈定地块，划为己有。中国的用地相关规范中有许多退界要求，大多是针对用地红线进行大尺度的退线操作，由此形成的地块之间的建筑彼此更加独立，相隔甚远，造成街道空间缺乏限定。退界反映出一定程度上人们对边界的心理依赖性。这种惯习来自长期通过围墙限定空间所形成的空间传统。

6.1.2 内向性："院"代替城市空间成为营造重点

（1）内与外的角色博弈

对于中国空间建构机制的共性而言，内向性体现在外部城市空间与单元内部空间的角色博弈。内向地更多地反映在建筑对城市空间的营造态度。分析建筑、空间分别在城市中所扮演的角色，对于理解内向性有重要作用，这也是本书对城市空间单元建构分析的意义所在❶。

从城市视角来看，内向性体现在外部公共空间品质（外向动力）和自身内部秩序需求（内向动力）的博弈过程，两者之间谁更优先来主导城市空间单元的建构，决定了城市空间是内向还是外向。具有内部秩序，意味着对建筑的外部不关心，充实城市空间的思想是淡薄的。将内向性特质结合空间单元来思考，我们可以想象塑造空间单元的两股推动力：一是建筑单体或组团的内部形式秩序，由内部逻辑主导建筑组团的形态。二是组团的外部对城市空间的回应，由外部环境需求主导形态。当内向动力凌驾于外向动力，则展现出内向性。这正是中国城市空间建构所表现出来的特质（图6-2）。

外向动力：城市公共空间品质（弱）

内向动力：城市空间单元内部秩序（强）

图6-2 城市空间建构的内向动力凌驾于外向动力

内向城市空间单元自身具有明确而稳定的秩序逻辑，空间的组织围绕内部秩序；与外部相比，营造内部秩序优先，对外部环境表现出忽视和背离。所以内向并非等同于封闭，而是看营造的出发点是站在城市空间所在的"外"还是地块所在的"内"。中国城市所表现出来的贯穿三个历史时期的特质是忽视城市公共空间的塑造。中国自古就缺少城市空间，缺少对公共性的价值认知。这种特质来自传统，与社会结构和政治体系密不可分。

（2）对"院"重点营造，对城市空间较为忽视

对于中国城市来说，内向性更多地表现为对"院"的优先营造，而忽视城市公共空间的品质。院对于中国人来说是家庭的核心，是整个空间营造中最重要的部分，就连公建也同样比照"家"的结构来组织，形成"大院"。中国传统社会以家庭为单位的结构是产生这种空间特质的主要动因，因为院

---

❶ 学界对于内向性的诸多讨论，多集中于封闭、围合与向心等基本特征。卢端芳认为中国空间中的传统是"筑墙行为的反复发生"；缪朴将传统建筑的首要特征描述为"一重又一重的分隔"；朱文一在对中西方建筑的比较中也得出中国城市的"边界原型"所展现的内向性等观点。不可否认墙在中国空间中的地位是极为重要的，但内向性不仅仅等同于筑墙。将内向传统放在城市空间的视角来观察，远不止于此。

落承载了一家人的生活重心，它代替了城市空间成为社会生活的唯一场所（图6-3）。同时，中国传统城市的本质是治国工具，这种体制造成了城市公共生活的缺失，"公共"两个字在中国人的心里从来都是陌生的。

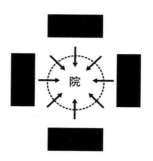

图6-3　院落作为空间营造的核心

　　与之形成对比的西方城市，则以街道和广场为主要营造对象，认为邻里或者家庭的院落仅仅是"后院"，是由于通风采光而被动生成的功能性空间，相当于一个附属的杂院，与中式院落的地位大不相同。西方城市可以牺牲建筑自身的形式和功能，来服务于街道与广场空间。

　　由于城市空间文化的差异，以公共空间系统为主导的西方城市展现出空间单元的外向性营造，而以内部院落为主导的中国城市展现出空间单元的内向性营造。

6.1.3　等级性：序列化的建筑布局

　　在中国的城市空间中，单元内部的建构秩序往往凌驾于城市空间的塑造需求。纵观三个时期的单元，序列秩序成为组织建筑群体的主要手段，这种秩序具有自我指向性，可以独立于外部环境而存在。墙的围合正好为这种秩序的实现提供了保证。因此也形成了中国空间中墙、院、建筑三者的特定组织关系。

　　传统空间的宗旨在于弯曲、参差、掩藏，暗示。中国的轴线序列所营造的正是空间的深远与神秘之感，而非欧洲城市轴线的宏伟贯通之感。序列化的组织方式造就了中式空间水平方向展开的空间结构。轴线多呈南北向展开，重要的建筑横亘于轴线上，形成仪式性空间。

　　序列结构贯彻了中国的等级观念，自古的伦理本位造就了这种观念的根深蒂固，它教会我们上下尊卑、君臣父子，任何事物都存在着等级秩序。反映在空间上，平面的纵深序列是体现等级化的绝佳方式。将空间划分出等级差异，等级越高则空间越深，空间不断加深、内化也是权力层级的不断提升。仪式性空间的扩展又通过增加轴线来完成，增加的轴线与主轴线形成主次之分，主轴线上建筑的重要性高于次轴线上的，等级性被再一次强化。

独立的建筑利用布局方式表达了等级观念中的主次秩序，不同形制与方位的建筑对应不同的社会及家庭地位。序列结构产生于传统，在近现代的仪式性空间营造中也成为主要手段。虽然建筑形式发生了变化，但空间等级观念始终延续（图6-4）。

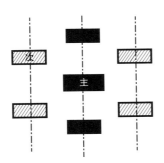

图6-4　序列化的建筑布局

6.1.4　模糊性：建筑对城市空间的消极回应

（1）各自为政的建筑

中国的城市空间是通过不连续的建筑与连续的墙合作完成的，这与西方通过连续的建筑来定义空间的方式形成鲜明对比。从最常见的城市街道来看，中国的街道界面是缺少连续性的（图6-5）。罗伯·克里尔在20世纪80年代提出，理想的街道宽度是一个人站在街道中间看得清两边的橱窗。城市空间品质的定义是要有明确的边围，有明确的基面形态和适宜的尺度。遵循这一原则，古典欧洲城市的审美与构成街道边围的连续建筑界面直接相关，也就是"街墙"（street wall）的存在。而中国的城市设计中，街墙的概念却始终没有建立起来，城市的审美标准并非建立在街道空间的塑造之上。独立的建筑体通过围墙被统一起来，如果没有围墙的存在，独立的建筑互相之间缺乏联系，难以形成明确的空间界面。这种建构机制到了近现代以不同程度被延续了下来，直接暴露在城市空间面前的更多的是边界要素而非连续的建筑体。

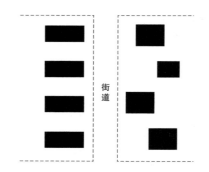

街道

图6-5 缺少关联的
建筑产生的城市空间
图底模糊

（2）城市空间的模糊性

由于自古就缺乏城市空间的营造传统，缺少了以空间形态为出发点来营造城市的价值观，以至于中国当代城市在逐渐走向开放的过程中，当建筑需要直接面对城市时，不知道如何相互配合来营造城市空间。若把合院、小区、单位大院的墙体去除，城市空间单元的形态会变得很难辨识。

从黑白图上看，城市中的建筑强调个体和组团的秩序，建筑与建筑之间缺少连接，空间也呈现出弥漫式的自由形态。不同地块之间的建筑各成体系，且退后街道界面较远，用绿化带或路边停的车充当边界。

由于建筑的孤立化，不同单元之间很难建立起尺度和形态上的联系，这样的空间单元所构成的城市空间看似开放，实则缺少形态完整性。城市变成了建筑单体的简单并置，而非公共空间形态主导。在城市营造中，放弃了建筑与建筑之间的关联性，也就放弃了对城市空间的积极回应，致使城市空间变得模糊。

6.2 本书的贡献

（1）以城市空间单元为载体的城市空间研究方法

既有研究成果在讨论空间文化时所采用的视角多为微观的建筑层面或宏观的规划层面，而忽视了建筑与城市之间的中间层次——城市空间单元。传统空间文化中建筑的角色、空间的角色以及建筑与空间的关联只有通过对空间单元层面的深入讨论才能彰显出来。本书尝试建立以城市空间单元为载体，以类型学理论为工具来认识城市空间的分析方法，期待为未来的城市设计与城市研究提供一种新的视角，为城市走向精细化建设的转型之路提供一定的技术支撑。

（2）系统论证中国城市空间建构中的内向特质

通过对城市空间单元的内部构造与外部关系的系统解析与纵横比较，总结中国城市空间建构的文化基因，并以四个具体的建构机制清晰地呈现出来。从而回答了本书开篇所提出的研究问题。本书并非历史研究，但历史梳理为本书的观点提供证据。从城市角度将传统的内向特质进一步具象化，从而证明传统特质的存在及其在近代、现当代的传承关系。弥补了既有文献对空间传统的认知仅停留在感性层面的不足，为理解自身城市空间文化的价值做出贡献。

（3）为城市设计实践提供一种新的操作工具

城市空间单元作为联系城市宏观层面与微观层面的中介，涵盖了私人、邻里及公共三个层面的空间与社会形态，以其作为城市设计的核心内容，能够有效指导城市设计的研究与实践。将城市空间的建构落实到单元的类型与形态，能够简明有效地解决城市设计中的基本形态问题。本书通过对空间单元的系统解析，提供了空间单元建构机制的研究框架，为未来的城市设计实践提供了新的视角和操作工具。

6.3　展望与局限

6.3.1　展望：文化认知的价值

本书尝试总结中国城市的建构特点，反思当前城市建设过分侧重建筑造型、忽略公共空间塑造的现状，寻找空间表象背后的文化源头。以院精神为内核的内向性的营造意识也许不是主动选择的，而是文化的惯习使然。当一种观念或行为方式成为"文化"就很难改变。在认清传统的本质之后，接下来要思考的是这种特质对当今城市建设有什么意义？它应该如何发展与传承？如何与当代城市发展需求相结合？

对传统、近代和现当代三个阶段的典型空间单元的分析显示，城市空间单元可以作为城市研究与设计的理论工具，并且具有实践价值。其中值得关注的是近代出现的类型——里院和里弄。它们兼具了内向文化和对外开放的特点，但遗憾的是在今天并没有得到进一步的发展和应用。面对当代城市的开放发展和传承文化的双重挑战，这种类型提供了一种可能的答案。将内向和外向相融合，帮助我们探寻一种既能传承中国空间文化，又能适应当代城市外向发展需求的空间模式。中国人心中的"院"，也许可以用另一种新的面貌延续它的生命，以更好的状态适应现代化需求。让"文化"走向更为良性的、主动的发展路径。

6.3.2 研究局限

本书试图站在空间文化的高度来审视中国城市空间，尝试提炼出贯穿历史时期的中国城市空间建构特点。鉴于多方面因素，在研究和写作中不可避免地表现出下述局限。

其一，为尽可能呈现最典型的类型特征，所选取的城市空间单元类型经过多次的筛选和提炼，而在抽象的过程中难免会损失掉一些特异性。同时，案例选取的准确性和普适性也无法尽善尽美，六个单元类型实难代表完整的中国空间的全貌，但仍然期望能够以小见大，提供一个审视空间的新视角。

其二，对空间文化的深刻认知需要多维度的知识储备，但限于笔者有限的理论基础，在面对这样一个庞大话题时显得捉襟见肘，不求能完整呈现出文化的全貌，期待能够抛砖引玉，为空间文化的讨论作出一点努力。

主要参考文献

●空间形态学、类型学相关研究

[1] 阿兰·B.雅各布斯.伟大的街道[M].王又佳,金秋野,译.北京:中国建筑工业出版社,2009.

[2] 阿尔多·罗西.城市建筑学[M].黄士钧,译.北京:中国建筑工业出版社,2006.

[3] 彼得·柯林斯.现代建筑设计思想的演变[M].2版.英若聪,译.北京:中国建筑工业出版社, 2003.

[4] 蔡永洁.城市广场[M].南京:东南大学出版社,2006.

[5] 陈飞.一个新的研究框架:城市形态类型学在中国的应用[J].建筑学报,2010(4):85-90.

[6] 程大锦.建筑:形式、空间和秩序[M].2版.刘丛红,译.天津:天津大学出版社,2005.

[7] 菲利普·巴内翰,让·卡斯泰,让·夏尔·德保勒.城市街区的解体—从奥斯曼到勒·柯布西耶[M].魏羽力,许昊,译.北京:中国建筑工业出版社,2011.

[8] 格哈德·库德斯.城市结构与城市造型设计[M].秦洛峰,蔡永洁,魏薇,译.北京:中国建筑工业出版社,2007.

[9] 黄林琳,蔡永洁.跨语际的空间:当代中国城市广场的语言学视角研究[M].上海:同济大学出版社,2019.

[10] 简·雅各布斯.美国大城市的死与生[M].金衡山,译.南京:译林出版社,2005.

[11] 卡米诺·西特.城市建设艺术[M].仲德崑,译.南京:江苏凤凰科学技术出版社,2017.

[12] 克利夫·芒福汀.街道与广场[M].张永刚,陆卫东,译.北京:中国建筑工业出版社,2004.

[13] 柯林·罗,弗瑞德·科特.拼贴城市[M].童明,译.北京:中国建筑工业出版社,2003.

[14] L.贝纳沃罗.世界城市史[M].薛钟灵,余靖芝,葛明义,等译.北京:科学出版社,2000.

[15] 莱昂·克里尔.社会建筑[M].胡凯,胡明,译.北京:中国建筑工业出版社,2011.

[16] 刘易斯·芒福德.城市发展史——起源、演变和前景[M].宋俊岭,倪文彦,译.北京:中国建筑工业出版社,2005.

[17] 鲁道夫·阿恩海姆.建筑形式的视觉动力[M].宁海林,译.北京:中国建筑工业出版社,2006.

[18] 芦原义信.外部空间设计[M].尹培桐,译.南京:江苏凤凰文艺出版社,2017.

[19] 罗伯·克里尔.城镇空间——传统城市主义的当代诠释[M].金秋野,王又佳,译.北京:中国建筑工业出版社,2007.

[20] 孟建民.城市中间结构形态研究[M].南京:东南大学出版社,2015.

[21] 罗杰·特兰西克.寻找失落空间——城市设计的理论[M].朱子瑜,张播,鹿勤,等译.北京:中国建筑工业出版社,2008.

[22] Serge Salat.城市与形态:关于可持续城市化的研究[M].北京:中国建筑工业出版社,2012.

[23] 沈克宁. 建筑类型学与城市形态学 [M]. 北京：中国建筑工业出版社，2010.

[24] 斯皮罗·科斯托夫. 城市的形成：历史进程中的城市模式和城市意义 [M]. 单皓，译. 北京：中国建筑工业出版社，2005.

[25] 托马斯·史密特. 建筑形式的逻辑概念 [M]. 肖毅强，译. 北京：北京科学技术出版社，2018.

[26] 王建国. 城市设计 [M]. 2版. 南京：东南大学出版社，2004.

[27] 扬·盖尔，拉尔斯·吉姆松. 公共空间·公共生活 [M]. 汤羽扬，王兵，戚军，译. 北京：中国建筑工业出版社，2003.

[28] 扬·盖尔. 交往与空间 [M]. 何人可，译. 北京：中国建筑工业出版社，1992.

[29] Adrian Forty. Words and Buildings: A Vocabulary of Modern Architecture[M]. New York: Thames & Hudson, 2000.

[30] Inga Mueller-Haagen, Jörn Simonsen, Lothar Többen. Die DNA der Stadt[M]. Mainz: Verlag Hermann Mainz, 2014.

[31] Lewis Mumford. The Culture of Cities[M]. New York: Harcourt, Brace and Company, 1938.

[32] Paul Zucker. Town and Square: From the Agora to the Village green[M]. New York: Columbia University Press, 1959.

[33] Rob Krier. Urban space[M]. London: ACADEMY EDITIONS, 1979.

● 空间文化相关研究

[1] 阿摩斯·拉普卜特. 宅形与文化 [M]. 常青，徐菁，李颖春，等译. 北京：中国建筑工业出版社，2007.

[2] 包亚明. 现代性与空间的生产 [M]. 上海：上海教育出版社，2003.

[3] 迪特·哈森普鲁格. 走向开放的中国城市空间 [M]. 上海：同济大学出版社，2005.

[4] 李晓东，杨茳善. 中国空间 [M]. 北京：中国建筑工业出版社，2007.

[5] 李晓东，庄庆华. 中国形 [M]. 北京：中国建筑工业出版社，2010.

[6] 罗小未，张家骥，王恺. 中国建筑的空间概念 [J]. 规划师，1997（3）：4-13.

[7] 皮埃尔·布尔迪厄. 实践理论大纲 [M]. 高振华，李思宇，译. 北京：中国人民大学出版社，2017.

[8] 沈福煦. 中国古代文化的建筑表述 [J]. 同济大学学报（人文·社会科学版），1997（2）：1-10.

[9] 汪晖，陈燕谷. 文化与公共性 [M]. 北京：生活·读书·新知三联书店，2005.

[10] 汪原. 日常公共空间——公共空间的终结与重生 [J]. 新建筑，2014（6）：32-35.

[11] 王贵祥. 东西方的建筑空间——传统中国与中世纪西方建筑的文化阐释 [M]. 天津：百花文艺出版社，2006.

[12] 王鲁民. 中国古典建筑文化探源 [M]. 上海：同济大学出版社，1997.

[13] 张杰. 中国古代空间文化溯源 [M]. 北京：清华大学出版社，2012.

[14] 朱文一. 空间·符号·城市：一种城市设计理论 [M]. 2 版. 北京：中国建筑工业出版社，2010.

[15] Dieter. Hassenpflug. The Urban Code of China [M]. Basel: Birkhäuser GMbH, 2010.

[16] Edward T. Hall. The Hidden Dimension[M]. New York: Doubleday, 1966.

● **中国空间相关研究**

[1] 阿尔弗雷德·申茨. 幻方—中国古代的城市 [M]. 梅青，译. 北京：中国建筑工业出版社，2009.

[2] 北京市古代建筑研究所，北京市文物事业管理局资料中心. 加摹乾隆京城全图 [M]. 北京：北京燕山出版社，1996.

[3] 薄大伟. 单位的前世今生：中国城市的社会空间与治理 [M]. 柴彦威，张纯，何宏光，等译. 南京：东南大学出版社，2014.

[4] 常青. 建筑志 [M]. 上海：上海人民出版社，1998.

[5] 戴俭，邢耀匀. 中西方传统建筑外部空间构成比较研究 [M]. 北京：中国建筑工业出版社，2012.

[6] 邓奕，毛其智. 从《乾隆京城全图》看北京城街区构成与尺度分析 [J]. 城市规划，2003（10）：58-65.

[7] 董鉴泓. 中国城市建设史 [M]. 3 版. 北京：中国建筑工业出版社，2004.

[8] 傅崇兰，白晨曦，曹文明，等. 中国城市发展史 [M]. 北京：社会科学文献出版社，2009.

[9] 傅熹年. 中国古代城市规划、建筑群布局及建筑设计方法研究 [M]. 2 版. 北京：中国建筑工业出版社，2015.

[10] 傅熹年. 社会人文因素对中国古代建筑形成和发展的影响 [M]. 北京：中国建筑工业出版社，2015.

[11] 何依. 四维城市 [M]. 北京：中国建筑工业出版社，2016.

[12] 贺业钜. 考工记营国制度研究 [M]. 北京：中国建筑工业出版社，1985.

[13] 贺业钜. 中国古代城市规划史 [M]. 北京：中国建筑工业出版社，1996.

[14] 侯幼彬. 中国建筑之道 [M]. 北京：中国建筑工业出版社. 2011.

[15] 金山. 青岛近代城市建筑：1922—1937[M]. 上海：同济大学出版社，2016.

[16] 李彦伯. 上海里弄街区的价值 [M]. 上海：同济大学出版社，2014.

[17] 李允鉌. 华夏意匠：中国古典建筑设计原理分析 [M]. 天津：天津大学出版社，2014.

[18] 梁江，孙晖. 模式与动因——中国城市中心区的形态演变 [M]. 北京：中国建筑工业出版社，2007.

[19] 刘敦桢. 中国古代建筑史 [M]. 2 版. 北京：中国建筑工业出版社，1984.

[20] 鲁西奇. 城墙内外：古代汉水流域城市的形态与空间结构[M]. 北京：中华书局，2011.

[21] 毛兵，薛晓雯. 中国传统建筑空间修辞 [M]. 北京：中国建筑工业出版社，2009.

[22] 缪朴. 传统的本质——中国传统建筑的十三个特点（上）[J]. 建筑师，1989（36）：56-67.

[23] 缪朴. 城市生活的癌症——封闭式小区的问题及对策 [J]. 时代建筑，2004（5）：46-49.

[24] 任军. 文化视野下的中国传统庭院 [M]. 天津：天津大学出版社，2005.

[25] 沈华. 上海里弄民居 [M]. 北京：中国建筑工业出版社，1993.

[26] 孙大章. 中国民居研究 [M]. 北京：中国建筑工业出版社，2004.

[27] 童明. 当代中国城市设计读本 [M]. 北京：中国建筑工业出版社，2016.

[28] 王鲁民. 影壁的发明与中国传统建筑轴线特征 [J]. 建筑学报，2011（S1）：62-67.

[29] 徐苗. 从门禁社区看中国"围"城史：传承与嬗变 [J]. 建筑学报，2015（2）：112-118.

[30] 张晨杰. 永不消失的里弄 [M]. 南京：东南大学出版社，2018.

[31] 张驭寰. 中国城池史 [M]. 北京：中国友谊出版公司，2015.

[32] 朱剑飞. 中国空间策略：帝都北京（1420—1911）[M]. 诸葛净，译. 北京：生活·读书·新知三联书店，2017.

[33] 朱文一. 中国古代建筑的一种译码 [J]. 建筑学报，1994（6）：12-16.

[34] Andrew Boyd. Chinese Architecture and Town Planning: 1500 BC–AD 1911[M]. Chicago: University of Chicago Press: 1962.

[35] David Bray. Social Space and Governance in Urban China: The Danwei System from Drigins to Reform [M]. Stanford: Stanford University Press, 2005.

[36] Duanfang Lu. Remaking Chinese Urban Form: Modernity，Scarcity and Space, 1949–2005[M]. Abingon: Routledge, 2006.

[37] Piper Rae Gaubatz. Beyond the Great Wall: Urban Form and Transformation on the Chinese Frontiers[M]. Stanford: Stanford University Press, 1996.

[38] Weiping Wu, Piper Gaubatz. The Chinese City[M]. Abingon: Routledge, 2013.

[39] Yongjie Sha, Jiang Wu, Yan Ji, et al. Shanghai Urbanism at the Medium Scale[M]. Berlin: Springer, 2014.

● 中国空间文化相关研究

[1] 艾恺. 最后的儒家：梁漱溟与中国现代化的两难 [M]. 王宗昱，冀建中，译. 北京：外语教学与研究出版社，2018.

[2] 陈来. 中国文明的核心价值：国学流变与传统价值观 [M]. 北京：生活·读书·新知三联书店，2015.

[3] 费孝通. 乡土中国 [M]. 北京：北京出版社，2008.

[4] 费正清，赖肖尔. 中国传统与变革 [M]. 陈仲丹，潘兴明，庞朝阳，译. 南京：江苏人民出版社，1992.

[5] 冯友兰. 中国哲学简史[M]. 涂又光，译. 北京：北京大学出版社，2013.

[6] 胡适. 中国哲学史大纲[M]. 武汉：武汉大学出版社，2014.

[7] 李孝悌. 恋恋红尘：中国的城市、欲望和生活[M]. 上海：上海人民出版社，2007.

[8] 李泽厚. 美的历程[M]. 北京：生活·读书·新知三联书店，2009.

[9] 梁漱溟. 中国文化要义[M]. 2版. 上海：上海人民出版社，2011.

[10] 列文森. 儒教中国及其现代命运[M]. 郑大华，任菁，译. 北京：中国社会科学出版社，2000.

[11] 林语堂. 中国人[M]. 黄嘉德，译. 北京：群言出版社，2009.

[12] 卢汉超. 霓虹灯外：20世纪初日常生活中的上海[M]. 段炼，吴敏，子羽，译. 上海：上海古籍出版社，2004.

[13] 施坚雅. 中华帝国晚期的城市[M]. 叶光庭，徐自立，王嗣均，等译. 北京：中华书局，2000.

[14] 巫鸿. 重屏：中国绘画中的媒材与再现[M]. 文丹，译. 上海：上海人民出版社，2009.

[15] 薛凤旋. 中国城市及其文明的演变[M]. 2版. 北京：世界图书出版公司，2014.

[16] 伊永文. 行走在宋代的城市：宋代城市风情图记[M]. 北京：中华书局，2005.

[17] 张光直. 中国青铜时代[M]. 北京：生活·读书·新知三联书店，2013.

图片与表格来源

（除以下图片外，本书其余图片均为作者自绘/自摄）

第1章　绪论

图1-2　Oswald Mathias Ungers. Beaten and Projekte 1991—1998[M]. Stuttgart: Deutsche Verlags-Anstalt, 1998.

图1-3　莱昂·克里尔. 社会建筑[M]. 胡凯，胡明，译. 北京：中国建筑工业出版社，2011.

图1-4　Rob Krier, Christoph Kohl. Potsdam Kirchsteigfeld：eine Stadt entsteht[M]. Bensheim:awf-verlag，1997.

图1-5　何依. 四维城市[M]. 北京：中国建筑工业出版社，2016.（作者整理）

图1-6　缪朴. 传统的本质——中国传统建筑的十三个特点（上）[J]. 建筑师，1989（36）：56-67.

图1-7　朱文一. 空间·符号·城市：一种城市设计理论[M]. 2版. 北京：中国建筑工业出版社，2010.

图1-8　阿摩斯·拉普卜特. 宅形与文化[M]. 常青，徐菁，李颖春，等译. 北京：中国建筑工业出版社，2007.

图1-9　皮埃尔·布尔迪厄. 实践理论大纲[M]. 高振华，李思宇，译. 北京：中国人民大学出版社，2017.

图1-10　李晓东，杨茳善. 中国空间[M]. 北京：中国建筑工业出版社，2007.

图1-11　梁漱溟. 中国文化要义[M]. 2版. 上海：上海人民出版社，2011.

图1-12　莱昂·克里尔. 社会建筑[M]. 胡凯，胡明，译. 北京：中国建筑工业出版社，2011.（平面分析为作者绘）

图1-13　其中"巴塞罗那街坊"与"巴黎街坊"为2017年同济大学本科毕业设计——陆家嘴改造城市设计前期案例分析部分成果，其余为作者绘.

图1-14　2017年同济大学本科毕业设计——陆家嘴改造城市设计前期案例分析部分成果.

图1-17　其中"巴塞罗那街坊"与"巴黎街坊"为2017年同济大学本科毕业设计——陆家嘴改造城市设计前期案例分析部分成果，其余为作者绘.

图1-22　格哈德·库德斯. 城市结构与城市造型设计[M]. 秦洛峰，蔡永洁，魏薇，译. 北京：中国建筑工业出版社，2007.

第2章　文化基因起源：传统时期内向的"院"

图2-2　常青. 建筑志[M]. 上海：上海人民出版社，1998.

图2-3　张杰.中国古代空间文化溯源[M].北京：清华大学出版社，2012.

图2-4　马炳坚.北京四合院建筑[M].天津：天津大学出版社，1999.

图2-5　马炳坚.北京四合院建筑[M].天津：天津大学出版社，1999.

图2-6　马炳坚.北京四合院建筑[M].天津：天津大学出版社，1999.

图2-7　曹婉如，郑锡煌，黄盛璋等.中国古代地图集：清代[M].北京：文物出版社，1997.

图2-8　北京市古代建筑研究所，北京市文物事业管理局资料中心.加摹乾隆京城全图[M].北京：北京燕山出版社，1996.

图2-19　贾珺.中国古建中墙的功用及文化特性[J].南方建筑，2000（4）：62-65.

图2-25　马炳坚.北京四合院建筑[M].天津：天津大学出版社，1999.

图2-39　北京市古代建筑研究所，北京市文物事业管理局资料中心.加摹乾隆京城全图[M].北京：北京燕山出版社，1996.（分析图为作者绘）

图2-40　北京市古代建筑研究所，北京市文物事业管理局资料中心.加摹乾隆京城全图[M].北京：北京燕山出版社，1996.（分析图为作者绘）

图2-41　北京市古代建筑研究所，北京市文物事业管理局资料中心.加摹乾隆京城全图[M].北京：北京燕山出版社，1996.（尺寸标注为作者绘）

图2-42　北京市古代建筑研究所，北京市文物事业管理局资料中心.加摹乾隆京城全图[M].北京：北京燕山出版社，1996.；L.贝纳沃罗.世界城市史[M].薛钟灵，余靖芝，葛明义，等译.北京：科学出版社，2000.

图2-43　作者绘（肌理底图为北京市古代建筑研究所，北京市文物事业管理局资料中心.加摹乾隆京城全图[M].北京：北京燕山出版社，1996.）

图2-45　分析图作者绘；照片：李秋香，罗德胤，陈志华，等.浙江民居[M].北京：清华大学出版社，2010.

图2-46　阿尔弗雷德·申茨.幻方——中国古代的城市[M].梅青，译.北京：中国建筑工业出版社，2009.

图2-47　傅熹年.中国古代城市规划、建筑群布局及建筑设计方法研究[M].2版.北京：中国建筑工业出版社，2015.（其中照片作者摄）

图2-48　明洪武苏州府志；清光绪平遥县志.（其中照片作者摄）

图2-49　傅熹年.社会人文因素对中国古代建筑形成和发展的影响[M].北京：中国建筑工业出版社，2015.曹婉如，郑锡煌、费盛璋等.中国古代地图集：清代[M].北京：文物出版社，1997.

图2-50　刘敦桢.中国古代建筑史[M].2版.北京：中国建筑工业出版社，1984.；傅熹年.中国古代城市规划、建筑群布局及建筑设计方法研究[M].2版.北京：中国建筑工业出版社，2015.（其中照片作者摄）

图2-51　贾珺.北京四合院[M].北京：清华大学出版社，2009.

图2-52　傅熹年.社会人文因素对中国古代建筑形成和发展的影响[M].北京：中国建筑工业出

版社，2015.

图2-56　刘敦桢.中国古代建筑史[M].2版.北京：中国建筑工业出版社，1984.

图2-61　巫鸿.重屏：中国绘画中的媒材与再现[M].文丹，译.上海：上海人民出版社，2009.

图2-63　刘敦桢.中国古代建筑史[M].2版.北京：中国建筑工业出版社，1984.（图中视线分析为作者标注）

图2-69　北京市古代建筑研究所，北京市文物事业管理局资料中心.加摹乾隆京城全图[M].北京：北京燕山出版社，1996.（虚线框为作者标注）

表2-1　吉林典型民居照片：孙大章.中国民居研究[M].北京：中国建筑工业出版社，2004.；昆明地区高登村袁宅照片：何俊萍，杨健，张婕等.云南传统建筑测绘——昆明理工大学建筑与城市规划学院测绘作业选编[M].北京：中国建筑工业出版社，2015.

表2-2　北京市古代建筑研究所，北京市文物事业管理局资料中心.加摹乾隆京城全图[M].北京：北京燕山出版社，1996.（分析图为作者绘）

第3章　文化基因转化：近代西方文化影响下"院"的变体

图3-1　上海天地图1979年影像

图3-2　google earth 整理

图3-3　青岛历史地图（青岛市城市建设档案馆）

图3-5　沙永杰，纪雁，钱宗灏.上海武康路：风貌保护道路的历史研究与保护规划探索[M].上海：同济大学出版社，2009.

图3-7　左一肌理图：上海天地图

图3-11　平面图：沈华.上海里弄民居[M].北京：中国建筑工业出版社，1993.；轴测图：作者绘

图3-17　沈华.上海里弄民居[M].北京：中国建筑工业出版社，1993.

图3-42　金山.青岛近代城市建筑[M]：1922—1937.上海：同济大学出版社，2016.

图3-48　ADA研究中心，现代建筑研究所，世界聚落文化研究所.青岛里院视觉档案1[M].北京：中国建筑工业出版社，2018.

图3-49　同图3-42.

图3-51　同图3-42.

图3-52　北京建筑大学建筑设计艺术研究中心，世界聚落文化研究所.青岛里院建筑[M].北京：中国建筑工业出版社，2015.（分析图作者绘）

图3-54　同图3-42.

图3-56　同图3-52.

图3-58　青岛市档案馆（分析图作者绘）

图3-61　同图3-42.

图3-63　典型单元图：作者绘；城市肌理图：来自孟梁.历史街区保护与更新研究——以青岛

大鲍岛历史街区为例[D]. 青岛：青岛理工大学，2013.

图 3-64　Inga Mueller-Haagen. Die DNA der Stadt[M]. Mainz：Verlag Hermann Mainz，2014.

图 3-67　1866 年《上海县志》.

图 3-68　赖德林，伍江，徐苏斌. 中国近代建筑史（第三卷）[M]. 北京：中国建筑工业出版社，2016.

图 3-71　王世仁，张复合，村松伸，等. 中国近代建筑总览·北京篇[M]. 北京：中国建筑工业出版社，1993.

图 3-73　llustrated Times[N]. 1862-05-10；London Graphic[N]. 1889-05-19.

图 3-78　同图 3-68.

表 3-2　照片：沈华. 上海里弄民居[M]. 北京：中国建筑工业出版社，1993.；曹炜. 开埠后的上海住宅[M]. 北京：中国建筑工业出版社，2004.

表 3-3　福州船政局旧址照片：曹苏. 天津近代工业遗产——北洋水师大沽船坞研究初探[D]. 天津：天津大学，2009.

第4章　文化基因再现：现当代“院”的全新演绎

图 4-1　google earth 整理.

图 4-5　同济大学建筑学博士生史清俊提供.

图 4-14　照片：李振宇，羊烨，卢汀滢. 造园手法在山水社区设计中的尝试[J]. 世界建筑，2020（2）：32-35+139.

图 4-25　西安交大报电子版第 882 期（2015.6）.

图 4-26　城市建设总局规划设计局. 全国标准设计评选会议对选出方案的意见和单元介绍（续完）[J]. 建筑学报，1956（2）：57-72.

图 4-39　马浩然. 北京农业机器拖拉机站的设计[J]. 建筑学报，1957（8）：47-54.

表 4-3　西安交通大学：杜尔圻. 高等学校建筑系的布局和单体设计[J]. 建筑学报，1956（5）：1-27.；北京某机关大院平面图：戴念慈. 一个社会科学学院的规划和设计[J]. 建筑学报. 1957（1）：14-26.；北京某拖拉机站：马浩然. 北京农业机器拖拉机站的设计[J]. 建筑学报，1957（8）：47-54.

第5章　文化基因提取：不同时期城市空间建构特征比较

图 5-14　李秋香，罗德胤，贺从容，等. 福建民居[M]. 北京：清华大学出版社，2010.；李秋香，楼庆西，叶人齐，等. 赣粤民居[M]. 北京：清华大学出版社，2010.

图 5-16　巫鸿. 重屏：中国绘画中的媒材与再现[M]. 文丹，译. 上海：上海人民出版社，2009.

图 5-17　巫鸿. 重屏：中国绘画中的媒材与再现[M]. 文丹，译. 上海：上海人民出版社，2009.

后 记
POSTSCRIPT

　　本书的主体内容依托于本人的博士论文撰写而成，自2022年博士毕业至今已有两年，回首于同济大学度过的博士研究生历程，感触颇多。博士论文选择了一个具有挑战性的话题，对于文化底蕴并不深厚的我无疑是具有很大难度的。中国城市空间文化问题涉及社会学、哲学、美学、历史学、政治学等多个学科，在这些知识中的探索与挣扎成为博士研究生这段人生旅程中独特的经历。但对空间文化的浓厚兴趣以及老师、家人、朋友的支持与帮助，给了我持续的动力坚持走完这段旅程。

　　首先要特别感谢我的导师蔡永洁教授。作为我博士阶段研究工作和人生道路的指引者，他精确的思考方式以及丰厚的知识储备使我受益良多。蔡老师对我的论文极具耐心的指导，每一次的修改都是他斟酌许久的思考成果，给了我极大的帮助。同时，攻读博士研究生的过程使我在逻辑性思维方面也得到了很大的训练，这些都得益于蔡老师的教导，在此向他表示衷心的感谢。

　　其次，还要感谢我的同学和朋友们对我精神上和学业上的鼓励与支持，包括好友国威、钱晨这么多年的陪伴与倾听，我的博士同窗刘一歌、高曦等在博士期间给予我鼓励与帮助，以及同门好友张溱、黄林琳、史清俊等对我论文提出的宝贵意见，在此对他们表示诚挚的谢意。

　　最后，要感谢我的家人，尤其是我的父母和我的先生沈蔚甫，感谢这么多年无条件地支持我，在我无助的时候给予鼓励，在我低落的时候给予温暖，使我在生活上完全没有后顾之忧，才能顺利完成研究工作。

　　真诚希望本书能为关注中国城市空间的学者提供借鉴和参考，能为中国城市的未来发展做出微薄的贡献。个人的研究能力实有局限，书中难免有疏漏和不足之处，敬请广大读者给予批评指正。

满姗

2024年6月